用花子的智慧来生活

Yong LAOZI
De Zhihui Laishenghuo

罗鲜 ▶ 著

农村读物出版社

图书在版编目（CIP）数据

用老子的智慧来生活 / 罗鲜著. — 北京：农村读
物出版社，2013. 11

ISBN 978-7-5048-5708-8

Ⅰ. ①用… Ⅱ. ①罗… Ⅲ. ①道家②《道德经》–通
俗读物 Ⅳ. ①B223.1-49

中国版本图书馆 CIP 数据核字（2013）第 244120 号

策划编辑	刘宁波	
责任编辑	周承刚 吕 睿	
出 版	农村读物出版社（北京市朝阳区麦子店街 18 号楼 100125）	
发 行	新华书店北京发行所	
印 刷	北京中兴印刷有限公司	
开 本	720mm×1000mm 1/16	
印 张	23.25	
字 数	300 千	
版 次	2015 年 1 月第 1 版 2015 年 1 月北京第 1 次印刷	
定 价	45.00 元	

前言

老子的思想是一个完整的思想体系，这里有对万物起源的认识，也有对万物归复的理解。"道生一，一生二，二生三，三生万物。万物负阴而抱阳，冲气以为和。"万物永远处于动态之中，永远变化，我们置身于其中感受着这些变化。老子讲到了变化，讲到了辩证的思维，甚至讲到了如何建立辩证思维的模式。老子教给我们怎样树立起一个概念：世界万事万物永远发生着变化，尤为重要的是辩证的变化。以往的变化说明的是以前，而今的变化又与以往不同，抱定以往的思想不足以解决当下的问题，辩证发展的事态总会让人感到惊奇或是玄妙，我们不得不深刻理解老子这一辩证思想，建立起哲学的思考方式，倚势而变以解决现实中的困惑。

老子在两千多年前发出了他人生的感慨，留下五千言，以传千古。《道德经》分上下篇，上篇（一至三十七章）为《道经》，下篇（三十八至八十一章）为《德经》，二篇合称《道德经》。首章开宗明义"道，可道，非常道；名，可名，非常名。"为世人惊叹。老子打开了一扇认知世界、认知社会的大门，思想由此展开，从这里可以看到宇宙的形成，可以看到万物的宗源；可以看到物与物的并存与依赖，可以看到事与事的环环相扣；可以看到大自然的朴拙，可以看到人类的奇巧；可以看到辩证的规律，可以明白相辅相成的契合；可以看到治国的妙道，可以看到为人之道；可以领略军事上的常识，可以感悟如何处理国务；可以学会观察，可以学会思考；可以学会分析，可以学会推理；可以学会逻辑，可以学会联想；可以学会对比，可以学会相反相成；……《道德经》的内容可谓丰富、深邃、不足以用简单的语言描述，更何况不同的人有不同的认识，不同的思想产生不同的玄妙。老子说："故常无欲，以观其妙；常有欲，以观其徼。"有欲与无欲之间发生着何等的变化？有欲与无欲背后的玄机在哪里？是什么在操纵着有欲与无欲？谁又能说得清楚？认识上的差异性又怎么能衡量出收获的大小？认识上的差异性又会导致什么样的事情出现？事情有玄妙啊！不同的人有不同的感悟,千言万语不能使人心动,一句话却能使人猛然醒悟、潜然泪下,谁又能参明其中的道理呢? 可谓识道之难。

人生路上风雨兼程,给人以艰辛,同时也给人以历练。人们可以不在乎吃苦,在乎的是不知为何吃苦。当我们开始学习《道德经》时,开始探讨其中的奥秘,开始认真思考的时候,才发现自身的幼稚,看待问题的肤浅,处理问题的荒唐,简直就是在作茧自缚。大自然并不荒唐,只是由于自己的荒唐才显得荒唐。不明白什么是道,就不知道如何用名,对被命名的事物会存有疑问。摆不好道与名的关系,失去的是什么呢? 这是一个值得深思的问题。道与名之间到底有着怎样的关系? 如何加以理解? 这不可小视。人生路上的风风雨雨给人多少洗礼与启示,给人多少教训与喜悦,当以身拥抱它时人感到一种怅然,当回忆这段经历时又感到一份收获。生活中总在发生着"玄之又玄"的事,生活的奥秘,像是生活的"众妙之门",无论哪一扇门打开,都有精彩,喜欢不喜欢由自己决定,喜欢它,心里是美的,不喜欢,心里是酸的苦的。感受的甜美与酸苦到底是怎么回事? 有谁能摆平? 老子强调了"欲",应引起重视。"欲"可以控制心态,好的心态可以产生理智,理智是智慧的表现。"欲"产生的心态可以让人走向两个极端,当然还有许多平凡,取向于自己。

人人需要智慧,智慧并不凭空而来,"欲"是智慧的前期准备,智慧是有深度而广泛的思考,智慧是对事物全面的认识,此两者密不可分。孔子对学生施教:"不愤不启,不悱不发。举一隅不以三隅反,则不复也。"孔子希望学生具有独立思考的能力,并且能够达到举一反三的收效,是表现在学习方面的智慧。老子更推崇人生的智慧:"一曰慈,二曰俭,三曰不敢为天下先。"是慈爱、节俭、谦卑的表现,是做人的智慧,话简而蕴深。总之,智慧是综合能力的表现,智慧可以认识事物的根本,智慧是欲想追求的境界。

不同的人体现出不同的智慧,或者说不同的人有着不同的智慧。增长知识可以增长智慧,不吃一堑难长一智,不撞南墙不知有墙,没有经历没有成熟。老子的人生智慧表现出质朴与简明,究其内在涵义却是那样深刻,不易理解。老子说:"吾言甚易知,甚易行。天下莫能知,莫能行。"其中道理又在哪里? 老子思想透露出智慧,浅看朴实无华,深探细微交织。学得老子思想远可以观宏观世界之壮美,近可以见微观世界之精妙。老子的智慧在于把对大自然的认知规律引用到人类社会活动中,认清效法自然的道理,摆正人生天地中的自身位置,寻找并实现天人合一的境界。对世界的认识本来就仁者见仁,智者见智;对山川大河会有"智者乐水,仁者乐山",知晓不同的见解不足为奇、不足为笑是谓识道。

与智慧紧密关联的还有"静"，世间万物的动出于静，"静"可以创造生机，"静"可以发现生机。大自然之"静"，自然天成；人类取"静"，谋求平稳发展。老子讲："致虚极，守静笃。万物并作，吾以观复。"万事作于静，就人而言没有静的状态，杂念要丛生，不能抵抗干扰，更不能创造静心的环境。失去静，失去为事的基础，不静心怎能做到"吾以观复"呢？不能做到认真观复，怎么能发现与探讨问题呢？静是心态的放松，静是精神的回归，静是思维的舒展漫游，静是孕育新生机的开始。静应该是一种享受，静可以做到"和其光，同其尘"，于是可与万物交流。

万物都在为自己寻找生存之道，合于道者存，不合于道者弃。将做事符合于规律，符合于道，不和于道者若想要取得成功只会徒劳一场，给生存带来负面影响。道是那样的玄妙，难以识别。老子说："道之为物，惟恍惟惚。惚兮恍兮，其中有象；恍兮惚兮，其中有物。"象是物质的本质特征，捕捉"象"很有难度。象是抽象的，物是具象的，物象之间的联系又是抽象的，以抽象联系具象能有不出现问题的吗？要想少出问题，先要从具象入手，通过表面现象认识事物的本质，让事物的变化从"恍兮惚兮"中清晰起来，让事物之间的内在联系清晰起来，认知形神合一的特性，然后一切回归自然，呈现"天得一以清"的思维状态，为而不为的生存之道就可以显现其中了。

老子的思想大都比较抽象与深奥，为了帮助理解，书中选用了一些名家诗词以助读，目的是将老子的思想形象化一些，为老子对社会的理性化认识再加上一些注解；另外也是在对《道德经》的思想进行认识的同时让读者欣赏到美妙的诗句，将诗人感悟或触涉社会时代的此时此景与老子思想交融辉映，相映成趣。这也算是本书的一大特色吧。

学以致用，理论应与生活实际相联系，为此，书中还加进了一些相映成趣的哲理故事。生活为我们编织了许多回味无穷的故事，里面的哲学道理值得我们思考。一个人生活的时间和空间是有限的，但这并不意味你与别人的生活有什么本质上的区别，只是你的个性、你生活的方式与环境和其他人存在着差异，遇到的情况不同。本书尽可能提供一些可供参考的故事，找到一些可以借鉴的案例，以此来诠释老子的思想。这些故事为读者提供了一点启迪与思考的空间，在社会生活中找到一点有价值的参考，从而找到自我，让自己更明明白白地生活，是我的一点心意。相映而读可以使读者有所感悟，开阔思路，从而点亮人生智慧的明灯。

《道德经》是中国典籍文化中的瑰宝,读来可以凝神静气,思考可以摒弃恍惚,前行可以探明道路,事出可以辨明原委,悟道可以使人开窍,从纷乱中捋出头绪,在迷茫中找到方向,于郁闷中得以解脱。凡体悟感触,获得理念,绝非一蹴而就,并不轻而易举。当怀着探求的意识与渴求的心态读《老子》时,便有可能悟出一点其中的道理,体味其中的滋味,破解心中的难题。生活在世界上,就应探明问道生存哲学。万物皆存有奥秘,浅显与深奥相对而出,浅显之中有深奥,深奥中透出浅显;不认识的事物显得深奥,认识了的事物显得浅显,再认识又显得深奥,循环往复以至无穷,没有止境。我们的思想受到局限,看问题不够全面,存有许多盲点,到底究竟真实何在?能不能识得究竟真实?应该怎样办?如何生存?怎样求解?人们在一次次地发问,一次次地苦苦追求、奋力探求,努力趋近那些真实。事物的原因与结果交织在 起,谁又能知道它的成因?谁又能懂得它的结果?谁又能明白其中的奥妙?或许能够在老子的《道德经》中探求一点答案,寻找一条道路。

每每当我打开《道德经》认真阅读时,可以感受到《道德经》文风的严谨,言词准确,思路开阔,体察细微,逻辑明晰,问题设置一环紧扣一环。不仅如此,有一种呼之欲出的思维神韵,将你的思想抻拉,使之自然融进它的思想范畴是老子思想的魅力所在。老子的思想可以提供一个巨大的想象、思考的空间,像一张无形天网疏而不漏,藏奥妙于中,网天下之事,任凭探讨其内涵,可以丰富自我的感受与认识,弥补思维的不足与缺失的空间。寻常之时有谁去想"大成若缺,其用不弊。大盈若冲,其用不穷。大直若屈,大巧若拙,大辩若讷"的深刻涵义?当做深入思考时才感受到它的妙处所在,字字珠玑。《道德经》一书内容丰富,涉及广泛,言简而意深,大到治国方略,小到心理问题的解决,人所遇到的诸多问题都可从中获取答案。

笔者水平有限,能解读一点老子《道德经》的思想,为你带去一点新知与帮助,能探得一点老子的人生智慧,使人生置于有道之中,建立具有哲理的思想是我的心愿。"天之道合于道,人之道合于德"为我的一点心得。最后借用司马迁的一句话作为结尾,"究天人之际,通古今之变,成一家之言。"究天人之际,通古今之变,确实没有能力做到,成一家之言方有可能,只作一己之见矣。勿忘斟酌而行,人生问道。

罗 鲜

2012 年 1 月 5 日

前　言

上　篇

下　篇

用老子的智慧来生活

YONG LAOZI DE ZHIHUI LAISHENGHUO

上

篇

第一章
明 道 曰 名

道，可道，非常道。名，可名，非常名。

无名，万物之始；有名，万物之母。

故常无欲，以观其妙；常有欲，以观其徼。

此两者同出而异名，同谓之玄。

玄之又玄，众妙之门。

　　道是可以用语言来表达的，但表达出来的不是永久的道；名是可以用文辞来命名的，但表达出来的不是长久的名。

　　物质原先是没有名称的，那时万物就开始存在了；物质有了名称之后，它就成了最开始的母体。

　　因为总是没有什么欲望，所以能够观察到其中许多的奥妙；总是有欲望的话，仅仅能够看到事物的边缘。

一个事物的两个方面同存在一个事物之中，只是名称不同，每一方面都有它的玄妙之处。

玄妙之中还有玄妙，众多的玄妙都从此而来，它是一切奥妙的总门。

解 读

道，是大自然的规律与法则，生活在世界上的人总想把这一规律说清楚，但是，人类的认识在历史长河中受到局限，从而总是有限，世间万物很多东西难以说得清楚，始终处于探索中。物质永远处于变化之中，它因循着自己的发展规律变化，人们对它的每一个认识都只是对它那一时刻的认识，而且带有不完整性，这一问题永远值得探讨。道，是可以说的，却是很难说清楚的，事物的复杂性构成规律的复杂性。我们为物质起名，用语言文字的形式把它标名出来、表述出来，但不能表述得那样全面，有时还是不准确的，我们对事物的认识存有盲区，存有不科学性。事物的名称是人所赋予的，但是名称下的内容与内涵还有许多不为人知的知识，一系列的名又会从这里产生，一个个谜团紧随其后。"名，可名，非常名"物质是可以起名的，但是不会永久地把握住它，占据它，在认识中还会产生新的认识。人们对自然规律认识得愈深刻，对事物的称谓表达愈丰富，随着认识的深入观念会不断更新，认识永无止境。

我们对万物的探索，在于探索事物的源头，源头是万物的初始阶段，认识万物的源头，就认识了万物的母体。未知的事物层出不穷，对物质的认识没有穷尽。凭对新事物的认识给它标以名称，这一名称就成为这一事物的载体，这一概念就成为母体，也就成为我们以后讨论问题的基础，衍生出的概念由此而生，新的问题还会生成。举例来说，为什么我们感到古汉语难以理解，是因为古字的含意与其现在的含意出现了差异，以前这样用，现在不这样用了。历史的变迁永远伴随着知识的更新，社会愈发展分工愈细，探求愈专一。

人有情感，情感是一个很怪的东西，有时人容易跟着情感走，跟着情感走往往容易失去理智（当然也有为此产生睿智的现象）。在这条路上行走应当谨慎小心，任何偏离都会出现问题。观察事物和认识事物与情感一定有关系。在无欲状态下，处于放松的、自然的状态下，可以观察、体会到事物的奥妙，体现出与物相融洽的关系，是感受生活的结果。如果是一种追求，目的性很强的话,也许只可能观察到事物边缘特征的一些现象。

　　欲望(或者叫动力)真是一个不可思议的东西,它可以平淡也可以冲动,它可以温柔也可以火热,它可以创造也可以毁灭,总之它是行为的原动力。怎样理解欲望与动力呢? 打一个比方,动力好像汽车的发动机,油门小的时候汽车行进得比较平稳,你有机会观赏车外的美景;当油门加大后汽车速度加快,你已经没有机会观景了,注视前方是你的最佳选择。欲望越平和与之相关系的事越可以和谐,可以感悟的东西越多;欲望越冲动指向性越强,感受越专一,往往出现其他的问题。这就像是老子说的,出现"有欲""无欲"与"以观其妙""以观其徼"的关系。

　　名是什么? 名是人们对客观事物的标名认识(当然还有其广义)。有名与无名是一对非常重要的概念,是人类认识物质世界的基础。无名是物质,有名也是物质,无名是还没有被认识的物质,有名是人类开始认识它了。物质来源于同一个宗源,由于变化的不同名也就随之不同了。一个事物向更多事物演变,这叫同出而异名;演变后还在演变,又叫做各有各的玄妙。

　　事物的统一体是辩证的,而辩证的一定是变化着的,它们之间相互依存、相互转换、相辅相成,它们之间缺失哪一方面它都不会完整。不论哪一方面都有它变化的玄妙之处,我们总是处在变化的、玄妙的环境之中,这是应当引起注意的问题。

　　事物之中存有许多的奥妙,当不经意地打开一扇玄妙之门,你会发现无穷的秘密,这里有诱人的奇妙现象,也有形式各异的陷阱。老子将其称为"众妙之门",为探究此门值得前行"推敲"。

　　老子用非常简单的语言讲出了一个深奥的道理,这个深奥的道理就是人与自然、社会的关系,或者说是如何处理人与自然、社会的关系。自然、社会存在本身就是一个复杂的统一体。一件看似对你无意义的事,不相关的事,其中却含着对你有意义的因素,同你有着千丝万缕的联系。事物每时每刻都在发生着变化,你永远离不开这个变化的社会,你无法逃避这个社会。怎么办? 这是社会向你提出的问题:同时也应当是你自己对自己提出的问题:我是谁? 我该怎样办? 如何才能生存下去? 每个人都面临着机遇与挑战。这些并不算什么问题,只不过是以什么样的态度去面对罢了! 其实,老子已经给我们树立了

一个人生的榜样,他在做任何事的时候,首先对事物进行分析,客观是什么样
的状态,主观上应具有什么样的意识,不同的状态、不同的意识导致不同的结

果,不同的思考导致不同的情况,因和果始终相伴在一起。

第一章最后这段文字里透露出老子看待社会的一种达观的态度。面对"玄之又玄"的课题,他将自己置身于一个非常放松的环境中,老子知道弊就是利,利就是弊,变化之中不好取舍,塞翁失马,焉知非福,不如有一个好心态,以"妙"观的心态探究世界。乐于打开众妙之门,体量这里边的趣味与乏味、幸运与困惑、欣慰与烦恼、平淡与震惊、喜悦与悲哀、满意与惆怅、幸福与痛苦、得到与失去、现在与未来、成功与失败、生命与死亡……有谁能够真正明白这里面的道理?有谁能够体味这里面的奥妙?有谁能够得以践行?道可道,如何知道?名可名,如何命名?老子在开篇向我们提出了一个富有哲理的问题。

道,其一,路也;其二,万物之宗源,无处不在,恍兮惚兮,为形而上者;其三,不可说,说出来就不是它了。道是很难解释的,不同的人对道有不同的感悟,于是人们对道的认识总是有限的,这让我们产生了深深的感慨。

我们在认识一个抽象的问题时,有时需要借助于形象思维,以形象思维或者叫具象思维将想象充实起来,以便加深对抽象概念的理解。我们看看诗人李白是怎样形容"道"的。

诗词助读

蜀道难　李白[唐]

噫吁嚱,危乎高哉! 蜀道之难,难于上青天! 蚕丛及鱼凫,开国何茫然! 尔来四万八千岁,不与秦塞通人烟。西当太白有鸟道,可以横绝峨眉巅。地崩山摧壮士死,然后天梯石栈相钩连。上有六龙回日之高标,下有冲波逆折之回川。黄鹤之飞尚不得过,猿猱欲度愁攀援。清泥何盘盘,百步九折萦岩峦。扪参历井仰胁息,以手抚膺坐长叹。问君西游何时还? 畏途巉岩不可攀。但见悲鸟号古木,雄飞雌从绕林间。又闻子规啼夜月,愁空山。蜀道之难,难于上青天! 使人听此凋朱颜。连峰去天不盈尺,枯松倒挂倚绝壁。飞湍瀑流争喧豗,砯崖转石万壑雷。其险也若此,嗟尔远道之人胡为乎来哉! 剑阁峥嵘而崔嵬,一夫当关,万夫莫开。所守或匪亲,化为狼与豺。朝避猛虎,夕避长蛇,磨牙吮血,杀人如麻。锦城虽云乐,不如早还家。蜀道之难,难于上青天! 侧身西望长咨嗟。

蜀道之难难于识"道",蜀道之难于行,地势之复杂,令人望而兴叹！李白的笔下"蜀道之难,难于上青天",往来之行难通人烟、飞鸟难过、猿猱不攀、天不盈尺、飞湍瀑流,还有一夫当关,万夫莫开的描写使人形成对蜀道的恐惧,不敢行于蜀道。

李白对蜀道的生动描写可以加深对"道"的认识、对"道"的理解,以形象喻抽象,让两者结合,可以使思路更清晰,以形象解抽象更便于对道的探讨与认识,蜀道尚且难行,"天道"不知何行,让人警觉与谨慎,行走于此道不易。老子论道之简单,"道,可道,非常道"其中的含义却非常深刻,故我们借李白形象语言的描写打开探"道"之玄门。

◎ 故事案例

秀才赶考

有一个秀才寒窗苦学了十年,自己觉得知识丰富了,可以参加科考了,于是收拾起行装,告别父母去参加科考。

秀才来到镇上,便找到一个小店住宿下来。当天晚上他作了一个奇怪的梦。他梦见自己在屋顶上种起菜来。第二天早晨起来,他有点神情恍惚,怎么想都感觉莫名其妙。于是他去找算命先生,求问这是一个怎样的梦。算命先生问了他的来龙去脉之后,便给他解梦说:"这可不是一个好征兆,在屋顶上种菜,这怎么可能呢？ 如果你参加科考,一定不会有什么好结果。"说完算命先生就走了。秀才垂头丧气地回到小店,第二天收拾行囊准备回家。店铺老板看到后很是奇怪,便问他为什么要回家。秀才将算命先生给他解梦的事说了一遍。店铺老板说:"这不算什么,听我给你解梦:你在房上种菜,一定是高中(高种)！ 你想对不对？"秀才听了店老板的话,恍然大悟,大笑起来说:"您说得很有道理,犹如醍醐灌顶。"结果这次科考,秀才果然金榜题名。

同一件事情出现后,有的人会这样说,有的人会那样说,到底怎样说才算对？ 不同的人会有不同的说法,不同的认识会产生不同的结果,重要的是你去怎样认识。

第二章
事 物 相 对

天下皆知美之为美,斯恶已;皆知善之为善,斯不善已。

故有无相生,难易相成,长短相形,高下相倾,音声相和,前后相随。

是以圣人处无为之事,行不言之教。

万物作焉而不辞,生而不有,为而弗恃,功成而不居。

夫唯弗居,是以不去。

译 文

天下的人都知道什么是美,这是因为有丑恶的存在;都知道什么是善,这是因为有恶行的存在。

因此,有与无可以相互产生,难与易相对而成,长与短相比较以显形,高与低相互倾依,音与声需要相和,前与后是相随的。

圣人在处事的时候是以无为态度来处事,并不发表言论去教导什么。

由万物去自由地生长而不予干涉,让万物生存而不去占有,有作为于万物

而不依仗己力,有了成功而不占据它。

就是因为不去占据它,所以功劳不会离他而去。

解读

天下的事物相对而生,大家都知道什么是美,也就知道何为丑恶了。老子举出一系列相对而生的事物,相对而生的矛盾,提出辩证思考的观念。一个问题的发生,必定会带来另一个问题的显现,因此在解决问题时一定要顾及问题的两个方面,有时还是多个方面。老子思维的妙处不仅在于阐明了事物的相对性,尤为重要的是将事物之间的关系"相生、相成、相形、相倾、相和、相随"描写得非常准确形象,也非常生动,一下抓住事物的相关特点,为问题的解决点明了关键条件。老子凭着巧妙的语言表达能力将一个道理讲得更清晰了,一切事物都是在形象化比较之中被展示出来,当你形象地看到问题的一方面的时候,它形象的另一面已经在那里出现了。

"有无相生"是一个值得探讨的问题。有是事物的存在,看得见摸得着;无并不是不存在,只是你看不见罢了。空气无色无味,想抓抓不住,想看看不见;思绪想看看不见,想抓抓不到;还有时空的概念怎样建立,怎样说明,同样无法抓住。它们都与万物有着千丝万缕的联系,有生于无,是因为无既是有;有成为无,是因为它在你的视线中消失了,并不是它不存在了。两者都存在于宇宙之中,只是有的看不见有的看得见,只不过名不同而已。看得见的叫有,看不见的叫无,是谓有无相生的道理。

圣人遵从于自然,不去刻意地做一些有为的事,尽量让百姓过顺其自然的生活,而不去过多地干预百姓的生活,是圣人的明智之举。往往个人的意识具有片面性,更为可怕的是一意孤行,其结果伤害了自己也伤害了大家。身体力行,以身践行,行不言之教更具有说服力,遵从自然方可享受自然。

圣人不会干预自然的发展,他希望让行为更适应自然,即使自己作出了功绩也并不把它据为己有。不据为己有的功劳却永远属于他。

老子在诉说着一个浅显的道理,一切事物的出现都是相辅相成。想侥幸只出现事物的一方面、不出现另一方面都是不可能的,因为内在的东西已经存在,内在的因果已经契合,仅仅是没有暴露出来而已。所以,对待事物应当辩证地看,不应盲目乐观,也不要轻易悲观,事物总是要从这一方面发展到那一方面。当我们认识了问题的辩证关系后,一颗躁动的心才会平静下来。我们常说以一颗平常心来看待事物,才能更好地把握住事物。只有当心绪平静下来以后,解决问题和分析问题的能力才能得到有效的发挥。

结论是,当我们不去看中问题的哪一方面的时候,或者忽略了哪一方面问题存在的时候,哪一方面就看中你了,闪失就有可能出现。若是思想明白了,问题考虑周全了,你所要控制的事态会朝好的方向发展,即使好的愿望没有实现,教训也足以使你有了成功的希望。

事物存在于发展、变化之中,并且有其变化规律。而人的思想却有着奇妙的变化,思想的变化要依附于事物的变化,当两者的变化交织在一起时,就形成了对大千世界的看法。

万物生生灭灭、相互依存、相互依靠,你中有我,我中有你,变化就在其中。若不以这种方法去思考,一个独立之物也就成了孤魂野鬼。人在睡梦中可以超脱,可以想入非非,当醒来时便又回到了现实。所以要依现实而思考,随境遇而安顿,做好准备而把握住时机,才会使生命如鱼得水。

诗词助读

锦 瑟　李商隐[唐]

锦瑟无端五十弦,一弦一柱思华年。

庄生晓梦迷蝴蝶,望帝春心托杜鹃。

沧海月明珠有泪,蓝田日暖玉生烟。

此情可待成追忆,只是当时已惘然。

李商隐的思绪很活跃,于庄生的思想有相近之处,亦真亦幻是思维活动的多样性。"庄生晓梦迷蝴蝶"是讲庄子在梦里化为蝴蝶,醒来方知自己还是庄子,李商隐颇有同感。人的思想可以超越现实,而梦中的事是一种生活体验,思维的活跃裹挟着情感演绎出了一个又一个奇妙的故事,当追忆事物的时候只是觉得自己当时很茫然,怎么成了这个样子? 万物变化奥妙无穷,加之人的思想融入后又多了一层复杂与神秘,多了一些不确定因素,认识事物会有不确定性。思维可以多方位变化,事物的变化不过非此即彼,知道了事物的两端可

以使思想淳朴,因此老子讲事物的相依性就是那么简单,还是让思想朴实一点、简单一点,从而使生活淳朴一些。认识与适应万物的规律,明白"万物作为而不辞,生而不有,为而弗恃,功成而不居"的自然道理,可以仿照自然之理,少出现一些不必要的遗憾,少犯一点错误,做到这一点要从有识开始。

◎ 故事案例

乌鸦的故事

一场大雪下了三天三夜,森林一片白茫茫。一只乌鸦叼着一块肉从远处飞来落在一个树枝上,准备享用这块美食。这时走来一只狐狸,看样子它已经精疲力竭,似乎好久没有吃到东西了。它见到乌鸦嘴里的肉早已垂涎欲滴,于是打起了鬼主意。

狐狸仰起头,对乌鸦巧言美语地说:"可爱的乌鸦,您长得太美丽了,您的羽毛是那样又黑又亮,我老远就看到了您那美丽的身影,飞得太美了。我还听说您的嗓子特别好,唱歌特别动听,我很想听听您的歌声,您能给我唱一首歌吗?"

树枝上的乌鸦看到了地上的狐狸,开始还是不屑一顾,可是过了一会儿,乌鸦经不住狐狸的夸奖与美言,便得意洋洋起来,忘记了嘴里的那块肉,便张嘴唱歌,刚一张嘴,那块肉就从嘴里掉了下去。狐狸在地上接住了那块肉,头也不回地逃之夭夭了。

乌鸦看到狐狸远去的背影,低下了头,深深地自责。

在狐狸的美言背后隐藏着它丑恶的动机,狐狸知道只有赞美之言才能打动这只乌鸦,使它飘飘然。而乌鸦也正中了狐狸的诡计。事情的存在总是相生相成,前后相随,乌鸦得到赞美是一个享受,失去了美味的肉得到的是悔恨的痛苦。如果只注重了事情的一个方面,就有可能忽视了问题的另一个方面。

第三章
无为而治

不上贤，使民不争；

不贵难得之货，使民不为盗；

不见可欲，使民不乱。

是以圣人之治也，虚其心，实其腹；弱其志，强其骨。

恒使民无知无欲也，使夫知不敢为、弗为而已，则无不治矣。

译 文

不去举荐有才识的人，使人民不发生竞争；

不以难得货物为贵重，使人民无欲于盗抢；

不让百姓见到引起他们欲望的东西，这样就使得民心不会错乱。

贤明之人的治国办法，是使百姓谦卑一点，但是要让百姓吃饱肚子；不要让百姓有更多的志向，但要让他们身体强壮。

总是让百姓处于一种无知无欲的状态之中，使那些有一些思想的人不敢

有什么作为。

贤明的人应当不去刻意地追求有什么作为,这样做反倒使天下得到治理。

解读

老子在治国之道上采取安民政策,不希望老百姓有什么欲望,不让老百姓有过多的追求,采取这些措施的目的在于使民心不乱,这也许有一些愚民政策的味道,但是我们必须看到言者的目的是在于使百姓长久地处于一个安定的环境中,这是他的理想国。我们不得不感到这只能是一个虚幻的国度,只能是一种向往,不可能实现。

当我们换一个角度来看时,似乎能够悟出一点味道。贤明之下有光环,贤明之下有利益,崇尚贤明会有人去争得贤明,争不到的会产生嫉妒心理,与贤明者差不多的人可能会受到伤害,如果有人搞出一点机巧之事问题就更糟了。这是老子在当时的历史背景下对不尚贤的看法。尚贤没什么不好，关键在于积极正确地引导，使大家对问题有正确的认识，能够因此树立良好风尚是件好事。对一个人来说应当超脱一点，以平静的心态淡然处之，"心底无私天地宽"真是一个好思想，凭良心做事，凭觉悟办事，不需要褒奖，得到与失去不会形成干扰，做到了永远的好心情才是最难得的，得到与失去又会怎样呢？

治国之君"不贵难得之货""不见可欲"，希望老百姓处于心态的平衡，没有对物质上的追求；希望老百姓没有什么欲望，简化他们的思想，使他们吃饱，弱化他们的志向，增强他们的体质。不使那些有想法的人有所为，进而让他们不敢为。老百姓能够自然而为，这样的思想符合自然之道，能够做到吗？这算是一种理想吧。治国之人应该做的是去提高全体百姓的国民意识和认知水平，而不应有愚民倾向。当人们的思想水平都提高的时候，真正的治理也就在其中了。

我们不应苛求老子。就当时而言，老子处于周朝将崩的时代，风雨飘摇，诸侯开始割据，百家也在争鸣，乱世的局面让老子忧心忡忡，他深知产生这一境况的社会根源，于是萌生了建立理想国的思想。在如何实现对邦国的治理上他有他思想的局限性，但质朴的思想是升华思想的基础，没有质朴的思想又怎样升华呢？什么是社会的发展，什么是社会意识的最高境界，只能回到生活的原点去寻找，从那些错综复杂意识形态中看到社会事态的本质是老子的高明之处，老子是提供认识社会原点的人。

"为无为"的理念是老子对道的认识。一年有四季，大自然形成春夏秋冬，地球自身并没有做什么，只是围绕太阳旋转，却出现了地球上的冷暖寒暑，万物的生生不息，这算是地球的"为无为"吧。老子思想由此而来。

老子的"无为而治"是一个古朴的思想，源于"为无为"，它给我们提供了许多可创造想象的空间，当我们今天理解和认识它时，则应当赋予新的内容含义，站在一个新的高度来认识它。有作为而不追求作为，有作为是适于自然时要去有所作为，当为则为、当行则行、当止则止是无为而治的理念。

"为无为，则无不治"是一种智慧，它带有情感的成分，也是一种治理的观念。它的目的很明确，希望使百姓能够达到安居乐业的现实目的。这就犹如一位高明的医生，在不知不觉中为病人治好伤病，以有为达到无为是医生的境

界所在。润物细无声是雨的境界,未雨绸缪是人的境界。这一道理适应于各个层面的治理,上到一个国家,中到一个单位,下到一个家庭。

老子这一思想也可用于育人上。放手给年轻人一个空间,努力地提高他们认识问题、分析问题的能力,养成良好的思维和生活习惯,解决问题的办法也就在其中了。我们也可以以此来提高自己管理自己的水平。

为圣人者应知天意,知众生平等,不崇尚什么,也不贬低什么,顺天意而依势,行无为于自然,不去触动欲望的神经,让心平而气合,取财物而均享,求生活以安乐。这才是圣人无为之道,也是众人的心愿。

治理的最高境界是无为而无不为,无为而治。

诗词助读

春夜喜雨　　　杜甫[唐]

好雨知时节,当春乃发生。

随风潜入夜,润物细无声。

野径云俱黑,江船火独明。

晓看红湿处,花重锦官城。

为官一任造福一方,为政当像知时节的好雨撒向大地,做到"随风潜入夜,润物细无声",是雨的作为,也是雨的无为。何为有为?何为无为?在社会中如何认识"为"的概念,人们仍在寻求。社会要发展,发展要平稳,出现不平衡现象也有其必然性,人为因素在其中占有重要地位。老子提出了他的引导思想,这仅仅是他对当时社会提出的想法,当然存有他的历史局限性,但就质朴而言可以称为警句名言。老子的思想颇为广博,"为无为,则无不治"的思想内涵值得探讨。发展是硬道理,没有发展就没有生存,哪怕是细微的发展也有成就事业的可能,细微的工作很见功力。老子的思想很入微,"是以圣人之治,虚其心,实其腹;弱其志,强其骨。"我认为这是一种道德的修炼,"虚其心"以求得知识,认识自我;"实其腹"以有健康的身体,确保生活的质量;"弱其志"也算得上是韬光养晦,不去做妄为之事。孟子讲"吾养吾浩然之气",表明其博大的胸怀;"强其骨"以锻炼来强壮身骨。圣人的"润物细无声"大概需要为百姓创造这样的一个良好的生存环境,同时去掉那些多余的欲望。

◎ **故事案例**

公平的智慧

　　从前有八个朋友住在一起,白天都出去干活,晚上回来一同吃饭。每一个人都想留在家里做饭,为了寻求公平,他们推举出一位"贤人"每天为他们做饭。几天后有人就开始抱怨,说自己没有吃饱,饭分的不公平。后来有人发现,做饭的人在做完饭后总是给自己多盛一点。于是大家讨论:叫谁来做这顿饭? 讨论来讨论去,总觉得让一个人做饭都有点不放心,于是有人建议每天由两个人来做这件事,一个人做饭,一个人作监督。

　　两天后,同样的事情还是发生了。于是他们又开始讨论怎么办。大家又开始出主意。最后有人提议轮流拿饭,并让做饭的人拿最后那份饭,这样分饭就比较公平了。

　　经过几天的调整,他们终于找到了一个解决问题的好办法,于是他们相处得越来越好。

　　公平有时很难做到,但是解决问题的办法不会没有,不同的事可以采用不同的办法。这八个人终于找到一个很好的办法,每个人轮流为大家服务,服务的人自己拿最后一份,不公平的现象也许就再也不会出现了。当然有些事情并非这样简单,但起码我们可以从中获得有益的启示。

第四章
识 道 不 易

原 文

道,冲而用之或不盈。

渊兮似万物之宗。

挫其锐,解其纷;和其光,同其尘。

湛兮似或存。

吾不知其谁之子,象帝之先。

译 文

自然的法则,有能量而被利用起来是用之不竭的。

深奥啊!就像万事万物都有其宗源。

挫去它的锐角,解开它的纷乱,调和它的光芒,混同它的尘埃。

深沉啊!它总是若隐若现。

我不知道是谁将它变成这个样子,像是在天帝之前就这样存有了。

对道的认识是无尽的,道的能量是巨大的,是取之不尽用之不竭的。道永远不会盈满,永远需要利用。

大自然的法则无处不在,应当认真地理解并加以利用,对这一点要有足够的认识。我们之所以犯错误是因为我们违反了大自然的法则,违反了为事的规则,或者说是我们只知道其一而不知道其二的结果。认识问题是一方面,解决问题又是另一方面,没有提出问题就没有解决问题,提出问题显得尤为重要。尊重自然而利用自然又不破坏自然,是人类行为的法则。

有多少深奥的道理,我们总是在寻找着它的宗源,因为越是靠近它的宗源,就越是接近于它的究竟、它的真相。人类永远处于探究世间奥妙的境地,从中找到更适合自己生存的空间。不应以牺牲自然为代价,而要寻求人与自然的和谐。大的和谐是由小的和谐组成,细微之处做到了,大的和谐就在其中了。

应当看到,我们的社会仍存有很多伤及自然的锐器与锐力,使大自然受到损伤,还有很多的纷乱亟待解决。老子讲:"挫其锐,解其纷;和其光,同其尘。"不无道理。调和耀眼的光芒,需要有"夸父追日"的勇气;混同大地的尘埃,共享"女娲补天"后的安宁。地球创造了人类,人类应当感恩于大自然,而今天的人类由于经济利益的驱使却在伤害这个美丽的地球家园,无节制的开采已使地球遍体鳞伤。像这样的锐气应当得到遏制与收敛,像这样的纷乱应该捋清,一种有序的可持续性发展的社会是人类自己拯救自己的生存目标。

我们知道每一件事情都是错综复杂的,要想解决它必须对它做深入的分析与调查,对其方方面面做深入的了解,不然就难以令其得到妥善的解决。战胜困难需要智慧,战胜困难需要合力,需要人与自然的合力。

大自然如此的深沉,大自然的规律是那样捉摸不定,真实的东西是那样让人琢磨不透,是那样若隐若现;一件事与一件事是那样环环相扣,彼此依托,充满奥妙,存有悬念与诱惑,稍有不慎就将陷入其中。思考与探究是我们的家常便饭,我们在探讨中享受的应该是乐趣,得到的应该是收获。历史就是这样,你想去这一间房子,历史却领你走进另一间房子,无

论怎么说这都是房子。这个事情的结束又是另一个事情的开始,不良事物的结束预示好事的开端。

人对事物的认识是有限的,而事物的存在是无限的,此事物与彼事物的关联性,生成一道又一道的难以破解之谜,而谜底早就存在其中,你不得不去面对它、破解它,认识其中的不确定性。

在"吾不知其谁之子,象帝之先"中可以看出老子是一位无神论者,大自然在帝之先。老子崇尚自然,敬畏自然,值得后人效法。用自然变化的思想理解自然变化之道可以认识什么是"帝之先"。

大自然的法则永恒存在,按它的规则运行。人类历史的发展当然也伴随着大自然的发展,有时人类还在干扰着大自然的发展,甚至于破坏大自然。人与自然的纷乱,人为意识的纷乱由此而生。要解决这些纷乱,人类首先要对大自然的存在与发展有一个明确的认识。人类是大自然之子,人类需要敬畏大自然,遵从大自然的规律,修正纷乱的意识,使人与自然构成和谐。

人类应掌握更多的科学知识求得生存,在爱护自然环境中做到保护自己,建立防范措施免遭大自然的伤害,同时也应当避免人为对自然造成的损害,认识自然规律之"道"成为关键的共识。

道冲而前行,物化万物,气势如虹,将纷乱化解,挫其锐气,形成秩序。于是人从自然中学得道理,治天下以太平,大凡人类社会都是如此。自然界万物也同样顺其自然之势而生存,将之视为不灭的道理。

有时我们做事很茫然,是因为我们心中没数,或是想做的事在时机上还不成熟,踌躇在矛盾之中,于是作出了盲目的选择。不是万物不理解我们,是我们不理解万物。

诗词助读

书　愤　　陆游 [宋]

早岁哪知世事艰,中原北望气如山。

楼船夜雪瓜州渡,铁马秋风大散关。

塞上黄河空自许,镜中衰鬓已先斑。

出师一表真名世,千载谁堪伯仲间。

"道"按自己的方式运行，不了解它就好像受控于它，因为要想有所作为是很难的事，不是说不能成功，是要经过千辛万苦的努力。"早岁哪知世事艰"是陆游发出的感慨，为什么会这样？应当怎样办？要明白"道"理在哪里，然后要知道如何"挫其锐，解其纷；和其光，同其尘"，入道一般地解决问题。

陆游是南宋杰出的爱国诗人，年轻时就立下了"上马击狂胡，下马草军书"的壮志，爱国情怀早已植入诗人心中，将踌躇满志的爱国思想激发出来，许身报国。在那个国难深重的年代，他用悲壮激昂、洪亮高亢的歌声，唱出华夏民族所有的御侮救国、恢复中原的激情雄心。他的爱国与关怀人民的诗篇受到人民的喜爱。陆游崇拜诸葛亮这样的以天下为重的英雄豪杰，希望成为"出师一表真名世，千载谁堪伯仲间"的国家栋梁。他想做诸葛亮式的人物未能实现，但却成为了一位南宋诗人领袖。陆游的付出令他得到了另一份回报。是人才就不会被埋没，思想之道本身就是人生的动力，"道，冲而用之或不盈"，在前行的路上不要止步不前，不要满足。"渊兮似万物之宗"，思想的源头一定要清晰，因为要冲刷那些尘埃与污垢，不可平抑"道"的冲动，在冲动中又不可达到盈满。

◎ 故事案例

大自然中的生存

在遥远的沙漠里生长着一群骆驼，它们在讨论一个古老的话题——我们为什么长成这样？

一只小骆驼问老骆驼："我们为什么长有这么长的睫毛？"老骆驼说："沙漠里的风太大了，当风扬起沙尘时，如果我们没有这么长的睫毛，飞沙就会进到我们的眼睛里，会影响我们看路。"小骆驼点了点头。

一会儿小骆驼跑过来又问第二个问题："为什么我们的背会驼成这样？"老骆驼说："它叫驼峰，是有其作用的。驼峰是储藏营养和水分的部位，因为沙漠中很难找到吃的东西，我们必须储藏更多的养分，以便使我们能够走出沙漠。"小骆驼又点了点头。

一会儿小骆驼又跑过来问第三个问题："我们的脚掌为什么这样肥大？"老骆驼笑着说："沙子太软了，如果我们的脚掌不足够的肥大和厚，我们走在沙漠

上就会很费力,炙热的沙子还会很烫脚。"小骆驼听后若有所思。

老骆驼接着说:"我们长成这个样子,完全是大自然的造化,我们身体的每一部分都有它长成的道理,我们的肌体仍在适应着自然生活的变化。我们是大自然的骄子呀!"

小骆驼思考着自己与自然的关系。

大自然按照自己的规律变化,万物只有适应它才能得以生存。自然的岁月磨去了万物的棱角,造就了万物的千奇百态,物种的变化是大自然所为,万物也只能去适应它,只有与之相容的物种才可以与自然同生共存。我们对自然界需要不断地去认识,因为我们要在认识自然中认识自己、生存自己。"挫其锐,解其纷;和其光,同其尘。"讲的就是这个道理。

第五章
学 会 守 中

天地不仁,以万物为刍狗。

圣人不仁,以百姓为刍狗。

天地之间,其犹橐龠乎,

虚而不屈,动而愈出。

多言数穷,不如守中。

译 文

天地有不良行为,就会把万物当成了轻贱的刍狗。

圣明之人不讲仁义的话,就会把百姓当作轻贱的刍狗。

天地之间就像一个大的风箱,空虚而并不失充实,流动而没有竭尽。

议论的话说多了没有意义,不如做到点到为止,恰到好处。

解读

    天地似乎存有不良的举动,随意地涂炭万物,其实这仅仅是它的自然现象而已,是它的自然规律的表现,人会在这自然规律之中受到伤害。在大自然面前人类是渺小的,顺应自然还要保存自己是人类要小心翼翼做的事。

    圣明之人的不贤明会涂炭百姓,是不仁义的表现。老子把天地与圣人并列起来讲,是要引起人们的关注。天地不仁,把万物当成刍狗是大自然的自然行为,是无意识的自然表现,是自身规律使然,人们对此无话可说;而圣人不讲仁义,将百姓当成刍狗就会出问题,这是人的主观意识作怪。不管是无意而为,还是有意而为,其结果是使百姓成为刍狗,这是不人道的表现,是天地与圣人的区别。对此,人们不得不作出积极的反应,明白天地之道,减少人为的局限性认识,扼制住不人道的行为。

    天地之间的事情,是大自然的现象,空气永远在那里流动,时急时缓,似乎有人在操纵着它,它实则依着自己的运行规律而运动。老子是一个极富天才的人,把地球比作一个大气囊,确实是一个天才的比喻,地球被大气层所包围,大气层下的气流在做着永恒的运动,巨大的空间是地球上的生命生生不息的场所,由于气流的存在,地球永远充满着活力。老子丰富的想象力为我们认识地球提供了线索,让我们对地球这样一个生活环境可以有一个初步的认识,让我们对自然界产生了全新的认识,让我们树立起能源与能量的概念,同时如何利用和使用能源与能量成为历久弥新的话题。应该说在这方面的认识上,我们与老子还是存在较大差距的。

老子把大自然的运动现象与人的生命体征活动联系在一起实在是一个创举,地球上的气流运动过猛,生物就会受到伤害;一个人的言论太多恐怕漏洞就多,言论没有被人认可,说那么多也没有用,还不如点到为止、恰到好处,这样不会伤及自己。"多言数穷,不如守中"看似一种消极的做法,其中也有积极的态度:语言表达适中,不过也不能不及,守中十分难得,明事理的话一定有市场,一定会被贤明之人接纳。守中是做到恰到好处的标准,又有谁能够做得到呢?

大自然的现象我们没有办法把控它,只有设法去认识自然,创造条件来保护自己,尽量顺乎天然又符合民意做到天人合一,这算是人类向往的一个境界。面对人们认识上的误区与错误,需要有识之士帮助人们加以认识,在事态和条件不成熟的情况下千万不能贸然行事,需要等待人们的觉醒与觉悟。因为人们是在不断地摔跟头中成长的,失败的教训是人们前进的一个必不可少的台阶。守中是等待,是保护,是思考,是研究,是探讨,是综合,是整合,是积蓄力量,以便追求更有效的手段和方法。

第四章讲到天道,第五章讲了人道,天道与人道同出一道而各行其道,各有各道。天道不易违抗,人道却在变化,识得天道有利于获取人道。

"道"很复杂说起来却很简单,"道"很简单却不易表达清楚。面对天地不仁又能说些什么呢? 面对圣人不仁又该怎样说呢? 对人对物该怎样去认识? 这是一个值得探讨的问题。

诗词助读

述 怀 魏征［唐］

中原初逐鹿，投笔事戎轩。纵横计不就，慷慨志犹存。

杖策谒天子，驱马出关门。请缨系南粤，凭轼下东藩。

郁纡陟高岫，出没望平原。古木鸣寒鸟，空山啼夜猿。

既伤千里目，还惊九逝魂。岂不惮艰险？深怀国士恩。

季布无二诺，侯嬴重一言。人生感意气，功名谁复论。

事情是那样的复杂，想起来也是思绪万千，想要说的东西很多，说的东西越多越不知所云，"季布无二诺，侯嬴重一言"，季布是汉初人，侯嬴是战国时信陵君的门客，两人都不爱轻易说话，但是，一旦说话就会字重千金，当时有"得黄金百斤，不如得季布一诺"的谚语。侯嬴献计也是如此。经过千般慎重的思考所得出的结论很简单，三言两语就可以说得清楚，这是经过深思熟虑后语言表达得以提炼的结果。孔子曰："君子讷于言，而敏于行。"是讲慎于出言的道理。人们所烦的是说不清的絮叨和无目标的乱说，与其这样还不如少说。

◎ 故事案例

自然而为

在灾难和诱惑面前要懂得守中之道。龙卷风发生的时间并不长，风的直径也不过十几米到数百米之间，但是它的破坏力极大，所经过的地方，常常将大树连根拔起，将地面的建筑物摧毁，将人卷入天空，给人们带来灾难；大地震常可将一座美丽的城市夷为平地，使千万人的生命在地震中消失；战争使人类的生命遭到涂炭，这些是人类所不需要的。自然与人类之间都有相仿的地方，值得探讨。

人在自然灾害面前显得那样的渺小与无助，但是人是可以控制自己行为的，不要以牺牲百姓利益来换取自身的利益，"多言数穷，不如守中。"

第六章
生 生 不 息

谷神不死,是谓玄牝。

玄牝之门,是谓天地根。

绵绵若存,用之不勤。

译 文

大自然的作物之神是不会死的,是因为它有着神妙的生殖能力。

玄妙的生殖能力的门户,可以说是天地万物生长的根。

芸芸众生悄悄地发生着变化,永远地延续着生命。

解 读

大自然就像一个母体,它养育着万物,万物开始了它生生不息的繁殖,这种能力永远是那样神奇,永远不会完结。山川与河流永远不会死去,一静一动

孕育着无限的生命,它使事物变化而惊奇。

　　神妙的生殖能力是孕育万物的门户,是万物生长的根,神奇的生命在这里生成,认识这一现象是认识事物的根本。老子用自然法则讲明一个道理:认识事物要找到它的源头,解决问题要抓住根本,凡事要从根本说起,弃本而求末是不可取的态度。

　　生命要永久地延续下去,生命的物种也在若隐若现地发生着变化,大自然永久地造化一切。

　　我们认识大自然吗? 我们从哪里来? 我们应当怎样生存? 老子在做出回答,他的解答是那样宏观,又是那样的微妙:大自然造化了万物,也造化了人类,给万物带来了无限的生机。我们需要发展,就需要认识到我们的根在哪里,这是生养我们的土地,这是我们取之不尽、用之不竭的根源。我们的一切认识都要从这里出发,这是我们生存的依靠,我们怎能对自己没有足够的认识呢? 面对生命的源泉怎么能不敬畏呢?

　　当我们用这一观点解释问题时,问题的答案不难从这里找出,举一反三表现为人的智慧。老子在解释自然现象的同时道出了解决问题的真谛,寻根求源是认识问题解决问题的根本,万物万事的变化也由此而生。老子思想的伟大大概就体现在这里,他的思想在启迪着我们的智慧。这使我们联想到达尔文,他认为物种的起源遵循着"由一至多"的规则,亦即认为所有的生命都出自同一个来源,从低等到高等慢慢发展,最后出现了人类,为认识人类自己提供了有力的线索。两位巨人都在探讨生命的来源,老子站在哲学的高度讲述事物的变化;达尔文却站在实证科学的高度讲述了事物的变化与进化。虽然一位是公元前的智者,一位是近代的学者,他们的思想却有异曲同工之妙,都在探讨事物的本源,都在诉说认识事物的道理。

　　追根溯源是认识事物的关键,联系实际我们可以进一步地体会认识这一理念的重要性。比如说,学习是学生的根本,学生就要抓住这一根本,一切知识都生植在这条根上,只有根扎得更深,树才能长得更茂盛。枝叶出了问题是否与根有关? 先从根查起。一个公司的成长同样依赖自己的根,枝繁叶茂有在于对根的培植。根烂掉了,成为无本之物又怎样生长? 老子告诉我们做事情要从根本上做好,事物的变化随时有可能发生,而根的职能不能变化,一切立足于根本,这是"谷神"不死的道理。

自然之物的生生不息是由于有其可繁衍的机制,有它存在的本源,有它生存的条件。万物不死是因为有着很强的生命力,生命力的玄妙又在于它的生生不息、没有穷尽。

诗词助读

赋得古原草送别　　白居易[唐]

离离原上草,一岁一枯荣。

野火烧不尽,春风吹又生。

远芳侵古道,晴翠接荒城。

又送王孙去,萋萋满别情。

野火奈何不了原上草,它随着冬去春来又展现出顽强的生命力,是因为草植根于大地之中,由于根的存在草能够一年一度地持续繁衍。万物不能失去大地,万物不能失去生殖之根。做事从根源做起,将根基打牢,即使出现不测之事也能够抵御。"绵绵若存,用之不勤",蓄养根部从不间断,生命在这里延续,大自然是受用不尽的。

虽然诗人与哲人对生命的述写不同,但是他们对生命的认识总是那样真切,赞赏生命的绵绵不息。诗人的描写是那样的感人,而哲人的描写却值得深思。

◎ **故事案例**

生生不息

南极洲生长着一种帝企鹅,雌企鹅产下卵后就交给了雄企鹅来孵化,雌企鹅便游向大海,去为它的后代觅食,这一去就需要历经二十多天的艰辛。这期间雄企鹅则坚守岗位,不吃不喝等待着雌企鹅的回来,这一过程要耗去它三分之一的体重。

守住了卵,也就守住了根。为了繁衍后代,帝企鹅们愿意面对任何艰辛与危险,这大概就是它们生命的全部意义。

第七章
天 长 地 久

原 文

天长地久。

天地所以能长且久者，以其不自生也，故能长生。

是以圣人后其身而身先，外其身而身存。

非以其无私邪？故能成其私。

译 文

天长地久是永恒的。

天地长久的原因，并不认为自身在追求什么生存，因此能够长久地生存下去。

贤明之人总是将自身放在众人之后，反而却让众人推举在前，并不在意自己的生存，却能够使自己得以生存。

这不是证明了他的无私吗？这样反而成就了他的私。

解读

　　天地是长久的，这是大自然的永恒的现象。

　　并不刻意地追求长久的生存，反倒能够长久地生存下来，这里边确实存有一定的道理。事情有时并不是按照人的意志为转移，甚至还会走向反面，这确实不能不引起我们的思考。老子在生活中寻求着平淡，是因为他发现，刻意地追求、人为的激情意识不一定是最佳的选择，得到的也不一定是最佳的效果。寻求长生者并不一定能够长生，平淡的生活、随遇而安的思想却得以长生。这就是老子独特的见解。

　　圣人不把自己放在众人的前边，因为知道人会有不足之处，领头人的错误会对身后之人带来伤害，而置身于众人之后，反倒能够观察别人的长处，改变

自己的过失,修正自己的思想,这是一种情怀的表现,是谨慎也是谦虚,会得到人们的尊重。就圣人而言,生存的空间是由自己创造的,个性要融于共性之中,不去过分地张扬个性,让共性得到充分的发挥,生存空间就可以扩大化了,可供回旋的余地也大了。

老子的"外其身而身存"又是那样的精妙。圣人淡化自己的利益与生命,首先考虑老百姓的利益与生命,反而得到了老百姓的拥戴与保护。另有一种情况叫做"当事者迷",站在圈外看问题可以看得更清楚一点,可以把事情处理得更公平一点、更公道一点、更洒脱一点。往往我们出现的问题是没用一个旁观者的眼光看待问题,使自己深陷其中,不能够跳出圈外,客观地评价事物,公正地处理问题,犯了主观性错误,甚至更严重,使问题矛盾化、复杂化、扩大化。圣人讲明智之举,行不言之教,辩证地看待问题,是为"外其身"却保存了自身,奥妙就在其中。

这并不是说一个人要完全无私心,但是表现出来了公心,就说明这样做是对的,成就他的"私心"是应得的,只有贤明之人才会这样做。个性与私心不能画等号,个性中一定有自我的一面,当一个人表现出为公的一面时,人们对他的褒奖当然是对他个人的承认,这是相辅相成的道理。私心并不是人的错误,它是人本性的表现,是自身的原动力。孔子讲,"食色,性也"。人有私心并没有什么错误,关键是他在为大家的利益服务,这就足以称道了。

天长地久与人的进退之间是不能相比的,天有天道,人有人道。有明智之举的贤明之人看重的不是自己的名誉,而是摆正自己的位置,把推动事物的发展作为最终目标,表现在注重团队精神。推崇大家的作用更能激发集体的合力精神,这是凝聚力的表现。共同的利益发展了,个人的利益也就在其中了。

老子在讲辩证的道理,在讲如何认识事物前与后的关系、内与外的关系。事物本来就是相互依赖、相互依存、相互包容,你中有我、我中有你。但是真正看清这些关系,摆正自己的位置,充分发挥积极作用并非易事。大家有一致的共识才是难得的。

生活中难得将事情看得很清楚,一切都存在于可变之中,怎样做就对,怎样做就不对,主要看怎样认识这些问题,在于站在什么样的立场上看待问题。

生长于天地间的万物是依自然环境而生存的,而在人类社会环境中的生存,也许同样是"后其身方可身先"。但有谁能明白其中的道理呢?

诗词助读

安定城楼　李商隐[唐]

迢递高城百尺楼,绿杨枝外尽汀洲。

贾生年少虚垂涕,王粲春来更远游。

永忆江湖归白发,欲回天地入扁舟。

不知腐鼠成滋味,猜意鹓鶵竟未休。

李商隐本来很热心政治,也不肯依附牛、李任何一党,但是却在党派斗争中成了无辜的牺牲品,一生抱负无从施展。诗的最后两句以庄子寓言比喻作者的志向远大,不为功名爵位,也无朋党门户偏见,有着一身的正气,这也算后其身的表现吧。李商隐的诗歌被宋代王安石认为"唐人知学老杜而得其藩篱者惟义山一人而已。"他的诗歌构思新巧,想象丰富,语言优美,表现了一定的正义感和忧国忧民的思想感情,为人们所推崇。他的诗歌使他千古流芳,不为先,反倒得先。李商隐的表现也算韬光养晦,与老子的"是以圣人后其身而先,外其身而存"思想有似不谋而合的妙处。

◎ 故事案例

鸿门宴

刘邦攻入关中,取胜后退居到霸上,不敢妄动。这时候刘邦的左司马曹无伤派人向项羽进谗言,说刘邦要想称王。项羽听到此事后大怒,欲派兵攻打刘邦。项伯得知这个消息后赶快来到霸上告诉他的好友张良,让他马上离开这个地方。张良对项伯说:"若在这个时候离开刘邦,是我的失信和不义。我要把此事告诉刘邦。"

刘邦得知此事后,又问张良他跟项伯是什么关系。张良讲我救过项伯的命。刘邦明白了。刘邦对张良说:"你把他请来,我要与这位兄长交谈。"于是刘邦置酒款待项伯。刘邦说:"我入关后,不敢做一点违背常理的事,只是做慰藉百姓的事,查封官府大库的事,以等待将军,我怎么能有反心呢!我在盼望将军,请把我的不敢反叛的情况告诉项王。"刘邦又说:"愿与项伯成为亲家。"项伯点点头,表示同意刘邦的说法,答应到项羽那里讲明实际情况。

项伯来找项羽说情:"刘邦不先攻破关中,您怎么敢进入呢? 刘邦入关是有功的,怎么能去攻打他呢,这样做不好,还不如善待他。"项羽被项伯的一番话说动,表示同意项伯的看法。

项羽设鸿门宴招待刘邦。范增早已看出刘邦为人,大有龙虎之气,其志不可小看。于是几次示意项羽借此机会杀掉刘邦。项羽装看不见。范增出来叫项庄以舞剑的形式刺杀刘邦。当项庄舞剑时,坐在一边的项伯看出问题,于是其身也以舞剑的方式保护刘邦,刘邦也看出这鸿门宴的杀机,面如土色,心想如果不赶快走的话,就会死在这里,于是谎称自己要上厕所溜了出来,离开鸿门宴,策马向霸上逃去。

最终刘邦打败了项羽,成为西汉开国皇帝。

刘邦是一位很有心计的人,他知道自己的实力不如项羽,自己拥兵十万,怎敌得过项羽四十万大军。虽然他攻占了关中,也不敢妄为,将自己退居下位,将真意隐藏起来,千方百计求得项羽的信任。他的这些做法也确实收到了成效,是所谓:"后其身而身先,外其身而身存。"刘邦后退一步的做法成就了他一生的大业。

第八章
贵在为水

原 文

上善若水。

水善利万物而不争,处众人之所恶,故几于道。

居善地,心善渊,与善仁,言善信,政善治,事善能,动善时。

夫唯不争,故无尤。

译 文

最大的善莫过于水。

水有利于万物而不与之相争,水处于人们不重视的境地,因此,水很接近于"道"。

善于停留在需要它的地方,心总是会那样的沉静,相与总是那样的仁慈,言语总是那样的可信,为政总是治理得那样好,为事总是能够处理得那样有效,行动时又是那样地善于捕捉时机。

它不与万物相争,因此也不会招来反对。

　　老子开宗明义地提出他的命题,"上善若水",最大的善莫过于水,水是万物所不能离开的,一是讲生命对水的依赖;二是讲水的习性。老子推崇水是要识水,把善比作水。水有许多的特点值得称道,我们离不开水,是因为生活中无处不需要水。

　　老子非常推崇"道","道"究竟是什么? 怎样理解它? 这不容易说得清楚。为了解释什么是"道",老子找到了最接近"道"的东西,那就是水。于是我们可以通过对水的认识来认识"道",通过对水的了解,对"道"便有了形象化的感受与认知。水有益于万物而不与万物相争,哪里需要水,水就向哪里去,水并不在意什么样的环境,即使最恶劣的环境,也存在于那里。水固守着自己的法则,任何环境之下它都表现出倚势而成的千变万化的动态,水可以与"道"媲美。由此,认识水的意义并不亚于对"道"的认识。

　　老子对水拟人化的描写,为人向水效法提供仿照的依据,借水以喻人是老子的独具匠心。人的生活怎能与水相比呢? 老子恰恰在水与人两者之间找到了相关契合点,表明人可以向水学习,水的优点值得人去效仿。贤明之人停留在需要他的地方,心静如渊,为人可以善待,言语的表达非常可信,为政会治理,做事很稳妥,时机把握得很好。能够做到这样实在很难,但事情并不能因为难做到而没有标准、没有尺度、没有要求,如果这都没有的话事情也就不分好坏了,是非也就不存在了。如果贤明的人向水一样的行事,那么,一切问题都会处理好。老子推崇水,认为水符合于"道",甚至把水看作"道"。人的所为需向"道"靠拢,水成为榜样。水永远那样随遇而安,不管哪里需要它都能去,默默地奉献出自己的一切,值得人们依此为"道",向水效法。

　　水不与万物相争,它也不会有什么抱怨。它永远做着无声无息的事。水不会招来任何的反对是由于水的谦下,不拒绝任何环境,不计较得失。如果人具有水的品质,谦下而不与人争,就不会有反对的人。

　　老子推崇"道",是因为它很神奇,它无处不在、无处不有,却看不到。水"故几于道",是说水有"道"的特质,老子终于告知我们一个与"道"具有相同特性的物质——水,它与"道"接近,它将"道"具象化了。于是,"道"在我们的思维中有了形象,为我们打开了认识"道"的具象之门。让我们联想一下,水有

三种形态,固态、气态、液态,当外在的温度变化时,它会随着温度的变化而变化;水既向低处流,也向高处升;水可以固化也可以气化,固化时它随遇而安,气化时它升腾飘逸;水有滴水穿石的精神,也有惊涛裂岸的气魄,足以为人效法。水无处不在,生生不息的万物一刻离不开它,它也与万物不离。

在老子看来"道"是精神层面的东西,借水寓"道",把水形象化了,是将物质的具象引入到抽象的思维之中,让"道"具象化。当我们思考问题时,如果借用水的模式来思考,就赋予了思考活力,思考的活力愈强,思考愈缜密,解决问题的能力愈全面。

水是一种境界,以这种境界为人处世的时候,会找到如鱼得水的感觉,又有几许人能够有这样的认识呢? 我们离不开水,但是,谁又能真正理解"上善若水"的真实含义呢? 这恐怕就是大智慧吧!

我们有必要看一下苏辙在《道德真经注》里是怎样说的:"避高趋下,未尝有所逆,善地也;空虚静默,深不可测,善渊也;利泽万物,施而不求报,善仁也;圆必旋,方必折,塞必止,决必流,善信也;洗涤群秽,平准高下,善治也;遇物赋形,而不留于一,善能也;冬凝春冰,涸溢不失节,善时也;有善而不免于人非者,以其争也。水唯不争,故兼七善而无尤。"这是对水的多么高的赞赏与评价呀!

人对水应有足够的认识,水与道相近。道看不见摸不到,而水却能够被人们感受到它的存在与变化。水的习性给予人们方方面面的思考与启示,物得水而活,失水而亡,懂得了水就近乎懂得了道,所以先向水问道吧。

诗词助读

和谷子　　郑昌时[清]

原来上善如活水,混混源泉出不已。
一点灵莹挂太虚,光照深潭清彻底。

水的源头总是那样晶莹透彻,它冲刷着尘埃,荡涤着污泥;就思想而言,随时清除杂念,清除思想上的垃圾,怀有一颗淡定的心才可以从容处世。水静下来时它开始清澈,可以见底;在纷纷杂杂的环境中难得做到的是入静。不入静不足以平定那颗躁动的心,不入静不足以看清事物的本来面目,不入静不足以进行清晰的思考，不入静不足以把握住命运的动态，只有清心如静水才可以看清事物的脉络。没有水的地方一定存有荒漠；没有水的地方一定没有生命。思维如同水，不可以失去敏锐，不可以失去通达，不可以失去联想，不可以失去像水一样的活跃，失去这些会使思想荒漠化。人离不开水，人更应该效法水。"上善若水"是老子对水的最高评价，生命依恋于它是因为生命来自于它，可是我们有时对水的理解还不如老子。

◎ 故事案例

识　水

很久以前在大山深处住着一位老者，没人知道他的岁数，只知道他知识渊博，功力深厚。很多人想找到这位老人，向他学艺。但他们进入深山后，都因找不到老人无获而返。

有一位年轻人知道这件事，下决心要找到老人向他学艺。于是他带足了干粮告别父母出发了。他历尽了千辛万苦，跋山涉水，渴了喝一点山泉，饿了啃一口干粮，度过了七七四十九天，终于在一个岩洞中找到了这位老人。他向这位老者说明来意，表明学艺的愿望。老者只是低头不语，过了好长一段时间，老者说话了："你很想向我学艺，我又有什么可以教给你的呢？既然你来了，那就请到那一个山洞的溪水边打坐吧。"年轻人一头雾水，也没敢多问便来到山洞溪边开始打坐。

一连几天老者没来，年轻人心里很不痛快。时间长了，他开始静静地思考。又一段时间过去了，他开始观察水的流动与变化。一天他忽然悟到了什么，来到老者面前，向老者讲述了自己对水的看法："水是善美的，水是永远向前流动的。"老者高兴地说："让你能够认识到这一点，是我叫你在那里打坐的真正目的。只有明白了这个道理，你才能学到真功。"

年轻人在老者的点拨下学到了很多的本领，使他的身体与思考、思辨能力发生了很大的变化。

年轻人经过艰辛的努力，经过自己对水的思考，认识的水的善美、水的柔美，认识了思维与水的关系，乃至于与人的关系。这正是老子所推崇的"上善若水，水善利万物而不争，处众人之所恶，故几于道。"

第九章
摆正自我

原 文

持而盈之，不如其已。

揣而锐之，不可长保。

金玉满堂，莫之能守。

富贵而骄，自遗其咎。

功遂身退，天之道也。

译 文

如若坚持的事情满溢了，倒不如及时地停止下来。

锤炼得很锋利的锐器，不可能长久地保持。

家财万贯，没有谁可以守得住。

因富贵而骄傲，就会引起灾祸。

有了成就了就要考虑退下来，这是符合大道理的。

　　凡事不必苛求于太圆满了,不如见好就收。事物是复杂而变化的,人不可能精准地把握住最好的办事上限,错误与正确间仅仅是一层窗户纸,不可有贪欲,见到好了就可以收了。圆满的事情谁都渴望,真正做到圆满不会那样容易。老子给我们讲出一个道理:追求永无止境,即使心中存有遗憾,只要达到尽力而为,接受现实就算是圆满,这样做符合美学原理,也是心理状态的必要平衡。如若违背这一原理,身受其害在所难免。古希腊的戴尔菲神殿有这样两行字,一行是"认识你自己",一行是"凡事勿过度"。这与老子的话"持而盈之,不如其已"可以媲美,都是智慧的忠告。

　　精心锤炼、磨砺出来的锐器,怎么能长久地让它保持不变呢?锐器有它的两面性,只要动用起来锐器就会受损,在攻击对方的同时也容易伤到自己。锐器不可能不与外界接触,想要长久保持它的锋利并不容易。老子讲的道理值得思考,对锐器而言,当用则用,当藏则藏,才是对它的爱护。

　　即使家有万贯,怎么能够守得住呢?成就大业不能依靠守业,那样会坐吃山空。这就是说,想守业是守不住的,只有不断地创业才能够守业。人的惰性就是那样的可怕,削弱了斗志,泯灭了志向,人在金玉满堂面前会丧失进取的精神,富不过三代不无道理。

　　富贵与富有是你的资本,但一定不要骄傲,骄傲就会走向事物的反面,引出祸患。取得了一些成就,获得了一些财富,只能说明过去,不能说明现在,更不能代表未来。中国有句老话叫"夹着尾巴做人",在成绩面前不要骄傲,要有自知之明,保持谦虚谨慎的态度,才不会引来祸患。

　　成功了就退下来,也算是知足者常乐吧,也算是一种退隐吧,也许是一种明智的选择。这使我想起曹操的一首诗《龟虽寿》:

　　神龟虽寿,犹有竟时;腾蛇成雾,终为土灰。

　　老骥伏枥,志在千里;烈士暮年,壮心不已。

　　盈缩之期,不但在天;养怡之福,可得永年。

　　幸甚至哉,歌以咏志。

　　这首诗里曹操表现出的思想与老子的思想有相通的地方。老子讲"金玉满堂,莫之能守",曹操讲"腾蛇成雾,终为土灰";老子讲"功遂身退,天之道

also", 曹操讲"养怡之福, 可得永年"。相比较而言两者都是因为志向上的成功收获了物质与精神上的财富, 退下来让贤人去干, 也是遵循于天道。

我们有时办事缺乏明智, 一味地去追求, 往往会出现一些问题, 会使你陷入其中而不易自拔, 尤其是在取得成就的时候。在成绩面前, 要摆正自我, 不要因成就迷失了自己前进的方向, 时刻保持稳定的心态, 让自己处在平静的状态之中, 清醒地看待一切事物, 作出明智的选择, 这或许是成就自己的真正意义。

老子讲出的这些道理发人深省, 回味起来像一壶老酒, 是那样醇香, 人生的道理大概就在其中。万事面前不易把握自己, 不为利所驱, 不为名所动, 当纵观这一切时有一句话显得尤为深刻, 这是《易经》中的话:"天行健, 君子以自强不息。地势坤, 君子以厚德载物"。物有所失, 物有所得; 何算真失, 何算真得, 这些又有谁说得清呢? 君子总是那样的稳健, 总是那样具有宽广的胸怀。

心灵上的平静与得"道"才是可贵的。做任何事情都要把握好分寸、掌握好火候, 要有度的概念, 将心态摆正。

任何事情不应做到极致, 凡极致之事都会向相反方向转化, 把握住度对一个人来说是一件不容易的事。凡是莫过度, 也不能不及, 要争取做到中庸。

诗词助读

宣州谢朓饯别校书叔云　　李白[唐]

弃我去者昨日之日不可留, 乱我心者今日之日多烦忧。

长风万里送秋雁, 对此可以酣高楼。

蓬莱文章建安骨, 中间小谢又清发。

俱怀逸兴壮思飞, 欲上青天揽明月。

抽刀断水水更流, 举杯消愁愁更愁。

人生在世不称意, 明朝散发弄扁舟。

李白的诗奔放、洒脱, 读来酣畅淋漓, 尤其这首诗能够让人感到一种难得的痛快, 一时将烦恼抛到九霄云外, 可以让精神得以解脱。生活中的挫折与困惑实在是太多了, 人的思想有必要从此逆境中摆脱出来, 读几首李白的诗不失为一个好办法。用读诗来破除僵滞的思维,让思维在放松中激荡,让不健康的情致得以解脱,用以实现这样的目的就可以了。一定不可产生过激的思想与行为,因为"抽刀断水水更流,举杯消愁愁更愁。"将自己的行为控制在适度的范围内,可以说这算得上良好的修炼。

人的思想行为有时需要宣泄,宣泄有几种形式。其一是体能上的宣泄,通过肢体运动进行宣泄。其二是情绪上的宣泄,去倾诉、去哭。不宣泄,不足以将心平静下来,让心情得到舒缓,让情感得以释放,恢复到平静的常态。其三是选择修炼,将不良的情绪感受一一化解,始终使心情保持在一个平稳的状态,按老子的话说叫做"持而盈之,不如其已",思想上可以激荡,不激荡不足以宣泄,但处事不宜盈满,就像杯中的水一定不能够满,满了就成为负担,满了就会洒了。

让思绪平静下来,使自己谦卑起来。学会修炼就是学会控制,将身心放置在稳定的状态之中,实现"功遂身退,天之道也"的境界。

◎ 故事案例

骄傲是失去

在很早以前,一个小国的国王非常担心被别国入侵,于是他下令全国的男人要习武备战,时刻准备与入侵之敌展开战斗。国王身先士卒,天天鸡一叫便开始练武。他的力气练得非常大,几百斤的鼎能轻而易举地举起;远在天上的

大雁,一箭必能射中;即使是顽石,一刀下去也被劈成两半。

有一天,敌国的军队向这个国家发起进攻,国王一声号令,率军队冲向敌军,在喊杀中将敌军杀得丢盔卸甲,狼狈而逃,国王的军队取得了胜利,受到了百姓的欢迎和拥戴。

胜利和荣耀冲昏了国王的头脑,国王渐渐地陷入了花天酒地的生活,不再治理国家,不再习武备战。国王的肚子也越来越大,身体越来越胖。

几年后的一天,敌军再次来犯。这个国王仓皇迎战,叫人拿来弓箭,可是弓弦已经断了,能劈顽石的宝剑也已经生锈了,而国王连跑步的劲也没有了。国王被两个敌国的士兵擒住。这个国家就这样消亡了。

这正如老子所说:"金玉满堂,莫之能守。富贵而骄,自遗其咎。"谦虚谨慎,戒骄戒躁的意义就在于此。

第十章
形 神 合 一

载营魄抱一,能无离乎?

专心致柔,能如婴儿乎?

涤除玄览,能无疵乎?

爱国治民,能无为乎?

天门开阖,能为雌乎?

明白四达,能无知乎?

生之,畜之。

生而不有,为而不恃,长而不宰,是为玄德。

译 文

承载着形与神合一,能够不分离吗?

专心行气以致柔和,能像婴儿那个样子吗?

清洗后挂起来观看,能够看不见瑕疵吗?

热爱百姓治理国家,能够没有作为吗?

天然的自然之门开与合,能够守得住吗?

明白而通达四方,能够没有智慧吗?

万物需要生长,万物需要养育。

养育万物而不占有万物,有作为而不妄为的做人主张,成就万物而不伤害万物,这才是最神妙的德行。

解 读

形与神能不能分离? 答案当然是不能。形不离神,形要得到神的支配,没有神,形不知所往,形没有风采;神不能脱离形,没有形,神失去依托,神便成为孤魂野鬼,两者合而为一才能体现出生命的价值。两者之间必然要破除相互制约,排除相互干扰,让精神遨游而不受时间和空间的限制。形神两者交融,形神贯穿于一,是生命的最佳状态,是老子希望的形神不分离而抱守专一。

因为婴儿不受意识干扰,所以才行气柔和。行气致柔符合自然规律,所以我们应效法婴儿,行天然之气,专心以致柔,不受到外界的干扰,没有杂念和烦乱的思想,使生命清静、无为、专一。

清洗完了的东西一定要查看,看是否还有脏的东西,这是责任心的表现。没有责任心恐怕不能成事,检查自己、修正错误是一个良好的习惯。洗涤为了清除,玄览为了查找,这是一种审美方法,更是一种人生态度。

本着热爱百姓的愿望采取有效的方法来治理国家,这样的作为值得肯定。

自然之门的开与合,应当符合自然规律,在顺其自然的情况下才合理。因此,行事要符合行事的道理。开与合是两种状态,老子以雌雄作比喻,开可以看作攻势,合可以看作守势,攻守之间老子更看中守势。

明白道理才能通达四方,这样的人能没有见识吗? 明白自己的决心,做通达四方的事,没有知识与智慧怎么能行呢? 老子的逻辑语言非常严谨,一句紧扣一句,上一句讲要做到的事,接下来讲怎样去做,明白通达、方向准确,要依靠智慧去完成。

社会需要发展,大自然也需要发展,养育万物不破坏万物,这样做符合自然法则。老子讲明做事的目的在于让事物有一个进展,大自然的发展就是一个延续的过程。比如说养儿,先是要孕育,再是要生出,然后就是育养,这是完成生命的延续性。生与养不能脱节,生与养是事物发展的连续性工作,生是生活(或工作)的开始,是造就一个新生事物;养是对生活(或工作)的珍惜、爱护、培养,使生活(或工作)完美,做任何事的道理都在于此。

养育万物要与万物共同生存,与之共同生存就不能做妄为之举,不能违反生存的规律,更不能去做伤害它们的事。有好的德行并不是一件简单的事,这需要认识万物、理解万物,看明物中的玄机,欣赏物中的奥妙,进入物我两忘的境界。

行为与思想应该合为一体,统一性、专一性需要淳朴,像婴儿自然呼吸一样不会意识到外界的干扰。一个贤明之人,总在查找自身的毛病,不仗恃己力而妄为,努力为国家做一些有为之事。认识养育万物的母体,知晓养育万物的道理,我从哪里来?要到哪里去?认识和思考这样的问题需要智慧,需要"涤除玄览"。万物生生不息,需要善待它们,不去占有它们,更不去主宰它们,这样高深玄妙的德不是轻易能做到的。

老子用形象的比喻,发问出一个个值得人们思考的问题,这不得不引起我们的重视与回味。

老子发出的诘问,第一句前半句提出的是要做到的事,"载营魄抱一",是讲一个事物的两个方面,形与神的统一;"能无离乎?"后半句是告诫性的责问:彼此难道可以分离吗?讲事物的统一性。第二句前半句讲专心用以柔劲,后半句讲"能做到像婴儿那样单纯吗?"讲办事的专一性。第三句前半句讲要学会清洗与观察,后半句讲应该能查找到瑕疵,讲做事认真。第四句前半句讲怎样爱民治国,后半句讲"怎么能没有作为呢?"讲忧国忧民。第五句前半句讲自然生殖,后半句讲能否守住雌性,讲和谐生存。第六句前半句讲开明而通达,后半句讲不可能没有知识吧,讲知识与应用。最后是讲对圣人的要求,要达到德的最高境界。

理解老子的上述言论,对于认识社会仍有其现实意义。由于我们对问题缺乏这样深刻的思考,会犯下一些违背客观规律的错误,当我们借助老子的智慧,认识现实中的问题时,才发现:噢!原来问题是可以被这样认识和解决的,这也许正是我们称老子为先哲的缘由吧。于是,我们不得不感叹:不是我们没

有智慧,而是我们还不足以能够学会开发智慧。

大脑可以做丰富的想象,丰富的想象又来自于见识的广博,见识的广博又来自于对事物的兴趣,兴趣可以产生激情。诗人的创作来自于激情,没有激情不会产生好的作品,做任何事都要符合这个道理,讲究的是神情合一。

形与神相合是人们不断追求的目标,由不协调到协调、由不一致到一致、由不专注到专注、由不自由到自由,一定要有一个过程,在这个过程中能不修正错误、能不获取智慧吗? 应使自己在此过程中得到成长。

诗词助读

观公孙大娘弟子舞剑器行　　杜 甫[唐]

昔有佳人公孙氏,一舞剑器动四方。

观者如山色沮丧,天地为之久低昂。

霍如羿射九日落,矫如群帝骖龙翔。

来如雷霆收震怒,罢如江海凝清光。

绛唇珠袖两寂寞,晚有弟子传芬芳。

临颍美人在白帝,妙舞此曲神扬扬。

与余问答既有以,感时抚事增惋伤。

先帝侍女八千人,公孙剑器初第一。

五十年间似反掌,风尘澒洞昏王室。

梨园子弟散如烟,女乐馀姿映寒日。

金粟堆南木已拱,瞿塘石城草萧瑟。

玳筵急管曲复终,乐极哀来月东出。

老夫不知其所往,足茧荒山转愁疾。

公孙大娘舞剑出神入化,已达到人剑合一浑然一体的境界。《观公孙大娘弟子舞剑器行》序中说:"昔有吴人张旭,善草书书帖,数常于邺县见公孙大娘舞西河剑器,自此草书长进,豪荡感激,即公孙可知矣。"却原来一代草圣张旭的长进成名是从公孙大娘舞剑器得到启发的。甚至还有说怀素也是得益于观看公孙大娘剑器舞,如若是这样,则草书二圣都可以说是公孙大娘的弟子了。杜甫看公孙大娘弟子舞剑看到了"霍如羿射九日落,矫如群帝骖龙翔",并且还会产生许多的联想,不同的人对同一事物的观察会有不同的感悟与收获。凡事都有相通之处,可以互为借鉴、互为关联、互为启示。事物是发展的、变化的,事物中存有矛盾,当事物出现问题时就需要改进,去掉瑕疵,求得进展。借鉴是好方法,借鉴一定离不开他事物对此事物的启示,万物相连、万物相通只是学会观察和领悟其中的奥妙罢了。以此来理解"载营魄抱一"的道理可以认识形与神的关系,使两者融为一体,让与之相关者融为一体,得其形神兼备,实为难得。一日之功,须得百练而为之;没有专一的精神,便难以做到形神的一致,因此我们应将杂念扬弃,守住那份最为至高的德行。

◎ 故事案例

画家的意境

有一位画家,潜心绘画十几年了,他的画作透着浓郁的乡土气息,让人仿佛回到古朴久远的年代,已然忘记大城市的喧哗。

有人不解地问:"你为何能够画出这样古朴的山区民风画?"

画家回答说:"我在画画时,首先要入静,要让浮躁的思想落停下来,让纷飞的杂念停滞下来,心中静了就可以开始作画了。这时,你的想象是那样的清晰,你的下笔是那样的流畅,你的色彩是那样的绚丽,你的布局是那样的和谐,你的构想会是那样的生动,你的心会为之激动。如果你的创作打动不了你自己,那就不可能打动别人。"

那人问:"这是入静产生的效果吗?"

画家答道:"是的,入静的目的在于你可以处在一个形神合一的状态,你美妙的想象可以在你的笔端表现出来。反之,那样的画作就失去了神韵。所以说仿画是没有神韵的,就是这个道理。"

问者恍然明白了其中的道理,于是花大价钱买了画家的画。画家也为找到了知音而感到高兴,他的画也被更多的人收藏。

形与神是不应分离的,两者若要分离就会出现闪失。这则故事讲的是没有专一与专心就没有成功的道理。老子在问:"载营魄抱一,能无离乎!"

第十一章
有无相用

原文

三十辐共一毂,当其无,有车之用。

埏埴以为器,当其无,有器之用。

凿户牖以为室,当其无,有室之用。

故有之以为利,无之以为用。

译文

三十根木条围起做成一个可以穿轴的车轮,中心是空的,是为车所用。

用水和泥做成器物,中间是要留空的,这样的器皿才可以有用处。

建造房屋需要开凿一个窗户,需要形成一定的空间,才能作为房子来用。

因此,有实在可以成为便利,有空间才能发挥物的作用。

（解）（读）

　　用木条做车轮，当中一定要留空，是为插车轴时所用。通过这一事例老子说明了物与物之间的关系。转动的部位要留有空间，就像一个人在工作中要留有回旋的余地与空间，使工作开展起来更加流畅，运作起来更加自如，不要小视这一空间，是为"有车之用"。

　　用黏土做成中间有空的器物，就可以装东西用了。古人所做的陶罐是为装东西用。第二个例子老子讲的是有与无的关系，这可以做多种解释。空是为了有，有是为空所用。成器要为空，不为空不足以为器。同样的道理，一个有胸怀的人，装得下事情，与人打交道容得下别人的意见，有则改之，无则加

勉,可与人共事。

建房子要开一个窗户,屋中要有空地,这个房子才能使用。建房子要有空间,还要有窗户,是要见到光线、流通空气,不然就不好生活。第三个例子老子讲到人与生活空间的关系,按现在的说法叫做打开一个窗口,放进新鲜空气,开阔一下眼界,与外界建立一个良好的关系,让生活充满活力。当今的社会已经成为一个开放的社会,眼界的拓宽、思维的活跃、近距离的交流已成为必然,借老子思想以为今用很有现实意义。

制造器物是为了利用,要利用就要有它可利用的空间,空间要发挥它的作用。建立空间的概念十分有益,有了空间就有了存活的余地,有了余地就有了发展。万物相连环环相扣,实与空相依可以为用。

老子讲到间隙、留空与空间,从小处讲到大处,讲到有与无的关系。如何认识它们之间的关系?老子将形象的事例赋予哲理性,为我们所称道。就制作器物而言,是将自然之物制成有用之物,实现新的物体组合,达到可利用的目的。老子举出三个例子,讲到车轮与车轴的关系;讲到黏土与成器的利用的关系;讲到建房与开窗的关系,都强调了空间与器物的关系,不得不使我们发生联想,在生活中留有活动的空间对我们是多么的重要。同理,一个人的创造性思维,一定是打破了原有的思维定式,兼顾原有思维的可用性,创造另一个思维空间,得到新的思维成果,以达到解决现实中问题的目的。

老子的这段思想给我们一个提示:第一,任何器物的制作首先强调物品的可用性,只要能够使用就行。第二是它的合理性,何谓合理?这样做就合理,那样做就不合理,在这里做就不合理,在那里做就合理。怎样做才算作合理,这是一个要费心思考的问题,是一个值得推敲的问题。第三是事物之间的相关性,一事物与众多的事物有着关联性,就像是多米诺骨牌效应,第一张牌与最后一张牌依然有其相关性。这是老子为我们提出的做事依据,有为的道理就在于此。

事物的有用性取决于与他事物的相关性,孤立的事物是不存在的,孤立的事物不会有为。

造物是为了用,有是造物时需要的条件,无是可以利用的空间,两者不可失去其中任何一方。进一步说,造物的条件有其限定性,而造出的物中的空间却有其自由性,能做到此两者的完美结合,恐怕不是一件易事。

中秋闻笛　　朱淑真[宋]

谁家横笛弄轻清,唤起离人枕上情。

自是断肠听不得,非干吹出断肠声。

悠扬的笛声唤起了诗人的情思,是诗人与笛声建立起的互动,让诗人思绪万千,发出内心深处的感叹,写出如此美妙的诗句。但是我却思考着笛子与人的关系。

人们的延伸思考有时并不来自于自身,而来自外来的影响,只是因为外来的动静触动了那颗不平静的心。又是什么触动了诗中人那颗心呢?原来是一曲悠扬的笛声,我们先不去评说诗词,而对笛子做一下探讨。笛子能够发出它美妙的声音,一是因为笛子是空心的;二是因为笛子上有孔;三是因为,当有人或急或缓地吹进气流,并在操纵那几个孔的时候,声音就发出来了。如果吹笛人是一位高手的话,那笛声委婉动听,或急或缓,或低或高,诉说出吹笛者的情怀,牵动了听笛者的心思。

当我们回身再探讨这首诗的时候,可以看到一曲笛声唤起了诗人的情思,唤起了诗人的那颗难以入眠的心,"自是断肠听不得",是笛声勾起了诗人的某种情怀吧。

◎ 故事案例

有无之间

小徒弟跟老师傅学做乐器已经好长时间了,但是他有一个问题总也想不明白:老师傅总叫他注意有与无的关系,他一直想不通有与无到底是怎样一个关系。这一天,小徒弟实在是憋不住了,就来到师傅的房间。

"有什么事吗?"师傅问。

"师傅,我跟您学手艺好长时间了,您总是叫我注意有与无的关系,这到底是什么意思?我想不明白。"

师傅拿出来一只笛子,吹出了一个小曲。笛声悠悠扬扬地充满了整个小屋,小徒弟听得很痴迷。

曲子吹完了。老师傅问:"笛声好听吗?"小徒弟点点头:"好听。""为什么好听?""您吹得好,还有就是笛子做得好。""为什么这个笛子做得这样好?声音那样好听?"小徒弟想了一下说:"材料选得好,再有就是笛孔之间的距离把握得好。"

老师傅略点了一下头说:"你只说对了一部分。凡事要从根本上想问题。我为什么提醒你要懂得有与无的关系?"说着,老师傅拿来一根擀面杖,"你能把它吹响吗?"

小徒弟摇起了头说:"这怎么可以吹响呢,这是实心的。"

老师傅站起身来:"是的,笛子可以吹响,是因为竹竿是有,竹膛是空,当我们在它表面挖出几个小孔后,便可吹出美妙的乐曲了。另外还有一个重要的问题,那就是孔与孔之间要留有一定的余地,太近、太远都会影响音色和音准。你明白其中的道理了吧?"

小徒弟恍然大悟,嘴里不断地说着:"噢,这就是有与无之间的关系。"此后小徒弟的手艺有了很大的进步。

事情有时不用说得那样明白,领悟其中的道理即可。笛子中的空与笛孔形成了笛子的空间,笛孔间的距离与笛子粗细长短的比例关系可以形成笛子不同的音色。随着人的吹奏,气流的进入,笛子则发出了美妙的声音。小徒弟终于明白了在制作笛子中的有与无的关系,抓住了制作笛子的关键。事物的完美性往往就体现在能否巧妙处理有无之间的关系并留有余地。正如老子所说的:"故有之以为利,无之以为用。"

第十二章
不 要 盲 目

原文

五色令人目盲；

五音令人耳聋；

五味令人口爽；

驰骋畋猎，令人心发狂；

难得之货，令人行妨。

是以圣人为腹不为目，故去彼取此。

译文

五种颜色令人眼晕；

五种声音让耳朵失去了辨别能力；

五种味道让口失去品味的能力；

纵横于原野上打猎，让人心情狂野；

难以获得的货物，让人心躁动。

由此，圣明之人只考虑饱食而并不为眼前事物所迷惑，不考虑所闻所见只顾及肚子。

解 读

五种颜色、五种声音、五种味道，让人的感官失去了各自的功能。打猎让人心狂；难以得到的物品，让人心动啊！

圣明的人非常注重实际，在诱惑与实际面前，一定先选择实际。

今天的社会早已超过了老子生活的时代，生活的多样性、丰富性为人们的生活提供了魅力十足的条件，享受与追求成为不同人的生活目标。不管怎么说，社会中到处充满了诱惑。老子在两千多年前就提出"为腹不为目"的想法，生活中不应有过分的贪欲，贪欲必然导致不良的后果，"驰骋畋猎，令人心发狂"，一味的放纵享受，让心性难以控制，出轨的事情就会发生，其主要原因是认识上出了毛病，对不良欲望的后果没有足够的认识。这使我想起古希腊一个神话故事"潘多拉的盒子"，当潘多拉打开这个盒子时，贪婪、杀戮、恐惧、痛苦、疾病、欲望便飞了出来，从此给人类带来了众多的灾难，幸好希望还存在，人们还有希望。老子与古希腊神话故事都在担心人们的不良欲望，是生存还是毁灭，希望还是欲望两者展开激烈的斗争。古希腊人看到的希望是人们会用理性战胜邪恶，只要有希望就足够了；老子告诫的是"为腹不为目"，享受平淡，以平静的心面对生活。贪欲会使人丧失正常的理智生活。

我们不可能置身于这个五彩缤纷的世界之外，我们需要面对生活，当诱惑向我们袭来时，我们不得不聚集足够的勇气战胜心中的欲望。淡泊是最好的一服良药，我们应该作出正确的选择，以平实的心态过平实的日子，使生活回归自然，或许这是一种境界吧。

物质与精神交织在一起，孰重孰轻一时难以取舍，失去了精神的物质是那样的苍白，失去了物质的精神是忽忽不知所往，两者的分离是悲哀的表现。它们彼此之间难以分离，物质对精神是诱惑，精神对物质是依恋，相互正确的选择才是最可取的，选择之间的相互作用推动着社会的发展，社会发展的不盲目性和稳定性是人们追求的共同目标。

生活中有时需要远离一点喧嚣闹市，回归一点淳朴的生活，方可找到一些返璞归真的人生感觉。

生活上的追求与享受如若没有止境，到了发狂的地步，便是一件危险之事了。身居平淡之中，过田园式的生活才是人生的真谛。

诗词助读

饮酒　其五　　陶渊明［晋］

结庐在人境，而无车马喧。

问君何能尔？心远地自偏。

采菊东篱下，悠然见南山。

山气日夕佳，飞鸟相与还。

此中有真意，欲辨已忘言。

陶渊明在青少年时期，有"大济苍生"的理想与抱负，但由于他生活在腐朽没落的东晋后期，他的理想与抱负不可能得到实现。他是一个正直的封建文人，从二十九岁开始曾几次出仕，先后做过州祭酒、镇军参军、建威参军、彭泽县令等小官。由于他不与黑暗的官场势力妥协，出仕不利，最终郁郁不得志沮丧而回家，过起"躬耕自资"的归隐生活。他这时的诗描写了在田园隐居生活中怡静闲适的情趣，表现了思想上远离官场和尘俗生活的孤傲品格。作者以欣慰、闲适、宁静、恬淡的心情去描绘周围环境，又以优美怡人的景色烘托诗人悠闲自得的心境，情景交融，韵味隽永，把诗人鄙夷、厌弃官场社会的鲜明态度表现得淋漓尽致。

"此中有真意，欲辨已忘言。"是陶渊明对生活的真实感受，官场生活与田园生活的对比使他认识和感悟到什么才是真正的生活。生活的真意在哪里？有时难以用语言来表达，说多了好像是一种辩解，还不如忘掉那些辩言。远离了五色，远离了五音，远离了五味，才有可能认识生活的真意。"是以圣人为腹不为目"，不去追求过多的欲望而去过平淡的生活，其中的奥秘又在哪里呢？这值得思考与回味。

欲为民生

舜继位后,不敢辜负尧对他的信任,为治理国家,涉黄河、渡长江,考察壮丽山河,体察民情,为百姓排忧解难。他带领人民开荒种地,为百姓造福,取得了巨大的成效,为百姓所拥戴。

舜喜欢吃蘑菇,也会做蘑菇,为犒劳大家,他亲自到蘑菇山采来蘑菇,做好请大家吃。突然意外发生了,有些人喊肚子疼。莫非是蘑菇出了问题? 舜拿出银针试了一下做好的蘑菇,原来蘑菇有毒。舜赶紧与几个人到山中去找解救的药草,他们跋山涉水,衣服划烂了、皮肤划破了也不在意,终于将药草采来,熬成汤喂给大家,使大家得救了。之后舜马上调查这件事。

原来是一个部落首领,非常嫉妒舜取得的成就,就起了贪心,想要篡夺舜的地位,于是他就在蘑菇山下了毒药。舜了解到这个情况后就带领队伍追杀这个部落首领。

人是有欲望的,而欲望是应当有节制的。而在那些诱惑之下,放弃了德行,不顾一切地追求自己的利益,占取别人的财富,是圣人以为耻的事。所以圣人明白"是以圣人为腹不为目,故去彼取此。"保护人们应该享有的利益,打击那些想妄取他人利益的人。

第十三章
识 得 宠 辱

宠辱若惊,贵大患若身。

何谓宠辱若惊?

宠为下,得之若惊,失之若惊,是谓宠辱若惊。

何谓贵大患若身?

吾所以有大患者,为吾有身;

及吾无身,吾有何患?

故贵以身为天下,若可寄天下;

爱以身为天下,若可托天下。

译 文

受到宠与辱都好像受惊吓一样,都好像大的祸患在身上一样。

什么叫做得宠与受辱的惊吓呢?

受宠是很卑下的,受到宠爱便感到不安,而失去宠爱也同样感到不安,这

就是所谓的患得患失。

什么叫重视大的祸患就像重视身体一样?

我之所以有大祸患的原因,是因为我有身体。

如果我没有身体,我有什么祸患呢?

因此,一个以身体为贵重的人就会把天下看重,可以让他有作为于天下,就可以将天下托付给他。

爱天下就像爱身体一样,就可以考虑将天下交给他了。

解读

宠与辱是社会生活的两种现象,宠与辱或许都会走向反面,因为宠与辱已经处在了事物的两端,宠的结果会乐极生悲,辱的结果有可能置之死地而后生,这样的结果能承担得起吗? 老子认为这是大患,只有正确的认识才是可贵的。

对一个人来说,认清什么是宠辱才算重要,心态需得以放平,不要总是患得患失。有一句老话叫"人贵有自知之明",只有将自己的位置摆正,才不会产生不安的感觉。

查找祸患的原因,就像重视身体的健康一样,怎么能不引起重视呢? 因为有大的祸患,在于有身体的缘故。按现在的话说身体是引起宠辱的源头,衣食住行皆为身体所用。

一个没有身体的人,当然就没有祸患。老子想法是把身体等同于天下来看待的人应当是圣人,对待身体如同对待天下,将身体保持在健康的状态中,关注身体以关注天下,能够认真对待自身的疾病,对待国家的"疾病"也这样认真,以重视身体的态度来重视天下,天下之事就可以托付给他。

有爱天下就像爱身体一样的人,天下可以托付给这种人。

老子在这里讲到的是人生观,被托付天下的人应该是宠辱不惊的人,或者说他看轻了自己的身体,他在追求着一种精神,大概是以天下为己任的精神,这不能不说是一种境界。大凡境界都有相通的地方,佛门也有这样的认为,慧能曰:"菩提并无树,明镜亦无台,本来无一物,何处染尘埃?"这可算是佛门无身的悟性吧。两者相同的地方都是超越了自身,所不同的地方是老子在这里却带有入世的感觉,是有身的悟性,而佛门所讲的是无身的出世。

身体是欲望的载体,荣辱之间都会得到宠的喜悦和辱的失衡,这都是由身体所造成的,不看重身体又会作何想法呢? 老子告诉人们,成大事者应当看重的是天下,就像看重身体一样,将天下放在首位,不去计较自己的荣辱,天下可以托付给他。天下可大可小,当欲望摆脱身体牢笼的时候,得到的却是天下。对一个人而言,天下是精神上的天下,应当是宠辱不惊的天下。

宠辱之间的关系值得思考,明晰自身的位置尤为重要。不贪求于宠,不羞怒于辱,用真谛与坦荡的胸怀以对现实,方能彰显出英雄本色,不然祸患便在其中。

对有正确荣辱之观的人,是可以委以重任的。

诗词助读

满江红　　岳飞[宋]

怒发冲冠,凭栏处,潇潇雨歇。

抬望眼,仰天长啸,壮怀激烈。

三十功名尘与土,八千里路云和月。

莫等闲、白了少年头,空悲切。

靖康耻,犹未雪。臣子恨,何时灭?

驾长车、踏破贺兰山缺。

壮志饥餐胡虏肉,笑谈渴饮匈奴血。

待从头,收拾旧山河,朝天阙。

岳飞具有强烈的爱国主义精神,时时将国家的利益放在心中,在青年时期应募参加抗金战争,勇敢善战。他率领的岳家军曾经多次打败强大的金兵,成为南宋抗金卫国的骨干力量。他始终坚持恢复中原的主张,却被偏安一隅、自私褊狭的昏君赵构和奸臣秦桧等人谋害。

这首诗充分表现出岳飞的爱国情怀,并且以实际行动践行自己的壮志,为国可以捐躯,将生死置之度外,与金兵血战到底,这是何等的气概。岳飞的荣辱观体现得何等鲜明,国之重任可以委托。正确荣辱观的建立是人一生的财

富,因为可以与生命联系在一起。老子选定人才大概以此为依据,以此为考察,能够做到宠辱不惊的人,是可以委以重任的。

◎ **故事案例**

庄王失马

公元前781年楚庄王即位,可以说即位时他还不是一位明君。《史记·滑稽列传》中说,楚庄王非常喜欢马,于是有人送他一匹马,楚庄王见到后非常喜欢,给马建了一座富丽堂皇的房子,给马穿上很漂亮的衣服,并给以非常美丽的装饰,给马吃最喜欢吃的东西,甚至将枣脯给马吃。不仅如此还要由数十人来伺候它。久而久之,这匹马长得肥肥大大,膘肥毛亮。由于宠爱过度,这马营养过剩,又加上很少活动,不久便因肥胖而死。楚庄公得知消息后非常难过,很是痛心。

这个故事给我们一个启示,受到恩宠看来不一定是件好事,看不清其中的

道理,只能将自己深陷其中。马尚且如此,又何况人呢,养尊处优反倒伤害了自己。老子说:"吾所以有大患者,为吾有身",为身体享受的欲望而活着是一件欠妥的事,这算是老子为我们提出的忠告吧。

第十四章
识 道 有 益

原 文

视之不见,名曰夷;

听之不闻,名曰希;

搏之不得,名曰微。

此三者不可致诘,故混而为一。

其上不皎,其下不昧,

绳绳兮不可名,复归于无物。

是谓无状之状,无物之象,是谓惚恍。

迎之不见其首,随之不见其后。

执古之道,以御今之有。

能知古始,是谓道纪。

译 文

看它却是看不见,可称其为平坦;

听它却是听不见,可称其为微弱;

摸它却是摸不到,可称其为微小。

这三者不可以追究到穷尽,因此,它们是混合在一起的。

它的上部分不是那样明亮,它的下面也并非看不清楚,它总是若有若无地存在着,不知该怎样去称谓,然后就回归于原始无物的状态。

这个物质可以称为没有形状的物质,也没有它的具象,可以称它为恍恍惚惚的东西。

当迎向它时,看不到它的开头在哪里;当跟随它时,看不见它的尾部在哪里。

遵循古老的规律,来处理今天的事情。

能知道古时的起始,可称之为认识历史之道。

解 读

看它看不见,听它听不见,摸它摸不到,但这并不能说明物质不存在,而且,这些物质是紧密地联系在一起,只不过是感觉不到它的存在,这是值得思考的问题。老子的思想确实有点玄妙,似乎是在讲物质,但却看不见、听不见、摸不到,又混同在一起,这是物质的玄妙性,其实是在讲时间与空间的关系;这更像是讲人的思维状态,这种状态都可以操纵物质,与物质有千丝万缕的相互关联,借助感官对物质的思考一定要进行综合的、全面的考量以把握物质。

我们生活在物质世界中,但是有的物质我们并不能感觉到它的存在,若明若暗、时隐时现,我们还没有认识它们,不知称它为什么物质,而物质却做着周而复始的运动,我们需要探索新事物的奥秘。我们的日子循环往复,似乎没有什么变化,其实不然,事物每时每刻都在发生变化,只是我们没有察觉细微的变化。当我们明白这个道理之后,就要以这种思想来思考问题了,事物的明暗之间、正反之间、前后之间、高低之间、里外之间、始末之间,还有从数量到质量之间等等都在考虑问题的范围之内。

没有被认识的事物,是难以把握的事物,难以掌握的事物总是恍恍惚惚的。事物的发展有它自身的规律,恍惚是因为事物在发生着变化,有自身的变

化,也有外力作用下的变化,原有的具象之物随时在变化。

也许就是这样,当要真的探讨事物的时候并不能找到它的开头,跟随其后又更不知其物在哪里,真是玄妙。摸不着头脑的事随处可见,但这不该引起我们的烦恼,出现烦恼只能说明自己的思绪出了问题。

掌握以往的道理,就是用来解决今天的问题。以前的经验值得借鉴,对今天的生活、学习、工作会有帮助。

能够了解历史的开始,这算是认识事物规律的方法。解决问题是要从认识事物的源头开始,认识事物的形成,才有可能判断出、推演出、寻找出事物的发展关系。

老子在这里提出一个很抽象的概念,这就是思考。我们在错综复杂的问题面前必须竖立事物之间相联系的观念,将有形的物质进行有效的逻辑联系,通过抽象思维达到思辨。而这种思考辨析的能力,只有我们人类才具有,所以人被称为"大"。具象的事物好认识,而抽象的思考却难以把握,但是我们又不能不面对这恍惚而不好琢磨的事物。问题并不是无法解决,老子给了我们解决问题的线索,一要学会对问题进行综合,找到事物之间的相互关系;二要抓住你所看到事物的表象,从中找到事物的本质;三要找到这一事物的源头,分析事物形成的原因,寻找解决问题的规律,这些都是解决问题的依据与线索。很难得老子在两千多年前就提出了思维的概念,用我们现在的话可以这样理解:人的现实思维是形象思维与抽象思维交织在一起的混杂物,由于形象思维的干扰,如果不去有意识地和刻意地追求一个完整的抽象思维过程,你的思维就必然是断断续续和凌乱的,你的决策或判断就只能是盲目的和缺少逻辑性的,为你的行为带来不利结果的可能性就增加了。形象思维与抽象思维的交织运用是老子思维的一大特点,这为我们思考问题提供了有力的思维模式。

我们社会的发展会遇到很多新的问题,以形象思维与抽象思维相结合来认识问题,会使我们将问题看得更清晰,于是我们不会因为事物的难以捉摸而放弃对问题的探讨,抓住事物的表面现象,因循以往的经验,借鉴相关的知识和事物形成的规律来探讨今天的相关问题,大概这是老子教给我们的认识与思考问题的"道"吧。

道无处不在,看不见摸不着,却实实在在地存在于现实当中。若想改变不合理的现状,先要知晓当前的情况,而后提出改变的方案,最后加以实现。这大概才算是遵从道的规律吧。

在现实中理解"道",它应该是一种顺其自然,逆"道"而行绝非上策,三思斟酌而行才是我们应当提倡的。

癸卯岁始春怀古田舍 其二　　陶渊明[晋]

先师有遗训:"忧道不忧贫"。

瞻望邈难逮,转欲志长勤。

秉耒欢时务,解颜劝农人。

平畴交远风,良苗亦怀新。

虽未量岁功,即事多所欣。

耕种有时息,行者不问津。

日入相与归,壶浆劳近邻。

长吟掩柴门,聊为陇亩民。

陶渊明归隐田园之后,对"道"加深了几分理解。理想与抱负未能实现并不在于他不想实现,只是时乖运蹇。乡村的农耕生活使他品味到淳朴生活的乐趣,将"大济苍生"的理想化为意中的恬淡,对回归田园后的生活抱有憧憬,真正感受到"日入相与归,壶浆劳近邻"的自然的农耕生活。这是陶渊明对人生之道的又一层解释,在生活中顺其自然适应生活才是对"道"的体验。不同的人在人生的道路上会作出不同的选择,"执古之道,以御今之有"是老子的提示,让人在浑然不清中识得出路。

◎ 故事案例

治　理

一位新领导来到一个业绩不断地下滑的老大难单位。两个月来新领导一直没有动作,只是正点上班正点下班,整天待在办公室里。有人开始发牢骚了,认为这个领导太不能干了,太没有作为了。有些人见领导似乎有点好欺负、好糊弄,于是现出了原形,做出点出格的事。

　　第三个月的情况就完全不一样了。这位领导作出了一系列的改革,大刀阔斧地拿出解决问题的方法。将该换掉的人换掉,将该任用的人进行提拔,并制定出一系列的新制度。这样一来,这个老单位就充满了活力,在新领导的领导下单位有了大的起色,到年底终于取得了不俗的业绩。

　　在总结会上有人问新领导,上任之初你是怎样考虑的? 这位领导说:"我给大家举个例子,一块地里粮种嫩芽与草芽初长的时候,有时还不易分清,当到了可以分清的时候,就要将这些杂草清除了。当然这只是一个简单的道理,单位的情况要复杂得多,我必须要有一个静静观察的时间,然后拿出一个比较完善的治理方案并加以实施。"领导讲完话后,大家对他报以热烈的掌声。

　　世界上的事是复杂的,但事物再复杂也具有一定规律,当你静静地去观察,缜密地去思考,才能发现事物的奥妙,才能在错综复杂的状态中找出事物的真相。老子提出事物是复杂的,"此三者不可致诘,故混而为一",值得思考。

第十五章
做事行道

古之善为道者，微妙玄通，深不可识。

夫唯不可识，故强为之容：

豫兮若冬涉川；

犹兮若畏四邻；

俨兮其若客；

涣兮其若凌释；

敦兮其若朴；

旷兮其若谷；

混兮其若浊；

孰能浊以静之徐清？

孰能安以动之徐生？

保此道者不欲盈。

夫唯不盈，故能蔽而新成。

译文

　　古时精通事物规律的人，能够体察事物的微妙变化及运行轨迹，使人感到深不可测。

　　今天的人并未认识事物的本质，却要勉强地加以解释；

　　谨慎呀，这就像冬天行走在冰河之上；

　　警惕呀，这就像畏惧周邻的国家袭击，时刻关注周围的情况。

　　庄重呀，这就像把自己当成一个客人；

　　放松情绪呀，这就像冰消融一样。

　　敦厚呀，这是要那样地质朴。

　　空旷呀，这就像山谷的空灵与寂静。

　　混合在一起，这看起来就像混浊一样。

　　谁又能在混浊中使自己静下来，让混浊的水清澈起来？

　　谁又能在安定之中运动起来，发现新的生机？

　　保有这种思想态度的人，不会去追求巨大的成就，将事做满。

　　就是因为不追求盈满，才能得到盈满，是去掉遮蔽的东西将新的东西显露出来。

解读

　　古时有善于遵从自然规律的人，善于观察事物的细微之处而且能够神奇般的通达，深入得让人无法理解。对于自然法则人人都要遵守，违背了就会受到制裁。确实，善于为事的古人值得效仿，老子也十分佩服他们。

　　正是因为有些问题难以解决，才要打起精神来解决，这叫做知难而上。老

子也认为剖析古人的事情是一件挺难的事,但是他认为这件事再难也值得去做,错综复杂的历史留下了宝贵的遗产,以前人之史资后人之鉴,这恐怕是老子的可贵之处。

小心呀,冬天行走在冰河上也要小心翼翼,持有谨慎的态度是做事的开始。老子在提示自己,也在提示我们,办事就要采取这样的态度。

不可不警惕周边的情况,对邻国也要敬畏他们,要有处置问题的办法,干扰的事情随时可能发生,这不得不有所准备,制订防范计划。

十分重视呀,把自己当成一位外来的贵客,时刻注意自己的举止行为,为事需要认真从开始做起。

不要拘谨呀,要将自己融入到那样一个环境之中,使自己随意起来。一旦做起事来就不要紧张,放松思想,打开思路,将自己放入到事物当中去。

厚道呀,是要那样的淳朴,保持一种朴实的态度,不要受到杂念的干扰。敦厚按现在的话说就是要讲科学方法,质朴而踏实,不能去做投机取巧的事。

空旷呀,山谷就像个巨大的空间,会是那样的幽静。山谷的空间就像是一种胸怀容纳了一切。一个有胸怀的人才能与人合作;一个静下心来的人才能够有智慧的灵感出现。

混同在一起,似乎是那样地混浊,这只是表面的现象。实际的事物是你中有我,我中有你,这并不是简单的混浊,其内涵更加丰富,内容更加广泛,多方思想意识的交融为解决问题提供了更多的契机。

难得的是在混浊的事态中让自己安静下来,捋清思路,渐渐地让事物清晰起来,看清事物的原委,这也许是一种智慧吧,有谁能够做到呢?

静与动相辅相成,静是静态与静观,动是找到动源与运动的方向;在静中动起来,运动到趋向的目标是运动的规律。动与静是事物的两个方面,动产生于静,静升发出动;静孕育着动,动在静中生成。生机怎能不在这里发生呢?

有了以上思想的人,会去追求那样的圆满,但不会苛求圆满,因为圆满的愿望是不能实现的,这个度是很难把握的事。所以圆满的状态不会是盈满的,永无止境是一种追求,抱定科学态度才是可取的。

事物的发展就是这样充满了辩证关系,不去做刻意的事情,只是找出事物存在的毛病,去掉遮蔽的东西,一件新事物就可以看得更清楚了。这说明一个道理:追求成功的过程,是一个不断寻找毛病和去掉外在表层东西的过程,按

现在的话叫做透过现象寻找本质。

做成功一件事，很不容易，需要有如履薄冰的态度、危机四伏的感受、严谨客观的精神、将思想融化于事物问题之中的方式；要有淳朴的平常心，要有虚怀若谷的胸怀，在浑浊的水流之中能够使浊水沉淀澄清。用这样一种心态去从事，能不将事情做好吗？另外要注意的是，做任何事情都不可能做满，要去掉事物隐蔽的部分，让新生的部分显示出来。

"不欲盈"这一观念很重要，因为盈必溢，满招损，满就没有可发展的空间了，满了就会流失，另一种状态就出现了，其结果又不好设想。事物发展总要出现生机，在复杂的事情中一定孕育着新的生机，要投入、观察、等待、扶持新生事物。万事不可过分，过分就要走向反面。

我们对大自然的认识是为了了解大自然的法则、认识大自然的规律，用以实现与大自然的完美结合。"古之善为道者"是老子所推崇的，能够善为道者很不容易。老子将水比作"道"，使我们对道有了一个形象化的认识。如若做事能够做到"水"那样的境界，那就是勉为其难了。事情做成功了，一定是在顺应了客观规律的情况下达到了主观目的。老子做了一件难为自己的事——缜密思考。要想做成一件事必须做到缜密思考，全面思考，这种思考就像水一样。老子描绘出"善为道者"思考过程的"故强为之容"，可见难度之大。换句话说，说出来的这些话就应该基本上是思考问题的标准了，以这样的思考模式去思考问题应当是有效的。我不得不为老子不吝赐教而佩服，可贵的是他在诉说解决问题的真谛，为怎样入手解决问题提供了方式方法，提供了思路。借形象思维演示抽象思维的过程，老子可称得上是开先河之人。老子提出思考要注意七个问题：一是谨慎；二是谦下；三是讲礼（或理）；四是讲互融；五是讲淳朴（科学）；六是讲容纳与吸收；七是讲综合。当探讨这七个问题时，才恍然发现这不仅是七个问题而是思考问题的七个层次，从谨慎开始，经过吸取意见、讲明道理、相互交流、探求科学、兼收并蓄，最后达到综合提高的目的。当然，完成这七个层次还不够，还要做到静思与不过分，还要做到不欲盈，追求永无止境，成功不自满。

行道的意义在于探索道，若要前行必先做多方面的思考，谨慎小心，以免出现差错。要总结以前发生的问题，汲取经验，探知道的奥妙，走出一条新路。事物存有一定的特殊性，有探求就有认识。

人行走的道路可以选择,但是道路上的坎坷无法确知,到底会遇到哪些困难无法言表,人在旅途只有前行。

诗词助读

行路难　李　白[唐]

金樽清酒斗十千,玉盘珍馐直万钱。

停杯投箸不能食,拔剑四顾心茫然。

欲渡黄河冰塞川,将登太行雪满山。

闲来垂钓碧溪上,忽复乘舟梦日边。

行路难!行路难!多歧路,今安在?

长风破浪会有时,直挂云帆济沧海。

先哲老子讲述为道的难是从多方位、多角度、多形式讲"道"的复杂及难以践行,在发问"孰能浊以静之徐清?"诗仙李白以形象来讲道路的险峻与难行,在发问"行路难!多歧路,今安在?"两者在探讨同一个问题,都在讲为事的艰难。我们对李白诗的理解更容易一些,诗的描写很形象、很直观,很容易在头脑中形成画面。老子告诉我们现实中的困难更为复杂,甚至不容易用语言表达,虽然有一些形象化的言词但有时还是让人大惑不解。形象思维与抽象思维不可或缺,有必要建立两者之间的联系,从中理解形象思维与抽象思维的关系重要性。建立形象思维关键在于走进抽象思维的概念,并让两者连接与互动起来。理解的目的在于实现,以李白诗悟出"道"不知所行,但还要行。李白讲行道"长风破浪会有时,直挂云帆济沧海。"为李白的气魄。以老子之言悟出道的深邃,探究道的奥秘,让思路更清晰一些。老子讲行道"保此道者不欲盈。夫为不盈,故能蔽而新成。"为老子的谋略。为道者,李白是直抒胸臆,老子是谨慎前行,两者各为其道。

◎ 故事案例

于现象中看本质

有一天秦穆公对伯乐说:"你的年岁已经大了,你的孩儿中还有谁能够识得千里马的吗?"伯乐回答说:"一匹好马可以从它的形态和筋骨中看出它的模样。

若要在天下找到非常好的千里马,好像没有确定的标准,无法用语言描绘得那样清楚。千里马,跑起路来飞快,四蹄非常轻盈,绝尘而去一会儿就不见踪迹。臣下的儿子似乎在这方面的本事还很低下,他们也就能说出什么是好马,却不能告诉你天下的千里马是什么样的。臣下有一个打柴卖菜的朋友名字叫九方皋,他在识别千里马上的能力上,并不在我之下。请让我把他推荐给你。"

秦穆公见到九方皋,就让他去寻找千里马。三个月后他回来了。他向秦穆公报告:"千里马已经找到了,就在沙丘那个地方。"

秦穆公问:"那马是什么样的?"

九方皋回答说:"是一匹母马,黄色的。"

秦穆公派人把马牵来,却是一匹纯黑色的公马。秦穆公看到后很不高兴,便把伯乐找来说:"太不应该了,这是你给我找来的识千里马的人? 他连马的公母和颜色都分辨不清,又怎么能识得千里马呢?"

伯乐表现出他的感慨:"我的朋友九方皋已经专一到了这种地步,他识马的本事已经高于我千万倍,是无数人不能及的。九方皋所看到的是天机呀!他观察到的是马的神,而忘记了马的外在;通过表象,看到了马的内在,忽略了马的公母和颜色;观察到他所观察的,忽略那些不需要观察的。像九方皋这样的相马,才能识得非常珍贵的千里马。"结果这匹被九方皋相中的马,果真是天下最好的千里马。

恐怕做任何事都要寻求它的规律,不持谨慎的态度与进行细致的观察不足以探明事情的原委。伯乐是一位具有责任心的人和识马的高手,尽管如此他还是很谦虚,认为自己年事已高,怕出现什么闪失、贻误事情,便向秦穆公推荐他的朋友识马高手九方皋。事实证明九方皋是一位识别千里马的人才,他的眼光与辨别力确实高人一筹,具有独到之处,伯乐对他也表现出惊讶,最后他赢得了秦穆公的佩服。老子强调的第一句话就是:"古之善为道者,微妙玄通,深不可识。"

第十六章
追 求 虚 静

原 文

致虚极,守静笃。

万物并作,吾以观复。

夫物芸芸,各复归其根。

归根曰静,静曰复命。

复命曰常,知常曰明。

不知常,妄作凶。

知常容,容乃公,公乃全,全乃天,天乃道,道乃久,没身不殆。

译 文

置身于"虚"的最高境界,坚守着对"静"的诚意。

万物并行地生存,我对事物做反复的观察。

一切事物的生长,都要从它的根开始。

万物归根是一种静态,静是孕育新生命的开始。

回到生命的起点是事物发生的永久的常态,知道这种常态是明智的表现。不知道这个规律,便容易妄为凶狂行为。

知道了这样一个道理才会包容,会包容了才会做到办事公道,公道了才能做到办事全面,全面了才能符合自然法理,遵循自然法理才能符合于"道",合于"道"的事物才会长久保持下去,才能使自身远离危险。

解 读

将自己放入一个虚的、更高的境界中,坚守着静,形成精神上的淡定状态。"虚"是为了放开胸怀、处世谦下、谨慎为事、接受万物;"静"是为了去掉杂念、静下心来、仔细观察、审慎思考。老子讲做事一定要进入状态,致使虚静,处虚以应对实强,处静以应对焦躁。

万物在生成发展,要对事物的生长过程、形成过程进行深入观察。认识事物的发展规律、成因规律必须经过反复认真的观察。

一切事物的成长都从根开始,最后又返回到根,这是万物的生长过程,这一过程就是它的成长规律。

万物归根讲的是事物总要回到它最原先的状态,回到它的原点,在此状态下新的生命又在孕育,生态循环往复的周期性是大自然的规律。

要知道大自然循环往复的生长规律,就要明白大自然发展的道理,静是事物的酝酿萌生阶段,新的事物在孕育而生,新的生命即此开始。这是事物的生长常态,对此要有足够的、明晰的认识,目的在于从做事的一开始就避免一些错误,不做错事,不做违背客观规律的事。

如果违背客观规律行事,疯狂的欲望只能产生妄为的行动,妄为的行动当然不会有好的结果。自然法则无所不在,树立法则意识旨在于强化法则观念,让主观意识的分析、判断、推理、归纳、演绎、综合符合客观规律,任何一种主观错误或是妄为的错误都不会有好的结果。在当今社会树立起法规意识、强化公民意识、建立科学思想,可以使自己不会因违背客观法则而受到伤害;更不要去做有意破坏自然法则之事,伤害了别人难道自己就不受其害吗?

事物的结构是分层次的,有什么样的认识就有什么样的结果。老子讲:

"知常容，容乃公，公乃全，全乃天，天乃道，道乃久，没身不殆。"做事情从包容开始最后达到要符合道，这是最高层次。由此，我们对事物的认识在经验的基础上可以经过推理过程来认识，新认识的建立要经由初级层次向高级层次的认知推理过程，如果没有对初级层次的认知绝不可能达到对最高的层次的认知，于是引出了做事情要因循客观规律，一层含义有一层的境界，不同的境界有着不同效果的道理。如果能够按此"道"去做，自身不会受到损害，反而可以获益。

怎样把握自己，老子已经讲得很清楚了，"致虚极，守静笃。"这是一个很重要的观念，这里的内容十分丰富，悟道者明。

做好一件事情首先从虚静开始，摒弃杂念，认真观察事物，寻找事物的规律，寻求解决问题的方案。不同的事，有不同的成因，采取不同的办法尤为重要。一般办事所出现的问题大多是盲目，对问题缺乏深入的思考，忽视了细节，而问题恰恰出在这里，这样的例子不胜枚举。其实困难不限于此，不知如何解决纷乱便贸然行事更不可取。事情总有因果关系，现在的结果一定是前因造成的，就像老子说的"夫物芸芸，各复归其根。"这是指导我们解决问题的线索，探究事物要从根源开始，依次展开。不去干有悖于客观规律的事，才能取得对问题的真正认识，并且得到妥善解决。简单而粗暴的方式，一意孤行的想法，只能是枉费心机。

遇到问题首先要让自己冷静下来，建立一个虚静的环境，调整到一个良好的心态，思考一下所做之事是否有道理、问题到底出在哪里、问题的根源到底在哪里，然后采取行动。抓住问题的关键，明白事物的动静，遵守动静转换的规律，动又会回归于静。老子又说"归根曰静，静曰复命。复命曰常，知常曰明。"是讲问题的出现是正常的事情，明白解决问题的道理，在于及早做好思想准备，对问题加以正确的解决。解决问题的办法就是静下心来，仔细观察事物的运动，按照事物发展的客观规律行事，就易于取得对问题的解决。事情的成因一环紧扣一环，对待问题要分清层次，将问题层层展开，不同的阶段采用不同的方法，任何带有主观意识的蛮干都会脱离客观规律造成失败的结局。

人们的经验时常存在于以往的事态中，没有执着的态度，没有冷静的思考，难以做好对事物的观复，错误随之而来。要想使自己少犯错误，必然要对事物加以观复，掌握事物的形成发展规律。

万物的发展循环往复,万物的发展都在寻求归宿,其中的道理不可不明。

虞美人　李煜[唐]

春花秋月何时了,往事知多少!

小楼昨夜又东风,故国不堪回首月明中。

雕栏玉砌应犹在,只是朱颜改。

问君能有几多愁? 恰似一江春水向东流。

　　李煜很懂得大自然的变化,懂得一年一度的春花秋月永远不会完结,这对他来说不过是引起对往事的回忆。眼前小楼雕栏玉砌尚在,自己却已经失去了以往的朱颜,表明历史的变迁,愁又有什么用呢? "恰似一江春水向东流",李煜发出了悲伤的感叹。南唐后主李煜不理朝政,沉湎声色,最终导致国破出降的结局。李煜虽然懂得自然变化的花开花落,但是他并不懂得历史的变化,引起历史变化的起因在哪里他并不明白。他可以成为舞文弄墨的诗歌才子,但却是一位不称职的南唐之主。由此,他的作为使他逃脱不了历史悲剧的命运。老子讲"万物并作,吾以观复。夫物芸芸,各复归其根"值得探究。认识事物的变化过程,需要有举一反三的意识,以此事物联想到彼事物,大自然的花开花落无法控制,人为之事却可长可短,大家讲"事在人为"大概就是这个道理。

◎ 故事案例

学知要静

　　小王这些日子对清花瓷器非常着迷,他自认为淘到了一件宝贝,拿着这件宝贝来请教甄老师。

　　小王:"这个碗是我从古玩市场买来的,是宣德时期的碗,您看这釉色,是苏料。您再看这画工,您再掂掂这手头分量,是不是挺开门的物件。"

　　老甄:"三日不见当刮目相看。对古玩也感兴趣了? 看你说的这些话似乎挺在行。"

　　小王:"你看我还是有长进吧。"老甄笑了笑:"这水可深着呢,你就不怕钱打水漂?""按说交点学费也可以,但我很慎重,再者说了,不是还可以请教您吗。""你买东西,我又不在现场,怎么帮?""这件东西您给看看就算帮忙。"

老甄端详这物件:"这件东西不对呀!""哪里不对?"

老甄推了推老花镜:"你知道怎样识别苏料吗?""不太清楚。""苏料是进口料,这料含钴和铁的比例较高,而锰的含量较低。发色浓重,易晕散,但散得很自然。呈色的基调是青蓝色,而浅处是为天蓝色,深处是靛蓝色,浓重处出现铁钴斑。出现铁钴斑是苏泥勃青的典型特点。苏料可以深入胎骨,烧出后进行观察有凹下去的特点,摸起来有凸凹不平的感觉。这些都是苏料的特点。看看这个物件,你说的是苏料,我没有看出苏料的特点,没有苏料的感觉,这个颜色是不对的,它的色彩并不出现晕散的现象。这些凹凸现象有人为的痕迹。我看你是交了学费了。"

小王有些疑惑了。

老甄讲:"你要买到真货,首先要知道什么是真货,要去看,要去反复地观看,对比,思考。要学一点与其相关的知识,把我讲的这些东西弄明白了,当你真的对这些东西有所了解的时候,再去淘换,恐怕就有点把握了。况且现在的仿真度很高,多少人都被骗了,更何况你呢?"

小王看着这个物件沉默了。

如今淘宝、收藏的人很多,多数人都缺乏必要的知识,总抱有一种侥幸的心理,当遇到一件器物时,一颗失去理智的心急促跳动,于是失去了理智,将钱打了水漂。"置虚极,守静笃。万物并作,吾以观复。"只有保持一颗冷静的心,一个科学的态度,才能对事物有一个正确的认识。

第十七章
治理有方

原 文

太上,下知有之;

其次,亲而誉之;

其次,畏之;

其次,侮之。

信不足焉,有不信焉。

悠兮其贵言。

功成事遂,百姓皆谓:我自然。

译 文

最优秀的统治者,老百姓只知道他们的存在;

次一等级的统治者,老百姓亲近他们并且称誉他们;

再次一级的统治者,老百姓畏惧他们;

更次一级的统治者,老百姓侮蔑他们。

如果统治者诚信不足的话,老百姓就不会信任他们。

好的统治者,非常珍重他们的言论。

他们将事情做得很成功,老百姓却会这样说:我们就是想这样做的。

解读

老百姓对他们的统治者分为了几个层次,不同的层次下老百姓有不同的看法。可以说民情是国情的晴雨表。

诚信不足的统治者,老百姓不会相信他。

好的统治者从不乱发表言论,因为其责任重大。

统治者按照社会发展规律做事,符合百姓的生活愿望,得到百姓的认同和信任。

老子非常善于寻找事物的答案,总是以辩证的方法看问题,探讨问题的这一方面,是为认识问题的另一方面;考察问题的结果,是为探究问题的起因;观察民风以为鉴,用以了解当今朝政。老子用百姓的态度将执政者分为

几个层次：下知有之、亲而誉之、畏之、侮之。后两者说明执政者是有问题的。因此，老子提出"信不足焉，有不信焉。"执政者失去了诚信，老百姓怎么能够相信他们呢？

取信于民显得尤为重要，而取信于民在于尊重人民，尊重人民在于不扰民，不扰民在于少发号施令。

老百姓对统治者是心中有数的，诚信者会受到拥护，那些为民着想的统治者，会得到百姓的支持。

老子文章的字里行间始终贯穿着他无为而治的思想。纵览历史，老子看到了朝政的昏庸、诸侯的割据、战火的绵延不断，将老百姓投入到颠沛流离、食不果腹、无以为济、贫困潦倒的苦难的深渊之中，这是老百姓所深恶痛绝的。统治者的有为应该是民心所向，使老百姓过安居乐业的日子。老子所强调的无为并不是讲什么事都不干，而是去干符合民情、民意，符合自然规律的事。从老百姓身上反映出的问题是解决问题的线索，有为要从这里入手，功成而事遂，老百姓也会这样认为。

老子以朴实的语言说明体察民情可以正冠，体察民意可以鉴政。老子向往老百姓朴实的民风，统治者的无为而治，"悠兮其贵言"，老百姓归朴于自然。观民情以观国情，观民意以知国政，这是老子所言的目的所在。

一个社会的各方面表现，反映出领导的水平。体察民情，方可知官情。一件事该不该做，需要进行思考，问题不在于去做什么，而在于怎么去做，因为不同的做事方式会产生不同的结果。

诗词助读

石壕吏　　杜 甫［唐］

暮投石壕村，有吏夜捉人。老翁逾墙走，老妇出门看。

吏呼一何怒，妇啼一何苦！听妇前致词：三男邺城戍。

一男附书至，二男新战死。存者且偷生，死者长已矣！

室中更无人，惟有乳下孙。有孙母未去，出入无完裙。

老妪力虽衰，请从吏夜归，急应河阳役，犹得备晨炊。

夜久语声绝，如闻泣幽咽。天明登前途，独与老翁别。

杜甫是伟大的现实主义诗人,他的诗直接反映了当时的社会状况,是现实社会的一面镜子。天宝十四年爆发了安史之乱,在这几年的动乱之中,杜甫目睹了官兵的屠杀掠夺,又亲见战火连绵下的民不聊生的惨状,促使他写下了许多忧国忧民的诗篇,描绘出唐朝由盛及衰这一转折时期的历史画卷,后被人誉为"诗史"。政局的混乱一定造成社会混乱,社会混乱一定造成民心混乱。老子提出"信不足焉,有不信焉。"诚信缺失了,社会怎么能不乱呢。

◎ 故事案例

寻求和谐

有一个非常喜欢鸟的人,每天都到森林和鸟群一起玩。有一天,他的朋友跟他说:"你有那么多鸟朋友,可不可以把它们抓几只回来,我也要跟鸟玩。"于是第二天到了森林,他就做着抓鸟的姿势,要抓它们,鸟群一看情形不对,就再也不敢接近他了。因此他才领悟到动物与人一样,都不能带有想控制它的心态来交往,只有完全放心、彼此尊重才能互相交流建立长期的友谊。

这个故事告诉我们,想控制对方却使对方疏远了,与其这样不如和睦相安。这也许算得上是一种境界吧,因而为老子所推崇。

第十八章
相 反 相 成

原 文

大道废,有仁义;

智慧出,有大伪;

六亲不和,有孝慈;

国家昏乱,有忠臣。

译 文

如若大道被废弃的话,会有仁义出现;

如若有智慧出现的话,会有虚伪出现;

如若有亲人不和出现的话,会有孝道和慈爱出现;

如若国家陷入昏乱的状态,会有忠臣出现。

解读

　　事情的出现总是相反相成的，一弊在前一定有一利在后，反之也应如此。一个事物的出现总是伴随着另一事物，这一现象的出现，由多种因素所致，人为因素在所难免。人的意识在事物发展中有时会起到主导作用，可以促成事态的转化。正确的意识可使事物的积极的方向发展，错误的意识则会使事物的发展走向反面。老子在这里是要告诉人们任何事物都有正反两个方面。

　　事物的发展与变化总是一报还一报、一环扣一环，一事物的两方面发展到极点的时候就要发生转化、出现逆转。大道废会有仁义出现，这就像正确与错误，两者之间仅隔毫厘，正确偏离一点会出现错误，古人云"失之毫厘，谬之千里"。国家失去了道义会有仁义之士出来匡扶。智慧是指人的头脑聪明，是指人的辨析判断与发明创造的能力，但是如果聪明过了头，就有可能转化为伪诈奸猾，给社会带来破坏。"六亲不和，有孝慈；国家昏乱，有忠臣"皆同此。

　　事物的发展是辩证的，在自然界的发展中，我们同样能够看到否定之否定的物质发展的辩证规律。一颗种子的发芽—成长—开花—结果，就是一个不断扬弃的辩证过程。人类社会的发展也是在前人的历史阶段上发展的，发展是不平衡的，发展是曲折的。

　　追忆往昔回顾历史，从中我们能得到许多启示。社会在曲折中前行，当旧的道或者体制不能适应社会的发展，或阻碍社会的发展时，变革就会出现了。先进的观念总要取代落后的观念，积极的思想总会冲破现实的桎梏，社会在变革、追求寻找着它前进的方向。

诗词助读

念奴娇　赤壁怀古　　苏　轼［宋］

大江东去，浪淘尽，千古风流人物。

故垒西边，人道是，三国周郎赤壁。

乱石穿空，惊涛拍岸，卷起千堆雪。

江山如画，一时多少豪杰。

遥想公瑾当年，小乔初嫁了，雄姿英发。

羽扇纶巾，谈笑间，樯橹灰飞烟灭。

故国神游,多情应笑我,早生华发。

人生如梦,一樽还酹江月。

历史发展涌现出多少英雄豪杰,"大江东去,浪淘尽,千古风流人物"。人类在认识历史的同时不断整理着自己的思路,腐朽的东西不可使用,错误的东西不可延续,伎俩的东西不可乘虚而入;在反面事物的后面一定跟着正面事物,正面事物过了头就会走向反面。历史上的英雄豪杰就好像领路的人,道路走对了人们跟着走,道路走错了人们就会弃之而去。走在康庄大道上的人要看到事物的另一面——歧途,要时刻注意脚下勿使自己步入歧途;行走在崎岖不平小路上的人也应看到事物的另一面——坦途,既不要固执,更不要失望,只要选择的正确的方向,就一定能走上平坦幸福之路。

◎ 故事案例

揭竿而起

秦始皇统一中国后施暴政、耗民力,使得百姓民不聊生、怨声载道。

公元前209年,一支被押解的服徭役的队伍,在陈胜、吴广的带领下,揭竿而起,在大泽乡发动了农民起义,建立了第一只农民起义军,农民起义的风暴席卷了大半个中国。

以暴力夺取天下的秦始皇不施仁政,施暴政,给人民带来了深重的灾难,但是正义与仁义不灭,最终秦王朝被人民起义所推翻。"大道废,有仁义。"就是这个道理。

第十九章
返璞归真

绝圣弃智,民利百倍;

绝仁弃义,民复孝慈;

绝巧弃利,盗贼无有。此三者以为文,不足。

故令有所属:见素抱朴,少私寡欲。

译 文

抛弃自作聪明的智巧,百姓可以得到很多的好处。

去除那些所谓的仁与义,老百姓就会回复到原来的孝慈状态。

除去那些机巧抛弃那些利益,盗贼就不会出现了。智巧等三者都只算是巧饰,作为治理之法还是不足的。

因此,要让老百姓有所归属:要让老百姓存有朴素的思想行为,减少一些私心,减少一些欲望。

解 读

　　可以放弃圣贤之人和智巧,这样有利于民生。这是因为圣贤之人的认识也是有局限性的,尤其做出一些智巧的事,更存有问题。

　　去除那些仁与义,老百姓会返璞归真,复归孝道与慈爱,以淳朴的感情来做事。

　　去除机巧抛去利益,盗贼就没有什么可盗窃的了。如果大家没有利益之间的关系,盗贼也就没有了。即使这样做了也是不完善的事情,还有不足的地方。

　　要让老百姓有归属感,就可以让老百姓回归到朴素的生活中去,减少想法,减少欲望。

　　老子的这些思想与他所处的时代和所从事的职业是分不开的。老子生活在春秋时期,曾在周国都洛邑任守藏室之史(相当于国家图书馆馆长)。他从历史中发现了历史变化的奥秘,阅读史实,审视历史,加深了对历史的了解和认识,引发了他对自然与历史的探求,写下五千言不朽之作《道德经》。这使我联想到鲁迅的《故事新编》,这是一本奇特的书,在某点上鲁迅与老子在思想上有共鸣之处。鲁迅从容地审视着古今社会,他反对崇拜神话的历史,主张剥掉历史人物身上那些人为演绎的东西,要使他们还原到真实历史中来。通过鲁迅审视世俗化英雄和圣人,审视历史最本质最幽深的层次,揭示崇高与卑下、庄严与滑稽、生命与文化的秘密,大胆揭开了历史面纱的态度,我们看到了一种新的文化意义上的历史,让我们重新审视历史,反思人类的历史。鲁迅的思想印证了老子的思想,老子提出"见素抱朴"的思想,希望社会去除那些粉饰的东西,去除那些伪装,去除那些荒诞,去除那些做作,让社会净化,让人类清晰地认识历史,以便于去过去伪存真、少有欲望的简朴生活。

　　老子的高明之处在于他能够从变化无穷、错综复杂的事态中一下看到事物的本质,找出事物运行的规律,让一切虚假都脱掉华丽的外衣。

　　老子很明白一个道理,社会的发展有其自身规律,任何人都要依循它。一件事物的出现,一定有一件与其相关的事物跟在后面,这是事物的相辅相成性,不明白这个道理就不能把控住事物的发展;不明白这个道理就不足以认识社会、认识历史。况且,人们的认识是有局限的,事态的发展总是存着许多的

变数,总会出现这样和那样的问题。"绝圣弃智"的思想目的在于使老百姓过上淳朴的日子,认定这一思想是社会最基础的思想,是建立社会稳定性的基础,老子说:"此三者以为文,不足。"是说即使有智巧等也是不够的,还不足以治理天下,这是老子想法的初衷。

人们在纷纭嘈杂的社会中忽然觉悟到静怡的生活才是自己追求的向往与夙愿,在那里一颗躁动的心能够得以安顿。简朴的生活才算是真正的享受,善的理念由此而生。当我们都认真思考这个问题的时候,家庭和睦、社会和谐的理想国难道离我们还会遥远吗?

放弃圣智有民利,背弃仁义有孝慈,盗贼之后有良将,闹市之外有田园。

诗词助读

归田园居　　陶渊明[晋]

少无适俗韵,性本爱丘山。
误落尘网中,一去三十年。
羁鸟恋旧林,池鱼思故渊。
开荒南野际,守拙归园田。
方宅十余亩,草屋八九间。
榆柳荫后檐,桃李罗堂前。
暧暧远人村,依依墟里烟。
狗吠深巷中,鸡鸣桑树颠。
户庭无尘杂,虚室有余闲。
久在樊笼里,复得返自然。

诗人讲述了离开污浊的官场回归田园的愉悦心情,像一只小鸟飞回依恋的山林,像鱼儿回归曾经的深潭。诗人又回到了萦回梦绕的山冈、田野、村落,过上了田园的生活。在诗句中表现出的平静温和,饱含着诗人深深的不平静的激动心情。这首诗用"尘网""樊笼"比喻官场的庸俗、黑暗、残酷;用"狗吠""桃李""余闲"描写出田园的幽静、天然、和谐的景象,使两者形成鲜明的对比。田园生活中,没有机巧,没有盗贼,有的只是"见素抱朴,少私寡欲"简朴的农耕生活,但现实社会中不会全然如此,这只是诗的理想家园罢了。

◎ 故事案例
桃花源记　陶渊明 [东晋]

　　晋太元中,武陵人捕鱼为业。缘溪行,忘路之远近。忽逢桃花林,夹岸数百步,中无杂树,芳草鲜美,落英缤纷。渔人甚异之,复前行,欲穷其林。

　　林尽水源,便得一山,山有小口,仿佛若有光。便舍船,从口入。初极狭,才通人。复行数十步,豁然开朗。土地平旷,屋舍俨然,有良田美池桑竹之属。阡陌交通,鸡犬相闻。其中往来种作,男女衣着,悉如外人。黄发垂髫,并怡然自乐。

　　见渔人,乃大惊,问所从来。具答之。便要还家,设酒杀鸡作食。村中闻有此人,咸来问讯。自云先世避秦时乱,率妻子邑人来此绝境,不复出焉,遂与外人间隔。问今是何世,乃不知有汉,无论魏晋。此人一一为具言所闻,皆叹惋。余人各复延至其家,皆出酒食。停数日,辞去。此中人语云:"不足为外人道也"。既出,得其船,便扶向路,处处志之。及郡下,诣太守,说如此。太守即遣人随其往,寻向所志,遂迷,不复得路。

　　南阳刘子骥,高尚士也,闻之,欣然规往。未果,寻病终。后遂无问津者。

　　东晋文人陶渊明给我们讲述了一个世外桃源的故事,那里的人们过着悠闲淳朴的农耕生活,只有良田美竹,没有外界的干扰,更没有相互之间的欺压。他们远离了外界,连当今是什么时代也不知道。显然陶渊明受到老子的思想影响,认为返璞归真,"见素抱朴,少私寡欲"的生活才是人们的理想生活。

第二十章
是 非 难 辨

原 文

绝学无忧。

唯之与阿，相去几何？

美之与恶，相去若何？

人之所畏，不可不畏。

荒兮，其未央哉！

众人熙熙，如享太牢，如登春台。

我独泊兮，其未兆，如婴儿之未孩，

累累兮，若无所归。

众人皆有余，而我独若遗。

我愚人之心也哉，沌沌兮！

俗人昭昭，我独昏昏。

俗人察察，我独闷闷。

澹兮其若海，飂兮若无止。

众人皆有以，而我独顽且鄙。

我欲独异于人，而贵食母。

消除知识就没有了忧虑。

恭敬与责备,有何差距?

美与憎恶的东西,有何差别?

众人所害怕的,我也不得不害怕。

荒漠呀,好像看不到尽头!

众人都乐此不疲地行走,就像要享受大餐,就像登上漂亮的大台。

我却是那样地无动于衷,没有什么反应,就像一个没有长大的孩子。

没有人与我在一起,也不知道要去哪里。

老百姓都有剩余的东西,我好像是失去了什么东西。

我有一颗多么愚笨的心呀,是那样混混沌沌!

别的人都很明白,我却那样地昏拙。

别人都很机灵的样子,我却好像有点郁闷。

平静辽阔的样子,就像大海,飘动的样子好像不会有停止。

别人都知道该去做什么,而我却是那样的固执,那样的不自信。

我非常想与别人不同,但是,最宝贵的是,我和他们不同,我重视最根本的事物(道)。

解 读

不用知识了,就没有烦恼了,也没有忧虑了。

我受到的敬畏与所受到的责备,没有什么区别,一颗平和的心对此都能接受。

美丽与丑恶,真不知道差别在哪儿?看待事物的角度不同、心里的感受不同、个性特点的不同导致了看待问题的差异性。美与丑是一个矛盾体的两个方面,没有美就没有丑,美丑之间可以相互转化。

我也怕众人所害怕的东西,我也是平常人。大家都畏惧的事,怎么能不和大家一样呢。

就像站在荒原上,看不到遥远的那边,想法怎么能一样呢。

众人们去干自己想干的事,好心情就像是去吃大餐,就像登上春风昂然的大台,老百姓就是这样的。每个人的追求不同,每个人的价值取向不同,每个人走向的目标就不同。

我对事情好像没有什么感觉,总是那样无动于衷,不知干什么好,就像一个无忧无虑长不大的孩子一样,不去知道人间的事情。

好像有一个心事的我,总在寻找我的去处,但是,我还不知道我要去哪里,总是有一种茫茫然的感觉。

大家都有许多剩余的东西,他们很愉快,我却好像丢失了什么东西,心情不那么好。没有看到生活的乐趣,一付若有所失的样子,情绪怎么能够快乐呢。

有时会有一颗混沌不清的心,看起事来就是那样不明白,好像没有什么办法,昏昏沉沉地振奋不起来。

别人把事都看得很明白,我却那样地发昏,看不清的事时有发生。

别人显得那样的精明,我却那样的心里不明白,到底是为什么呢? 心里总是闷闷的快乐不起来。

有时心里平静的样子,就像大海一样,有时心情激荡,一颗随风飘动的心好像没有休止。事情总在发生着变化,心情也会发生变化,于是控制情绪就显得很重要了。

别人都知道自己要做的事,而我却不知道该去干什么,是那样地固执,感到有点自卑,好像有一种矛盾的心理,似乎是顾虑多了。

我的想法的确有与别人不同的地方,但是要看到最宝贵的一点,我重视最根本的"道"。

老子在这里已经开始讲个性了,讲心理状态的形成与社会的关系,讲如何认识这个充满问题、充满矛盾的社会。在社会面前大家是平等的,但是在认识问题上却有了差异性,这是每一个不同的个体决定的,你不是我,我也不是他,这就是差异性,有时在对美与丑的认识上都有差异。是随大流呢,还是坚持自己的看法? 连老子有时都会茫然,美与丑怎么看? 因为美的背后就是丑。得到了也许就是失去,失去了也许就是得到,得与失交织在一起,失与不失混杂在一起,哪一个重哪一个轻,到底谁能分得清呢? 其实产生心理矛盾是一件司空见惯的事,因为外界的事情总在干扰着你,使你看不清真实的事物,使你产生飘忽不定的思想,这是具有普遍性的事,谁也不会脱离这个环境。你要明白的是人与人认识上的差异性不是坏事,而是一件好事,有了差异能够使思想更活跃,观察事物更仔细,解决问题的办法更多,思路更容易被打开,明白差异性的道理便于开启智慧之门,使认识问题不那么简单,更合乎规律。

由于认知的不同,才有了在认识上的差异性。仁者见仁,智者见智罢了,站在不同的角度看问题就会有不同的结果,这是一个很正常的现象。人应当学会宽容,学会从容。老子讲:"澹兮其若海,飘兮若无止。"社会就像大海,投入到大海之中,在这里畅游,要经得起风雨、经得起风浪、见得起世面,要有一分淡定,不管遇到什么事都应当学会从容应对。

"昏昏与闷闷"是一种对事物思考的状态,是孕育新思想的开始,没有这样的状态反倒有点不太正常,一个有思想的人就是在这种状态中开始成长的。郁闷的事时有发生,智慧需要在这里萌生,不经历风雨怎能见彩虹。昏昏与闷闷说明你在思考,只要你思考,昏昏与闷闷的后面就是美丽的彩虹。从混浊到清澈有一个过程,从事物的这一面看到了事物的那一面,这是来自老子的哲学与智慧。生活中的味道要反复咀嚼,思考像洗涤生活的尘埃,美丽的人生就是从低洼处走向高处,从暗淡走向光明,从曲折走向坦途。

老百姓的生活就是那样平平淡淡,平平淡淡中未必就没有奇观,将一件事专心地、长久地做下去奇观就出现了。平淡的事中有不平淡,上万次的重复奇巧就会发生,庖丁解牛、运斤成风的故事家喻户晓,这样的事情有成千上万的人在做,真正能做到的人又有几个呢?大家共同生活在一个社会,同居住在一个家园,谁都不会脱离社会,脱离养育万物的母体,这是老子对我们怎样去生活的提示,这是一个可贵的思想,可以引导人们走出思想的误区、生活的误区,这是对生活追求与和谐思想的诠释。

现实中的老子内心也存有许多的矛盾与疑问,遵从与斥责到底哪个是好的?美丽与丑恶到底相差在什么地方?不同的人有不同的想法和看法,不同的想法和看法会得到不同的结果。

随着社会的发展,来自方方面面的信息对人的意识进行干扰,不同的欲望由此而生。美与丑、善与恶、是与非难以分辨,该何去何从,人们一时不能做出正确的选择。人们的意识因此而迷茫了,大概只有回归自我,才能找到生活的本源。

诗词助读

相见欢　其二　　李　煜[唐]

无言独上西楼，月如钩。

寂寞梧桐深院锁清秋。

剪不断，理还乱，是离愁。

别是一番滋味在心头。

　　事物形成后就是本来的样子，不管你喜欢还是不喜欢事情总要发生，看不清时是一片浑浊，看得清时不过是抓住了一点线索。不同的生活经历会导致不同的思想，不同的思维方式产生不同的心理状态，不同的解决方法产生不同的结果。许多时候我们处理起事情总是"剪不断，理还乱"，既陷入惆怅之中，"别是一番滋味在心头"，又总期待有新的希望出现。人生的历练往往就是在这种状态下展开。"我欲独异于人，而贵食母。"坚持自己的思想，不忘万物的本源。

◎ 故事案例

混沌与明晰

　　春秋战国时期，韩、赵两国为了各自的利益即将发生一场战争，但是双方都感到如果真的打起仗来，实力相当的双方不好说谁能取胜，于是不约而同地都派使者到魏国去借兵。魏文侯分头接见了使者，一一对使者表示歉意，拒绝了他们的请求，不愿出一兵一卒借给任何一国。

　　两位来魏国的使者谁都没有说动魏文侯，只好回国。两个人各自向侯王讲明情况。谁知道在他们还没有回国之前，魏文侯已经分别派使者来到这两个国家进行调停劝解，大讲战争的后果，劝告双方平息战火。韩、赵两国国君听后感觉很有道理，转而非常感激魏文侯。友善的劝勉之辞，让两国免去了一场不该发生的战争，进而让两国化干戈为玉帛建立起了新的情谊，于是韩、赵两国都派使者来向魏文侯表示感谢。

　　魏文侯是一个高明的国君，并没有卷入两国之争，而以第三者的身份和立场加以调停，使两国一触即发的战争化解为和平，这样的做法使魏国赢得了两国的信任,并取得了三国关系中的重要地位。

　　遵从与不遵从,同意与不同意,虽只是一念之差,但其结果却相去甚远,其涉及的内涵引人深思。

第二十一章
与道同行

原 文

孔德之容,惟道是从。

道之为物,惟恍惟惚。

惚兮恍兮,其中有象;

恍兮惚兮,其中有物。

窈兮冥兮,其中有精;

其精甚真,其中有信。

自今及古,其名不去,以阅众甫。

吾何以知众甫之状哉? 以此。

译 文

大德是宽容的,是遵从于道的。

道是怎样有作为于物呢? 是恍恍惚惚的。

惚惚恍恍之中,好像可以看到它的迹象。

恍恍惚惚之中，好像有什么物在起作用。

幽静昏暗之中啊，好像有精气在其中。

虽然是一点点的精气，十分真实，这当中有可信的东西。

从眼前一直观察到古代，永远不会失去这个道理，纵览事物的发展，一切事物的成因都是这个道理。

我凭借着什么来知道这些事物发展的现象呢？所依据的道理就在这里。

解 读

什么是有大德呢？大德是宽容的，大德是包容的，大德是仁善的，是符合于道的。

道是怎样表现的呢？它好像是很难把握住的，道总在变化，万物各有其道，相互依赖、相互交融、相互并存，有谁能知道其中的奥妙呢？

事物的规律难以把握，恍惚之中却存有一定的迹象，虽然它的迹象不那么确定，却已经提供出认识事物的线索。

从另一个角度去观看，依然可以印证物象的存在，好像能够看到起作用的东西。

在幽静的深处啊，一定存有微微的精气，这是事物的灵魂，这是事物的源头，事物的难解之谜大概就在于此。

这种精气是十分真实的，本质的东西存在其中，这里有非常可信的东西，但可信的东西又是难以探究的。

纵观古今，任何事物都永远按照自身的规律发展。

有德行的人、想按道来行事的人，在做事的时候，是要遵照客观规律来办事，要在错综复杂的事物中，在恍恍惚惚的现象中查找那些细微而可靠的精微的、本质的东西，这并不是一件轻而易举的事，要明察事物的相关性、事物的紧密性、事物的外在性、事物的内在性，绝不可大意，因为哪怕是一个细节都决定着事物的成败。凡事都有其关键的地方，解决问题要驱除那些恍恍惚惚的东西，排除干扰从关键入手，抓住了关键，就抓住了实质的东西。实质的东西是可信的，可信的东西就像是事物的源头，抓住了它，一切即可明晰，一切皆可把握，一切可以迎刃而解。解决问题，谁也不能脱离这个原则，谁也不能背离这

个规则。

又有谁不是在摸索中前行呢？即使一个有远大志向的人也是在磕磕绊绊中成长的，一路走来的过程，迈过的沟沟坎坎都是人生的历程，都是人生阅历的积累，大家都在说一句话，"不经历风雨怎能见彩虹"，小的风雨见小的彩虹，大的风雨见大的彩虹，有追求就有成功的希望。

通过抽象思维找到事物与事物之间的联系，顺利判断出事物与事物之间的逻辑关系,使思想更接近于道。我们需要建立道的概念,第一是建立自然法则的概念,第二是建立逻辑思考的概念。以此之道方能观道。万物之道是谓难解,"道之为物,为恍为惚",怎样做到才算对呢? 怎样分析才能入道?"惚兮恍兮,其中有象"在众多的表象中哪一个是你要寻求的物象呢?"恍兮惚兮,其中有物",哪一个有求之物是物质的本质呢?"窈兮冥兮,其中有精",难以捉摸呀! 精妙的东西一定在其中,费思量呀! 一定要做出有益的选择。"其精甚真,其中有信",精妙的东西甚为真切,真切的东西才是可信的。老子将事情一层一层地拨开,探明解决事物规律的奥秘,使困惑逐渐排除,让被观察事物的真相明晰起来,老子思维的严谨性表现出他的智慧。

老子为我们表述了解决问题、认识问题、分析问题的方法:宽容是解决问题的基础,道总是与大德如影随形。没有德不足以明道,不识道难以为德。然后是解决问题在于认识问题的规律,分析问题的成因,在错综复杂的矛盾中,由表象入手,从外及里,逐步深入,层层展开,抓住精髓,把握本质,是遵循"道"的方法。

事物呈现出的表象是错综复杂的,怎样抓住那"恍兮惚兮"的本质之物? 这就需要我们提升自己的理性。以某种理念思考,不仅需要高度,还需要深度与广度,站在多维度的视角思考才有可能发现事物本源的那个真、获得那个信。想要寻求事物的奥妙,不能离开此道。

"道"无处不在,造化了大自然,造化了社会。

诗词助读

望 岳　杜甫［唐］

岱宗夫如何?齐鲁青未了。

造化钟神秀,阴阳割昏晓。

荡胸生层云,决眦入归鸟。

会当凌绝顶,一览众山小。

身处大自然的神秀之中,学会欣赏自然,观察大自然的美妙,体会大自然的神韵。杜甫以他独具匠心的简短的语句将泰山完美地描写了。神秀指泰山的奇丽;众山小指泰山的雄伟高耸;荡胸是诗人激情的外溢。诗中给人许多的

启示,"造化钟神秀,阴阳割昏晓",大自然的神奇造化造就阴阳为对、刚柔相称的景象,展现出几分雄伟与神秘。几千年来,泰山成为帝王封禅祭拜天地,祈福苍生幸福、一统天下、国泰民安的神山,为国人所崇拜。"会当凌绝顶,一览众山小",形象地讲明处世的深刻道理,无论何人,若不站在一个高度,怎么能统观全局,怎么能看到事物的方方面面? 借杜甫之锦言解老子之隐句,相比较而斟酌,相借鉴而互补,其含意可以明晰。如:"其精甚真,其中有信。自今及古,其名不去,以阅众甫。"当一切都在尽览之后,再做进一步的细致入微的观察,真实的东西便显现出来。

◎ 故事案例

三顾茅庐

一日,刘备带上礼物,与关羽、张飞前往隆中拜访诸葛亮。来到隆中后诸葛亮不在,书童说先生不在,出游了,何时回来谁也不知道。于是三人只好回去了。

过了些日子,刘备、关羽、张飞冒着漫天的大雪又一次来到隆中诸葛亮的家。刘备见到一个年轻人在读书,忙上前行礼。那个人告诉他:"我是诸葛亮的弟弟,诸葛亮被他的朋友邀请走了,不知何时回来。"刘备表现出无奈的样子,于是他留下一封信,表示很想得到诸葛亮的帮助,做平定天下之事。此时张飞却显得愤愤不平,刘备只是好言相劝。

转眼又过了些日子,刘备带着关羽、张飞再次来到隆中见诸葛亮。这次诸葛亮正在家中睡觉,刘备便让关羽和张飞在院外等候,自己站在床边守候。过了好一段时间诸葛亮才醒来,刘备上前与诸葛亮讨教平定天下之事。

诸葛亮向刘备分析了天下的形势:"北边让曹操占到天时;南边让孙权占到地利;主公可以占到人和,拿下西川而成大业,和曹操、孙权成三足鼎立之势。"刘备对诸葛亮洞察时局的能力非常佩服,请求得到诸葛亮的帮助,诸葛亮点头应诺。

三顾茅庐的故事流传至今,令人回味,令人敬仰。刘备可算得有大德之人,广结天下之英雄,求天下之贤士,以图国家之大业。他明白,得天下靠一己之力是非常有限的,需要各路英雄豪杰的帮助,需要有谦卑的心态,更需要有洞察与分析时局的能力。正如老子所说"自今及古,其名不去,以阅众甫。"

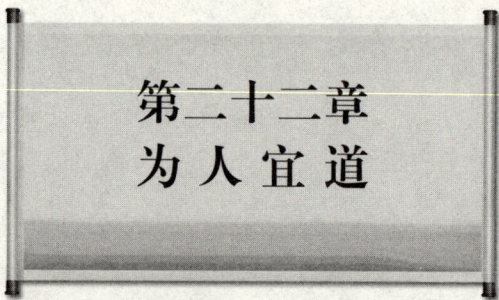

第二十二章
为人宜道

原 文

曲则全,枉则直,洼则盈,敝则新,少则得,多则惑。

是以圣人抱一为天下式。

不自见,故明;

不自是,故彰;

不自伐,故有功;

不自矜,故能长。

夫唯不争,故天下莫能与之争。

古之所谓曲则全者,岂虚言哉! 诚全而归之。

译 文

　　弯曲的东西可以保全,弯曲之后才可以取直,低洼的地方可以盈满水,被遮蔽的东西可以显得更新,得到的少却可以获得更多的东西,得到的多则会使人迷茫。

圣明的人专注地抱守着这一条处事的法则。

不一味地坚持己见,是明智的做法。

不去做自以为是的事,则能彰显人格的魅力。

不炫耀自己,因此才会取得功业。

不妄自尊大,才能使自己保持长久。

若人们都不去争什么了,天下也就不存在争夺了。

前人所说的曲能保全的道理,一点都不虚假呀!真能做到这样,则没有办不成的事。

解 读

老子讲了一个辩证的道理,万物的生存与发展都会形成自身的保护机制,只有对自己有保护才有可能发展,失去了对自己的保护,没有了生存的空间怎么能谈得上发展?为求得发展必然要建立自我保护机制。动物缺少保护自身的办法就易于受到伤亡;花草没有自我保护机制容易被摘折;人的心理没有良好的自我保护机制容易受到伤害。总之,保全自己求得生存与发展才是聪明的做法。

圣明的人遵守着这样一条办事的原则来处理事物,他知道曲与直、洼与盈、少则得、多则惑的道理,知道事物之间多存在辩证的关系,这应该是一个具有普遍性的认知原则。

不把自己的见解看得很重,这样做是一个明白之人,尊重了大家反而得到大家的尊重。

不认为自己什么都对,却会得到大家的赞扬。

谦虚地看待自己,不夸耀自己,才易使自己获得成功。

不自尊自大,才能够使自己的地位保持长久,才能够与大家的关系保持长久。

应该做的事都做到了,保持谦虚谨慎的态度,并不去争得什么,难道天下还会有人能够与之相争吗?

古代人所说的曲能保全的道理是以大家的利益为重,不去做张扬自己的事,不去说虚假的空话。真诚能够成全自己,使自己回归于圆满。

社会上的事情总是在辩证地发展,从事物的这一面走向了事物的另一面,是事物发展的规律,这不得不引发出思考。到底应当怎样做事? 到底应当怎样为人? 不违背客观规律的人称得上是贤明的人。贤明的人能够做到不违背规律,这可以通过事实加以验证,你的成绩一定能够说明你的才智,你的功绩不能被埋没,大家看在眼里记在心里。没有失误的贤明之人是不存在的,人非圣贤岂能无过,但是能够做到从谏如流地接受别人的意见,对错误很快加以纠正,方显出贤明之处。贤明之道就在于此。

有时我们忽略了一些简单的处事道理,缺乏冷静时的思考就有了问题。头脑一热思维局限性就出现了。只认定了一条路,处理问题就会出现偏颇并简单化。其实,解决问题不只有一条途径,经过周密的考察,冷静的思辨,优化的选择,准确的判定,借势取势、因势利导才能成功。好比说打仗,一味强攻没有取得好的效果,就要变换战法,改变战术,一方面保全自己,一方面寻找新的战机,对方的破绽往往在对方的强项背后。为人处世也是同样的道理,当问题即将激化时,退一步来看待问题,冷静下来思考,斟酌正反两方面的利弊,采取相应的措施,其结果会大不相同。变化中的事物总是向着相反的事态发展,得与失之间怎样才是有利呢? 进与退之间怎样才算合理? 老子表明了他的看法,在"不自见、不自是、不自伐、不自矜"的情况下,可以做到"夫唯不争,天下不能与之争"。低洼之处能聚水,水足以成势。事业的成功是抱一而聚势,招贤纳士、谦下为王,方可将胜券操在手中。

探究老子的思想可以使思想得到净化,剔除那些杂念,分清孰是孰非,排除干扰与纷乱,争取最好结果。老子知道一个人的思维是有局限的,当你站在众多意见的基础上思考问题时,综合各方思考结果、选择最佳方案,解决问题的办法就会产生。"是以圣人抱一为天下式",以专一的态度,调和天下成浑然一体,圣人就是这样做的,也值得我们效仿。越王勾践卧薪尝胆的故事是目标专一而谦卑的典范,越王最终打败了吴王是很有说服力的。战胜别人莫过于战胜自己。有德之人需要保全自己,保全自己要借助正确的道,以曲求伸,以敝求新;将不自见、不自是、不自伐视为重要的原则。这样去做的话,怎么能出现闪失呢?

澄迈驿通潮阁其二　　苏 轼［宋］

余生欲老海南村，帝遣巫阳招我魂。

杳杳天低鹘没处，青山一发是中原。

　　苏轼是北宋著名文学家，字子瞻，号东坡居士。他在文学艺术方面堪称全才，其文汪洋恣肆，酣畅大气；他科考屡屡高榜，实为难得的人才。但就其一生来讲却很坎坷，他虽说受到朝廷的重视与任用，但也屡屡被贬，发往边远之地。这首诗是他对身境与时局的写照。

　　苏轼一身才气而遭受贬谪，以至发配海南，本想在这海南之村了此一生，却偏偏皇帝又下诏，召他回朝。皇帝这一举动应该是对他的才华的肯定。

　　苏轼一生，一身正气，虽说面对一再受贬，境遇不佳，却能坦然以对，算是一种以曲求全吧。委曲求全并不代表他失去了志向，可贵的是他所具有的一种"不自伐"的心态，以平和的态度面对生活，无论被贬到哪里，都能与当地的百姓共融共生，为官一地，造福一方，从而受到百姓的爱戴。当时局发生转机，他又会再次振作积极入世。

　　我在猜想，或许苏轼也读过《老子》，不然他怎么能领会《老子》这一章的含义呢？也许他与老子的心有什么相通之处？人生的阅历与知识造就了这样一位文学大家，实为难能可贵。"古之所谓曲则全者，岂虚言哉！诚全而归之。"这也算是对他人生的解读吧。

◎ 故事案例

以曲求全

　　东方朔是西汉的一位有名的文学家，他祖籍平原（今属山东），汉武帝封他为太中大夫（官职名称）。东方朔有着渊博的知识，因为他机智幽默、能言善辩，所以汉武帝很喜爱他。

　　有一年，祭祀祖先的时候到了，汉武帝为了让宫里的那些侍从官们回家祭祖，所以下令赏赐给他们一些肉，可是人们一直等到日落西山，也没等来主管事务的大官丞。大官丞不到，肉就分不成。等了这么长的时间，东方朔有点不

耐烦了,于是,他擅自用宝剑把肉割下来一块,并且对其他同僚说:"因为是伏日要祭拜祖先,所以今天应该早点回家,现在我已经拿到了皇帝赏赐的肉,我就先回家了。"说完带着肉就走了。

之后,大官丞觉得东方朔的这种行为是对礼节的违反,更是对自己的轻视,所以就向汉武帝告了东方朔一状。汉武帝把东方朔叫来问他:"昨天我下令赐肉,上面的人还没来,你怎么就提前割下肉离开了呢?为什么这样做呢?"东方朔跪在地上,恭敬地向汉武帝谢罪。

汉武帝并不是真的要责罚他,东方朔为了能早点回家祭祖而擅自割肉离开,并不是没有道理,但是却不应该破坏了规矩。于是汉武帝说:"你站起来,说说自己的罪过吧。"听了皇帝的命令,东方朔站起来,说:"东方朔啊,东方朔啊!你受赏赐却不等命令下达,不等大官丞的到来,你为何如此无礼?拔剑去割肉,你为何如此豪壮?只想割一小块肉,你为何如此谦让?回家后把肉交给妻儿,你为何如此仁义?"

汉武帝听完后大笑起来,说:"你这个聪明的东方朔啊,我要你批评自己,却表扬起自己来了!好吧!下次你不要再这样做了。"

东方朔可真是一位机智幽默能言善辩的文学家,能够在汉武帝面前巧言为自己说情,将办错的事却讲出一番道理,让汉武帝为之大笑。这说明在处理有些问题时需要采取一些宛转的形式以说通别人,达到别人对你理解的目的,也算是一种弯曲与机智吧。"曲则全,枉则直。"其中不无道理。

第二十三章
好 在 持 道

希言，自然。

故飘风不终朝，骤雨不终日。

孰为此者？天地。

天地尚不能持久，而况于人乎？

故从事于道者，同于道；德者，同于德；失者，同于失。

同于道者，道亦乐得之；同于德者，德亦乐得之；同于失者，失亦乐得之。

信不足焉，有不信焉。

言语不多，符合自然的表现。

强风不会持续地刮一个早上，暴雨不会持续地下一整天。

是谁决定了这些呢？是天地自然。

天地都不能让风雨持久，更何况人呢？

因此，那些依照道的准则行事的人，
与道同在；那些依照德的准则行事的人，
与德同行；反之，那些不能依照道与德准
则行事的人，也就永远得不到道与德。

道与德是不可分的，有德的人，自然
也就有道。

没有德的人，自然也就没有道。

如果诚信缺失的话，将失去人们的
信任。

解读

少说话，很符合自然。少说话并不简单，少说话应当是慎重的思考，应当
使语言凝练。絮叨与夸夸其谈是不足取的。

暴风不能持续一个早上，骤雨也不能下一整天，风和雨有时有晌，是有限
的。事情总会发生，事情总会过去，心中经不得风雨是生命脆弱的表现，知道
脆弱的害处就要坚强起来。

刮风和下雨是大自然造成的，是自然现象。生活中的现象见怪不怪，出现
问题并没有什么了不起。

大自然都无法控制风和雨，人又有什么办法呢？人无法控制自然。生活
中外在的问题谁也无法控制，解决问题应当成为乐趣。

为人处世一定要依照道的准则行事，这是做事的根本。做事要从于道，不
了解道难于成事。道与德是不可分的，失去道无法有德，失去德无法入道，这
一点很重要，它关乎我们的一生、关乎我们的根本。

也就是说，道与德应当并行于身上，不应该分开，缺失那一个都无以成事。

做事没有诚信的话，别人也就不会相信他了。最后还要落实到诚信二字
上，这大概是为事的基础，失去了诚信就失去了基础。

我们对道不可能认识得很清楚，要有一过程，要进行探知。但是对德要有
比较清醒的认识，什么是德？怎样做能符合德？怎样做不失德？再摆正道与
德的关系就可以为事了。

大自然是无法控制的,但是自然之道是可以理解和认识的,贤明之人可以做到的事是明白什么是德,什么是道,将德依附于道,使两者并行而从之,还要坚守着诚信,大概贤明之人就应该是这样做的。

我们与道不期而遇,因为它时隐时现变化无常,对此要有足够的思想准备,这个思想准备是德的准备,德是知识、德是包容、德是谦卑、德是胸怀、德是智慧、德是诚信,具备了这样的理性认识就具备了德的特性,就可以与道相容了,就可以为事了。

事情的发生与结束在自然界中都是短暂的,就像是暴风与骤雨不终朝与不终日,它不可能不出现,它因何到来?因何产生?只有天地才知道。事情总是要出现的,什么时候出现谁也说不清,即使是现代化的设备天气预报也难以预报得非常准确,我们所知道的是天有不测风云,我们所要明白的是能够做到有预防的准备就行了。

以此为鉴认识社会也离不开这样的道理,社会是发展的,社会是变化的,个人意志不能左右社会的前进,而社会则是随着社会生产力的发展而发展的,大的趋势不可违抗,为道者要明白。当权者应顺乎民意,坚持符合社会民意的德行。不失德或者说不失去民意,最重要的就在于不能失去诚信,失去了诚信就失去了民意。周幽王"烽火戏诸侯"世人皆知,失信于民的周幽王最终被入侵的西戎所杀,西周王朝就此宣告灭亡。当人们回顾历史的时候,仍然可以感受到老子"信不足焉,有不信焉"的深刻内涵,统治者的诚信不足,人民就不信任他,皮之不存,毛将焉附。事情的出现有偶然也有必然,但终归将要成为过去。问题的关键在于如何寻求思考的理念。探求真理要提升理念,为人做事要合情合道,这样做了,面对得到与失去才能显出章法,失去时不悲,得到时不自美。

诗词助读

离 骚　屈原[先秦]

跪敷衽以陈辞兮,耿吾既得此中正;驷玉虬以乘鹥兮,溘埃风余上征。朝发轫于苍梧兮,夕余至乎悬圃;欲少留此灵琐兮,日忽忽其将暮。吾令羲和弭节兮,望崦嵫而勿迫;路漫漫其修远兮,吾将上下而求索。饮余马于咸池兮,总余辔乎扶桑;折若木以拂日兮,聊逍遥以相羊。

屈原是我国古代伟大的浪漫主义诗人,他的作品中充满着政治热情和爱国主义精神。《离骚》强烈地流露出诗人在当时历史条件下的崇高理想和光辉的斗志。屈原为寻求真理在不断地探索,"路漫漫其修远兮吾将上下而求索"一直鼓舞着仁人志士为寻求真理而忘我前行。在老子看来"故从事于道者,同于道;德者,同于德;失者,同于失",天下万物依道而行有其自身的规律,只是有时看不清道在哪里,引来众人对道的探索。老子强调"同于德者,道亦德之",求道之人首先要修德,不修德不足以认同道。

◎ 故事案例

现实与思考

一位旅行者来到一座大的寺庙,他烧香拜佛表现得很虔诚,临出寺庙的时候,买了一个非常漂亮的玉观音。傍晚他拖着疲惫的身体坐旅游专线车下山了,第二天打起行囊奔向新的景点。

在行车的路上他又想起那个玉观音,准备观赏一下,祈求一下好运,但他翻来翻去怎么也找不到,心里很是着急,回想着到底放在哪里了呢?莫非是把它丢了吗?是落在旅店里?还是丢在了旅游车上?他在细细地思索着。不管怎样他舍不得这个心爱的观音,于是他返回旅店去找。回到旅店翻遍各个角落没有找到。他又来到那条专线旅游车站,找到他坐过的车,问到车上的乘务员,乘务员说没有看到。

旅行者心灰意冷了,开始反思自己:是自己太大意了,放错了地方?是有别人捡到而没有告诉他?是自己与这个观音无缘?是自己的心还不够诚?反正玉观音离他而去了,自己与玉观音大概还欠一点缘分吧?面对这样的一个结果,也只能坦然接受。游客在想,也许心中有这个观音才是最重要的事。想到这里,游客淡定了一下情绪,收拾好行装又向另一个景点出发了。

事情的发生总是那样的突然,难以预测。怨天尤人,是愁、是苦闷,又能怎样呢?该想的就去想,舍得之间又有怎样的差距?遇到的事与过去的事,又会怎样呢?调整与淡定才是重要的。"同于德者,道亦德之;同于失者,道亦失之。"令人回味。

第二十四章
得 道 是 真

原 文

企者不立;跨者不行。

自见者不明;

自是者不彰;

自伐者无功;

自矜者不长。

其在道也,曰余食赘形。

物或恶之,故有道者不处。

译 文

踮起脚跟站立的人,不能持久;跨大步行走的人,不会走远。

固执己见的人,难明事理;

自以为是的人,迷离惝恍;

爱炫耀自己的人,往往做不出什么成绩;

刚愎自用的人,不能长久。

从道的角度来看,这样做就像剩饭和赘疣一样,让人感到不舒服。

上述行为让人看不惯,因此,有道的人是不会这样做的。

解读

用非常态的姿势站立或者行走,都是不能坚持长久的,因为这样做违背了人体的正常运动规律。

自己的见识有局限性,应该承认这样的现实,有局限性就有可能看不明事物的真相。

坚持自己是没有错误的人,总是将一些错误遮挡起来,让人看不见,真实的现象就不会被人所知吗?欲盖弥彰的成语大家都懂。

过于炫耀自己的人,恐怕别人不知道自己的存在、看不见自己的那点成绩。其实这种人往往不会有什么大的成绩,虚荣心万万不可以膨胀。

坚持自己的观点并非不对,但一定不要固执己见,两者有着本质的不同。

做事的过程与结果相符,这符合道的规律。按道行事一定会清除那些没有必要的东西,就像剩余的饭菜、多余的赘疣要加以去除,不去除让人感到不舒服,这些不良的东西都在纠正与医治的范围之中。

对一些行为人们表示厌恶,凡是有道的人是不会做出让人们感到厌恶的事的。

老子在这一章里似乎又在重复第二十二章中的几句话,这一次是正着说"自见、自是、自伐、自矜"的道理,这不仅是讲给圣贤的人,普通人也应明白这个道理。杜绝这种现象要从自我做起,摆正自我与现实的关系,摆正自我与事态的关系,强调与集体的协调性。凡事出现了主观意识,就会出现各行其是的现象,对一个团队来说就是一盘散沙,一盘散沙的团队又怎么能够成势呢?老子把这样的毛病比作剩饭与赘瘤而应加以去除。

"道"真是一个不可小视的自然法则,不依道行事就会成为一个"企者不立;跨者不行"的人。强行所为,不符合道,不符合自然法则,所以不能长久。一个普通的人有这样的错误影响范围不会太大,但是一个领导者犯有这样的错误那就会影响一个团队、一个地方,乃至一个国家。自然法则是道,道是永存的，人应该寻求依存，以依存对永存，依存永远依附于永存，依存永远依永存而变化。不知道什么是永存，就不知道什么是依存；懂得永存的道理，就一定懂得要学会依存。人的依存性错误越小，越符合于道。依存之法并不简单，所以我们要不断调整依存的方法，使之更适合于道。

永存与依存似乎纠缠在一起，看明两者的关系才是智慧。永存不会因没有依存而消失，依存则永远离不开永存，就像思想永远离不开事物。

不符合客观规律的做法不能长久，是谓不能依存。凡做事要悟道，想一想是否符合处世的道理，有一利必有一弊，事情要做到恰到好处，做过了头就多余了，多余了就不美了，不美了就失去了道。明白道的人不容易犯错误，是谓永存。画蛇添足会有，弃本求末会有，权重失衡会有，这些都与道相背。

人的自以为是是糊涂的表现。成物流变，此时说的是对的，过了一时也许就错了。一切都在发生着变化，所以在认识问题上决不能自以为是，谦卑方能摆正自身的位置。

诗词助读

蜀 相　杜 甫[唐]

丞相祠堂何处寻？锦官城外柏森森。
映阶碧草自春色，隔叶黄鹂空好音。
三顾频烦天下计，两朝开济老臣心。
出师未捷身先死，长使英雄泪满襟。

诸葛亮在《出师表》中说："臣本布衣，躬耕于南阳，苟全性命于乱世，不求闻达于诸侯。先帝不以臣卑鄙，猥自枉屈，三顾臣于草庐之中，咨臣以当世之事。由是感激，遂许先帝以驱驰。后值倾覆，受任于败军之际，奉命于危难之间，尔来二十一年矣！"诸葛亮很谦卑地接受了刘备的请求，出山与刘备共谋天下。在诸葛亮身上大约看不到老子所说的那些不良现象"自见者不明；自是者不彰；自伐者无功；自矜者不长"，反而彰显出诸葛亮的两大优点：他的谦卑能够聚敛人气与智慧；他的诚信能够施展才能与方略。刘备的独具慧眼不知是否得到了老子《道德经》的启示，起码与老子的鉴明贤人思想有相通之处，诸葛

亮确实做到了在《后出师表》所说的"鞠躬尽瘁,死而后已",这成为他优秀品质的体现。

◎ 故事案例

自 谦 为 上

有一位很有学问的人搭乘一个渔夫的小船过河。行船之中,这位有学问的人与这位渔夫聊起天来。他问渔夫:"你懂得天文吗?"那个渔夫回答说:"我不懂天文。"他又问:"你懂得地理吗?"渔夫不解地回答说:"地理是什么?难道是地里长出的东西?"有学问的人笑了。"看来你什么都不懂,我不能再向你提问了,你无法回答我的问题。这样活着如同失去了半条命。"有学问的人自言自语地说。

过了一会儿,水面上起了风,船开始剧烈地摇晃。渔夫问起了这个有学问的人:"如果船翻了,你落到水里,该怎么办?"有学问的人着急了:"我可真不知道怎么办呀!""你会游泳吗?"渔夫问。有学问的人回答说:"我不会游泳。"渔夫说:"如果你真的不会游泳的话,你将会在水里失去你的全部生命,你再有学问又能怎样呢?"那个有学问的人低下了他那高昂着的头。

一个人不可能学会那么多的本事,学得本事一方面是成全自己,另一方面要帮助别人。不同人的成长环境造就了自己,是自身的财富,但是如果自恃高傲的话,难免会被别人所抛弃。因此人应当将自己放在自谦的位置,寸有所长,尺有所短,是应当记取的道理。

第二十五章
自然行道

有物混成,先天地生。

寂兮寥兮,独立而不改,周行而不殆,可以为天下母。

吾不知其名,强字之曰道,强为之名曰大。

大曰逝,逝曰远,远曰反。

故道大,天大,地大,人亦大。

域中有四大,而人居其一焉。

人法地,地法天,天法道,道法自然。

译 文

物体浑然之后在一起了,它的形成是在天地之前就出现了。

寂静呀,空虚呀,道按自己的意志去作为而不改变,遵循自身的规律而不去休止,这样的做法可以称之为天下之母。

我还不知道怎样去解释它,就勉强称它为道吧,把它称之为大吧。

它的形成是时间的流逝造成的,它的逝去会越来越远,越来越远就像返回到现在一样。

因此,道是大的,天是大的,地是大的,人也是大的。

界域之中存有四大,人是占据其中之一。

人按地的规律行事,地按天的规律运动,天按道的规律运行,道则按自然规律存在与动做。

解 读

物体的浑然与形成在天地之前就出现了。老子用他的朴实的唯物观解释宇宙的形成。

宇宙这样的大自然按照自己的规律运行,永不休止,永不停息,周而复始,它是那样的寂静、那样的空虚、那样的交融,天体这样的运动,可以说这是一切物质的母体,万物由这个母体产生。

老子无法认知这样一个宇宙,他也无法解释宇宙的现象,就把它取名为道。这个道实在是太大了,宇宙中的奥秘实在是太多了。

大自然的现象总会逐渐逝去,逝去的东西会越来越远。其实遥远就是反,反既是返,也就是意味着回归,这是一个永恒的时空的概念,而物质就是这样的循环往复。

这几个概念可以并行而认识,道大,追求它永无止境;天大,观察它永远看不到边际;地大,可以承载着万物;人大,是指我们的思维与想象延伸至极永无穷期。

界域之中存在着四大现象,人是其中之一,也可以说人位居第一,人有思想和语言,人的效法先从地开始,逐渐展开,由低的一层向高的一层效法是按照符合逻辑的道理行事。

人的生活离不开地这样一个赖以生存的家园,地离不开天,天离不开道,道实际就是包容一切的自然,这是一个圆形的规律,转了一圈还是回到了自然。

老子在这一章里又一次强调了他对道的认识,道是一个母体,它承载着万物,万物都在它的包容中生存。尽管这是一个很大的命题,但有必要认识这个命题,老子勉强称其为大,这个"大"是老子建立起来的空间概念,我认为是一个宇宙概念,也是一个时空概念。当用时空的概念来认识宇宙时,我们的思路可以清晰一点了。可以理解为时空在渐行渐远地逝去,时空却又像是在返回,就像昼夜,一明一暗的变化是宇宙的时空变化;一年四季的轮回,经历着花开与花落、碧绿与枯黄,这一切告诉我们时空在发生着变化,证明着时空的存在,这就是"大"的存在。并行在"大"之中的另一个概念就是"道",如果说"大"是时空概念,"道"就是万物的法则概念,两者"有物混成,先天地生"。这是要树立起的一个概念,"道"也就是"大"的概念,就是时空的概念。为便于理解这个"大",老子又把大分为四个方面,"故道大,天大,地大,人亦大",将现实与时空结合在一起,让我们从抽象返回到形象的概念中,从而进一步探讨和辨析它们之间的关系。在这四大关系中,老子是把人放在了前一位,因为人是最活跃的因素,一切认识皆由人出,由人去表明。人要依从其后的法则变化,这是人的生存法则。人取法于地,是要对地有一个清醒的认识,人类依赖这片土地;地取法于天,地与天有着极大的关联,人类也要认识天;天取法于道,天有其自己的规律,道无处不在,人类也要认识这个规律;道取法于自然,道存在于

自然之中,道随自然而行。人类需要产生对道的总体认识,时空最为大,一切变化都在"时空"之中。"时空"的永恒,总是那样不舍昼夜渐行渐远,"时空"的变化体现为万物的变化。

我们终于从建立时空概念开始形成了对"万物并作"概念的认识,万物的存在是对"有"这个概念的确立,"无"是对时空概念的确立,我们把看不见摸不到的东西称作无,不过是人对此称名而已。难道时空是无吗?不!时空也存在,时空的变化,使一切物质都在发生变化,使它们成为有,使它们成为无。物质的生命为有,物质的存在为有,物质的看得见为有,反之为无,这样我们就不难认识有与无了。为什么无可以生有,有又变为无,其玄妙的道理大概就在于此,一切都包含于"时空"之中。

大自然不以人的意志而转移,人们要学会认识它,认识的目的在于掌握规律。不去做逆规律之事,尽量按自然规律办事,这是老子告诉我们的做事方法,这个方法是淳朴的,是易于行事的,认识这个问题是一种境界。

如果我们对"道"还不易理解的话,还感到玄妙的话,那么我们就去认识发生在身边的自然之事,这是极为朴素的思想,对任何问题的探讨都是对道的认识,是对物的基本认识。

人生活于天地之间,能感受到天地万物的变化,明晰事物消失与产生的周而复始,认识大自然的规律,适应大自然的变化,就可算是智慧的表现。

诗词助读

与诸子登岘山   孟浩然[唐]

人事有代谢,往来成古今。

江山留胜迹,我辈复登临。

水落鱼梁浅,天寒梦泽深。

羊公碑尚在,读罢泪沾襟。

虽然孟浩然不一定深明老子的"寂兮寥兮,独立而不改,周行而不殆,可以为天下母"的深奥理论,但是他对事物的认识却属天然。"人事有代谢,往来成古今"与老子的"大曰逝,逝曰远,远曰反"有相近的含义。孟浩然的怀古与凭吊,寄托对往事的追忆,感慨世态炎凉,抒发自己沉沦不遇、事业成空的情怀,感悟时空的变化。"羊公碑尚在,读罢泪沾襟"是孟浩然对西晋名将羊祜的缅怀,时空的变化已成为追忆,看到的却是历史的遗迹,是时空的留痕,历史就是这样循环往复。

人事的变化演绎出历史的苍凉,如果对此没有科学的认识与探讨,让历史重现恐怕就是一个悲剧。故此,探讨人间活动的规律要像认识自然规律一样遵循人类自身发展的规律,使其持续地和谐发展下去。历史的留痕值得思考,现实的痕迹还在建造。人所要因循的还是"人法地,地法天,天法道,道法自然"的轨迹,现在又要认识一个"大",我把它称为"时空"。

◎ 故事案例

适应自然

有一个人来到北欧,那里的天气很冷,为了生存,那个人就盖起了一座房子。他盖的房子是平顶的。有一个路人就问他:"你为什么盖平顶的房子呢?你不看看别人盖的都是尖顶的房子吗?"盖房人回答说:"房子这样盖节省材料呀!"他没有听人劝,还是按自己的想法办。

冬天来了,下起了大雪,雪下得很厚把他的房子压塌了,他也受了轻伤。房子塌了之后他才想起路人对他说过的话。邻居把房子建成那样子,并不是没有道理,是有内在的规律,是符合当地的自然气候情况的。

事物的出现一定按照它自身的规律运行,这是自然形成的规律。当人试图违反其规律时,就会受到相应的报应。还是老子说的有其道理:"人法地,地法天,天法道,道法自然。"

第二十六章
重 轻 孰 根

原文

重为轻根,静为躁君。

是以君子终日行不离辎重,

虽有荣观,燕处超然。

奈何万乘之主,而以身轻天下。

轻则失根,躁则失君。

译文

重是轻的根,静则可以管控浮躁。

君子就是这样整天不离他的车辆,虽然显得非常荣耀,但是,他不会感到有飘然的感觉。

即使是有万辆车的君主,又怎么能将天下的事看轻呢。

看轻了就会失去稳重的根基,浮躁现象的出现会让人失去君主的地位。

有了重才有了根,将轻把握得住,静下心来将浮躁安顿,冷静可以指挥一切,它应该是君主的地位,对此要有清醒的认识。君子为事把握住重轻,以天下事为重,以要做的大事为重,一定会去除轻浮的杂念,戒心不静。

君子行路不会离开他装有物品的车辆,他在车上是一种荣耀,但他不会感到自己的轻松,荣耀与风光对君子来说是压力。

大国的君主,切不要把治理天下的事情看得那样简单。

意识飘飘然了,就可能使自己的根基动摇,躁动下去没有了冷静的思考就会失去主宰、君主的地位。

老子在这里讲了两个关系,一个是重与轻的关系,一个是静与躁的关系。按现在的话来说,作为一个领导要知道肩上的重任,不能陶醉在成绩与荣耀之中;另一层意思是抓住工作中的重点,围绕中心工作展开。应以此两点建立起领导的核心价值观,打造核心价值,确立重要的价值取向。失去了重点,便失去了重心,轻飘飘不知所以然,只能失去根。一个普通人也要遵循这样的道理,讲究工作中的轻重缓急,形成主静戒躁的工作状态。庄子在《庄子·天道》中说:"圣人之静也,非曰静也善,故静也;万物无足已挠心者,故静也。水静则明烛须眉,平中准,大匠取法焉。水静犹明,而况精神! 圣人之心静乎! 天地之鉴也,万物之镜也。夫虚静恬淡寂寞无为者,天地之平而道德之至。"这是讲圣人静心,万物不能干扰他,就像水静能照见人影,水平面是工匠的基准。水静就明澈,更何况人的精神! 圣人的心静,天地可以为鉴,万物可以为镜。可见,静心的目的在于排除干扰,消除杂念,使思想静下来,使思考清晰起来,能够注意到工作中的每一个环节,在工作中会少出差错。领导者的功绩是以单位的业绩为鉴,大凡业绩的取得绝不会因浮躁的思想取胜。静与躁是一对矛盾,相互制约、相互转化;静是稳定的理性情绪状态,躁是一种非理性的情绪波动状态。为君之人失去了静,躁就会出现,一颗躁动的心在工作中怎么能不出错呢? 一颗躁动的心怎么能将问题思考得那么周全呢? 情绪上的不稳定一定会让人不在状态,会导致不理智的现象出现。失去了静或者说失去了冷静就失去了控制,失去了为人之君,于是便失去了根。失根好比大树无根,失君像人没有灵魂,此两者不能失去,失根与失君的道理就在于此。

如何认识重与轻,如何摆正两者之间的关系,是摆在每个人面前的大事。重是事物的根本,要把控住。失去了重就会轻,轻是因为躁动情绪的产生,轻是处理问题出现偏差。孔子讲:"不在其位,不谋其政。"怎么能够不用心去做事呢?对君主来说贵重的权利那样荣耀,可以让君主产生飘飘然的感觉。随意地使用大权,就是轻视了天下,轻视天下是失去根的表现,没有了根,没有了生命的依托,生存就有问题了。

轻与重、静与躁是要思考的问题,是每一个人应当面对的问题。认识轻与重的目的在于正确地作出选择,把握前行的方向,轻中有重,重中有轻,孰重孰轻,是一个需要辩证认知的问题。静下心来的思考能够让你看清很多事情,甚至关注到很多细节,为解决问题提供实证;而一颗烦躁、失去常态的心,只能将自己推入混浊不清的更深的泥潭。这大概是"故常无欲,以观其妙"的道理,没有好的心态就不会欣赏事物的奥妙。

轻,失之以根,重,守之以静。以静为君统领思考,力戒躁动,查实情以入微,戒荣观以超然,按事物内在的规律行事,才是为事之道。

诗词助读

苦寒行　曹操[汉]

北上太行山,艰哉何巍巍! 羊肠坂诘屈,车轮为之摧。
树木何萧瑟! 北风声正悲。熊罴对我蹲,虎豹夹路啼。
溪谷少人民,雪落何霏霏! 延颈长叹息,远行多所怀。
我心何怫郁,思欲一东归。水深桥梁绝,中路正徘徊。
迷惑失故路,薄暮无宿栖。行行日已远,人马同时饥。
担囊行取薪,斧冰持作糜。悲彼东山诗,悠悠使我哀。

这首诗反映出征战之苦,曹操为巩固自己的统治北上太行山向壶关进发讨伐反贼。一路经历千辛万苦,山路的险峻、野兽的出没、人烟的稀少、人心的思归与厌战曾使曹操产生过动摇与彷徨。作为一军之长,产生彷徨的思想乃是军中一大忌,主帅动摇了,军心就会涣散,战事运筹不会集中,战令不会果断,战心不会强烈,这样作战会出现战而不胜的局面。"重为轻根,静为躁君"是告诫统帅在任何时候都应保有持重的心态,冷静处事,戒去轻浮与焦躁,不失去稳定状态。"君子终日行不离辎重"是以君子终日置身于这样的氛围中，总会感到外在的事物对自身产生的压力，能够不自重吗？还会有"虽有荣观，燕处超然"的感觉吗？认识"轻则失根，躁则失君"是老子对人们的忠告，任何浮躁与失根都会造成不良后果。

◎ 故事案例

拔苗助长

据《孟子》记载，宋国有个人，因盼望田里的禾苗长得快一些，便下到地里，把每棵禾苗都向上拔了拔。他筋疲力尽地回到家里，告诉家人说，他今天好辛苦，帮助田里的禾苗往上长了长。他的儿子急忙跑到田里去看，结果看到的是一片开始枯萎的禾苗。

这是一个典型的不按客观规律办事的案例。拔一拔禾苗，自以为帮助了禾苗生长，却是破坏了禾苗的根，没有了根，禾苗只有死亡。

第二十七章
行善之道

原 文

善行无辙迹；

善言无瑕谪；

善数不用筹策；

善闭无关楗而不可开；

善结无绳约而不可解。

是以圣人常善救人，故无弃人；

常善救物，故无弃物。

是谓袭明。

故善人者，不善人之师；

不善人者，善人之资。

不贵其师，不爱其资，虽智大迷。

是谓要妙。

善于行走者,不会留下行走的痕迹;

善于说话的人,没有语病;

善于计算的人,不借助量具;

善于关门的人,不用棍子闩门别人也打不开;

善于打结的人,不去打结,别人也打不开。

总是善于救助别人的人,因此,别人也不会抛弃他;

总是善于修救器物的人,因此,器物也不会远离他。

这是所说的圣明。

因此,善于做人的人,是不善人的老师。

不善为人的人,是善人的镜子。

不以这样的老师为尊,不重视这样的借鉴,虽然聪明也会被大的迷惑所困。

这是做人的最大要领。

解读

善于做事的人小心谨慎,不会留下一丝痕迹,没有失误的地方,就不会出现错误。

善说话的人,思维很清晰,言词很严谨,说话很中肯,话中挑不出毛病。

善于计算的人能够做到心中有数,不去借助于计算工具也能计算得很精确。

善于关门的人能够将门关得很巧妙,即使不用门闩,别人也打不开。

善于打结的人,不去做结,别人不知道结做在哪里,所以根本打不开。

总是帮助别人的人,一定是一个善解人意的人,帮助别人,别人也会帮助他。

总是那样善待物、珍惜物,修旧利废,不轻易将器物遗弃的人,当他需要器物时,器物就在他身边,随时为他所用。

这样做事的人,是明白事理的人。

一个善于做人的人,是为人的榜样。

善人以不善人的行为为借鉴,时刻修正自己,可以将事做得更好。

不以行为善良的老师为尊贵,不以反面的人为借鉴是不好的事情,再有智慧也会有大的迷惑。

老子认为这是做人的最大要诀,要人们务必找到借鉴之物。

老子很推崇善于为人的善人,善于做事的人做起事来总是那样巧妙,事情做好了却没有什么痕迹,其中的奥妙在哪里呢?究其原因是善于做事的人能够按照事物的规律办事,能够对事物的形成与发展做到心中有数,对事物的每一个细节了如指掌,对事物的每一环节能够做到深入分析,能够有针对性地解决问题,而且这种做法已经形成了一种习惯,为事水到渠成。办事认真而不放弃任何一件事,善待于事物,是珍重,是友善,是亲和,是诚信,是不遗弃,这叫做"常善救物,故无弃物",世界上本无废物,只是人们把它放错了地方。当废弃之物也能被利用起来的时候,人与物不会相互舍弃,体现出来的是人与物的依赖、人与物的和谐。从另一方面讲,借鉴也十分重要,一个人的经历是有限的,知识是有限的,别人的经验教训是自己生活、工作的借鉴,"它山之石,可以攻玉",左右逢源是你智慧的来源,大惑由此而解。

老子很会借用形象的例子来说明他要叙说的道理,借用形象的例子解释一个抽象的概念。人是有思维的,思维是抽象的,借助于具象来表达抽象,其中的奥妙很精彩也很形象。这不得不引起我们对问题的思考,从此物推及彼物。在现实中不好理解的事,在进行联想的时候,用抽象思维推理对其进行理解与认识,是人类这一灵长动物的特点。

一位贤明的人,对"道"应有正确的看法,事物无奇不有地发生在我们身边,各因其道,各行其道,对不同问题的处理采用不同的办法,是行事的奥妙。随道而行是老子讲到的"是谓袭明",表明贤明之人就是这样做的,永远保持贤明的状态。

善于做事的人知道事物的特点,能够把握住事物的要旨,做起事来得心应手,行则如有神,动则能行善,不会违背客观规律。

诗词助读

游终南山　　孟　郊[唐]

南山塞天地,日月石上生。
高峰夜留景,深谷昼未明。
山中人自正,路险心亦平。
长风驭松柏,声拂万壑清。
即此悔读书,朝朝近浮名。

这段诗表现出诗人的平和的心态,用自然景观与自然现象诉说一个道理,抒发自己的情怀,表明自己的思想。"山中人自正,路险心亦平"是这首诗的核心,诗人看到的是山中居民心地朴厚,即使行走于险恶山路,山中人的心依然平坦正直。诗人以此借喻官府的腐败,看到了内心自正的必要,但也有一些不务吏事,可以看得出他在寻找解脱,是消极的表现。在消极中找到积极这是老子所提倡的,应当认识到的是"不善人者,善人之资",应当自省的是"不贵其师,不爱其资,虽智大迷。是谓要妙。"不可不明白其中的

◎ 故事案例

画蛇添足

古时有个贵族拿来一壶酒赏给手下办事的人。一名手下看了看酒说:"这壶酒大家一起喝肯定不够,不如咱们大家比赛画蛇,谁先画成谁喝酒。"

不一会儿,其中的一个人先把蛇画成了,举起酒壶就要喝。只见他左手举酒壶要喝,看到别人还没有画完,于是右手在地上又去画蛇,对其他人说:"我还能给蛇画上脚。"还没等他把蛇脚画完,另有一个人把蛇画完了,一把夺过酒壶说:"蛇本来就没长脚,你为什么要给它安上脚呢?"于是,他把那壶酒一饮而尽。而画蛇添足的那个人,最后没有喝到酒。

做任何事都应做到恰到好处,不能过之,也不应当不及。将事情做得又好又妙,既要下工夫,更注意不做多此一举的事。凡事都应有所借鉴,有了借鉴才能找到处理事物的正确方法。

第二十八章
守住寂寞

知其雄,守其雌,为天下溪。

为天下溪,常德不离,复归于婴儿。

知其白,守其黑,为天下式。

为天下式,常德不忒,复归于无极。

知其荣,守其辱,为天下谷。

为天下谷,常德乃足,复归于朴。

朴散则为器,圣人用之,则为官长。

故大制不割。

译 文

知道雄健的力量,就要安守住雌柔的地位,情愿做天下微不足道的溪水。

做天下的溪水,随之永久之德不能分离,由此复归到幼小的婴儿生命
状态。

知道什么是光鲜,却要安于暗弱的地位,情愿做天下的模式。只有这样才能不失于德行的永恒,并使其不出现偏差。

知道什么是荣华,却要安于卑下的地位,情愿做天下的川谷,只有这样永久的德才能充分地保持,并复归于纯朴。

把纯朴分散到各个地方,用其做出纯朴之器,圣贤的人就可以采用这种方法,这样做就可以成为官长了。

因此,大的制度也不要脱离这种方法。

解读

世界上的事物相对而并生,认识事物的一方面,就要去了解事物的另一方面。白天与黑夜相互转换是大自然的现象,享受白天的快乐,还要耐得住黑夜的寂寞,这是对事物的完整认识。

天下的事物相对而生是最基本的道理,也是最纯朴的道理,有雄就有雌、有山就有水、有亮就有暗、有进就有退,认识每对事物,处理好每一对关系是圣人追求的目标,既然是一对相辅相成的事物,那就不应该让它们分开,将它们充分地利用起来,实现它们的整体性,这是最朴素的行为之道,也是最朴素的思想。实现朴素的思想,强化德的意识,按照自然规律去做是老子所说的德行的表现。保持长久的德行要有足够的认识,德是什么? 德是适应与顺应客观规律的变化,在变化中依势,在变化中取势顺势而取得成功,做到了,就回归了纯朴,回归了自然。做不到会出现逆行,任何一种强制、任何一种主观意识、任何一种想当然的思想都会引来后患。圣贤之人的治理依照淳朴的道理去做,将纯朴的道理贯穿到治理国家中去,让一切都简朴,让一切都简明,让一切都简单,返璞归真的道理就可以体现出来了。

如要示强必先守住自己的弱,这样在进攻时不会露出破绽,在防守时不会被找到弱点。想建立这样的思考方式,不仅要跳出自己的圈子来观察,也要审视自己内在的弱点,更要制定可行的方案,让成功成为可能。

道理是简单的,社会是复杂的,以简单对复杂,以简约对复杂,从复杂中找到简单。凡事从简单做起,从基本做起,从基础做起是为事的起点。

题西林壁　　苏 轼[宋]

横看成岭侧成峰,远近高低各不同。

不识庐山真面目,只缘身在此山中。

世上的事物有时难以分辨,难以琢磨,不同的角度,不同的视野,包括不同的心情都会有不同的感受,其原因是身在其中。想要看清问题,需跳出问题之外,从局外人的角度来看问题,能够更客观一些。当问题看清之后,接下来就是要解决问题。"知其雄,守其雌,为天下溪。"是老子提出的为事方法,既要有雄劲的一面,也要有雌柔的一面,二者的掌握皆要得法,没有稳固的防守怎么能进行从容的进攻,两者不可割裂。

◎ 故事案例

知己知彼

在朝鲜战场上,中国人民志愿军面对武装到牙齿的美军,却取得了战争的胜利,是非常了不起的。因为美国军队的现代化装备远远强于中国军队,所以我们的部队不能硬拼,更不能与敌人打消耗战。于是,中国军队根据自身条件与情况作出战斗部署。

上甘岭战役中志愿军某连,在坚守一个高地时,为消灭敌人的有生力量,利用山岩下的岩洞有效地躲避敌方猛烈的炮火,夜间则不断地袭扰敌方,使得敌方的战斗力受到了很大的削弱。当总攻的号角吹响的时候,这个连配合大部队的总攻取得了这场战役的胜利。

在朝鲜战场上像这样的战例比比皆是,"知其雄,守其雌"是中国人民志愿军战胜敌人的一大法宝,抓住对方的弱点,避开敌方的优势,发挥我军的长处与特点,向敌人展开进攻,这算是在战场上的知己知彼吧。

第二十九章
泰 然 相 处

将欲取天下而为之,吾见其不得已。

天下神器,不可为也,不可执也。

为者败之,执者失之。

夫物或行或随;或嘘或吹;或强或羸;或载或隳。

是以圣人去甚,去奢,去泰。

为取得天下而作为,我认为不容易。

天下这样的神妙的器物,不好对它有所企图,不好对它有所占有。

对它有所作为会失败的,想控制、占有它就会失去它。

对事物或者与其同行,或者跟随着它;或者对其行以轻微之气,或者使用大的气;或者使其强壮,或者使其削弱;或者用于承载,或者将其毁坏。

因此,圣人不会把事做得过分,是去掉过多的奢望,去掉过多的安逸。

解读

对天下之事有作为会造成失败,控制它、占有它的结果是失去它,有为于天下须当谨慎小心。

圣人要去掉太过分的东西,去掉太多的奢求,去掉太多的安逸与享受。因此,圣人做事一定不要做到极端,任何事不要寄以太多的奢望,没有可能做一劳永逸的事。

当今的社会一个人不可能独打天下,要有你的合伙人。你们的团队怎样?现在的时机怎样?是不是能够抓住好的时机,让你的智慧释放出来,从善如流地让事情得以实现?具备起码的天时、地利、人和是成事的基础,当不具备时创造条件是否能够达到,一切准备就绪,做事就稳妥了,即使这样做也还会有意想不到的事发生,预案的准备能够增加几分成功的概率。成功需要求解,成功要吸取别人的经验教训,成功不可能照搬。若要接近天下神器,对其奥妙必得探讨。

天下神器是一个大的概念,可以是指使天下正常运转的要害与核心,其实是为道的另一种体现形式。故为与不为,看做法、看程度、看结果。不可为是讲要谨慎行事,天下的要害与核心不可轻易触碰,一旦出了问题会很严重,君主做事应三思而行,不要一意孤行,只按个人意识去做定会出现偏颇。由此,君主要有自然法则观念,要有大局意识,要通盘考虑。有为者做事过了头,失去的不光是神器,你自己也将被失去了。

做不同的事要采取不同的办法,或并行去做,全面推进;或跟随其后,注意随时调整;或缓不急于求成,或急立即就办;或使事变强,或使事变弱;或取得成功,或遭到失败,将事物控制在一定的程度并不容易。所以,圣人要去除极端的作为,为有所作为;去除过分的奢侈,追求淳朴的生活;去除思虑的过度,让行为简单一点。

要想有所作为并不容易,因为事物太奇妙了,奇妙之处在于它总在发生着变化,不好对此进行有效的控制,你所想象的与你采取的行动会出现相悖的结果。由此,在事物面前,不好控制事态的发展,最好的办法只能是控制自己,将

自身的毛病去除得多一点；不同的事情采取不同的对策，事物的发展也许就会得以控制，这是辩证的道理。

欲取天下必动武，动武必殃及百姓，怎能不给国家和人民带来灾难呢？为国君者，应当放弃自己的那些奢求，少一些贪心，少一些过分的奢望，这才是可取的态度。

诗词助读

关山月　　陆游[宋]

和戎诏下十五年，将军不战空临边。
朱门沉沉按歌舞，厩马肥死弓断弦。
戍楼刁斗催落月，三十从军今白发。
笛里谁知壮士心，沙头空照征人骨。
中原干戈古亦闻，岂有逆胡传子孙。
遗民忍死望恢复，几处今宵垂泪痕。

国家需要稳定，老百姓需要过太平的生活。当时的社会战乱不止，给人民的生活带来了深重的灾难，"三十从军今白发"与"沙头空照征人骨"表明战争的持久和惨烈。由此老子强调了"天下神器，不可为也，不可执也。"可有为所出现的战乱必伤国之神器，其中的道理令人深思。国之神器不可妄动，动则器之伤神，则失去国泰民安。老子提出了自己的看法，"是以圣人去甚，去奢，去泰"，可以使国家安定下来。

◎ 故事案例

治理之道

《左传》记载：孙武学到治军打仗的本领后就去见吴王阖闾，与他谈论带兵打仗之事，将其说得头头是道。吴王还是疑虑重重表示怀疑："纸上谈兵有什么用，让我来考考你。"阖闾感到后宫的宫女实在是难缠，于是便出了个难题，让孙武替他操练姬妃宫女。孙武挑选了一百二十个宫女,又选了吴王的两个宠姬担任队长。

孙武将列队操练的要领对宫女们讲得很清楚,要她们一定要服从命令。当正式喊口令时,这些女人笑作一堆,也乱作一团,谁也不按他的指令行动,仍旧是各行其是。孙武严肃起来,再次讲解了服从的要领以及每一个动作,并要求两个队长一定要以身作则。但当孙武再次下达口令时,宫女们仍旧满不在乎,那两个当队长的宠姬更是笑弯了腰。孙武严厉地对她们命令道:"这里是演武场,不是你们的王宫。你们现在是军人,不应当把自己当做宫女了。我的口令就是你们要服从的军令,不是在跟你们玩笑、做游戏!你们不按我的口令操练,尤其是两个队长带头不听指挥,这是公然违反军法、军令,按律当斩首!"说完之后,便叫来武士将两个宠姬杀了。这时操练场上顿时一片肃静,宫女们吓得谁也不敢出声了。于是孙武再下口令时,宫女们步调整齐,动作划一,真正让孙武训练成了训练有素的军人。孙武请吴王来检阅,吴王一时为失去两个宠姬而痛惜,没有更多的心思看宫女的操练,于是告诉孙武:"先生的带兵之道我已领教,由你指挥的军队一定纪律严明,能打胜仗。"孙武没有说什么话,而是用治军的办法实现他的治军目的,达到了军纪森严、令出即行的效果。

治国打天下实在不是一件轻而易举之事,掌握军队要做到令行禁止,一切行动要听从指挥,如果军队各行其是那怎么能够打胜仗呢?治理国家的情况就更为复杂了,解决不同的问题要用不同的办法,这是治国之君需要掌握的事。老子讲:"是以圣人去甚,去奢,去泰。"这是做好一切事情的前提条件。

第三十章
兵伐不道

原 文

以道佐人主者,不以兵强天下。

其事好还。

师之所处,荆棘生焉。

大军之后,必有凶年。

善者果而已,不以取强。

果而勿矜,果而勿伐,果而勿骄,果而不得已,果而勿强。

物壮则老,是谓不道,不道早已。

译 文

用道来辅佐君主,不凭借着兵力称强于天下。

这样做事才会有好的结果。

军队所经过的地方,就会荆棘丛生。

大军作战之后,一定会出现灾难深重的年份。

开明的君主知道这样的结果,就会停止这样做,不以兵强取胜。

知道这样的结果就不会矜持，知道这样的结果就不会发兵作战，知道这样的结果就不会骄横，知道这样的结果就会采取停止的办法，知道这样的结果就不会逞强。

事物由盛转衰，是因为它偏离了道不符合道，所以不符合道的事还是早点停止吧。

解 读

辅佐君主的人，要向君主讲明什么是"道"，最好不要以兵力称雄于天下。

用"道"而不用兵才会有好的结果。凡事都会有结果，为什么不能谋求一个好的结果？经过双方的努力，双赢可以出现。

军队打过仗的地方，没有人烟，荆棘丛生，灾祸之年就会来到。通过战争解决问题不是上策，四处生狼烟，生命遭涂炭是人民所反对的。

开明的统治者当知道这样的结果后，一定会停止这样的战争，并不会以强兵取胜。和谈是文明社会的标志。

凡做事都要想想结果，不要自大，不要自夸，不要骄傲，不要觉得好像是不得已，不要用强兵。总之，在用兵的问题上更应当如此，因为战争只会带来更多的灾难。

强大者为何会走向衰弱，这是因为他的行为偏离了道。所以离经叛道的事还是不要做了吧。

当我们回顾第二十五章，重新理解"故道大，天大，地大，人亦大"时，可以感到人所具有的那种超然的力量。人能够与大自然并驾而论，其意义不可小视，其意义在于人类的思想太伟大了。人作为于世界，只有人类才能对大自然产生影响，探求宇宙万物的奥秘。

老子主张辅佐君王要以道的方式，让君王明白"道"的道理，取胜于天下不应用武力的方式来实现，武力不能解决根本上的问题。武力的结果只会是"大军之后，必有凶年"，遭遇灾难的只能是老百姓。因此，从善的人明白这个后果就会停止他的不良行为，"不以取强"，不去采用这种强势的做法，不采取武力的方式解决问题，而采取不自负、不自夸、不骄傲的态度，不去干逞强之事。这些才是君王所要做到的事，这样做才符合于"道"的规律。

认识事物要尊重事物发展的规律，不要对衰老视而不见，不当的强兵之道

是强壮吗？不做使事物衰老更快的事为尊道,是谓强而为之不为"道"。

　　作为君者,决不应以取兵行于天下,因为大军过后必有凶年,使得生灵涂炭。明白这样的道理,知道其中的后果,君子就将不会这样做了。

诗词助读

兵车行　　杜 甫[唐]

车辚辚,马萧萧,行人弓箭各在腰。耶娘妻子走相送,尘埃不见咸阳桥。
牵衣顿足拦道哭,哭声直上干云霄。道旁过者问行人,行人但云点行频。
或从十五北防河,便至四十西营田。去时里正与裹头,归来头白还戍边。
边庭流血成海水,武皇开边意未已。君不闻汉家山东二百州,千村万落生荆杞。
纵有健妇把锄犁,禾生陇亩无东西。况复秦兵耐苦战,被驱不异犬与鸡。
长者虽有问,役夫敢申恨? 且如今年冬,未休关西卒。
县官急索租,租税从何出? 信知生男恶,反是生女好。
生女犹得嫁比邻,生男埋没随百草。君不见,青海头,古来白骨无人收。
新鬼烦冤旧鬼哭,天阴雨湿声啾啾!

　　连年的对外用兵作战给人民的生活带来了深重的灾难,这是对老子的"师之所处,荆棘生焉。大军之后,必有凶年"的充分注解。老子能够深刻地认识历史,能够深刻地感悟历史,将哲理性的历史见解向世人讲明,并指出其中的道理。老子提倡以道佐人,不以兵强天下。

◎ 故事案例

战争之灾

　　20世纪30年代日本发动侵略战争给亚洲人民带来了深重的灾难,但最终也给自己招来了灭顶之灾。1945年发生在广岛和长崎的灾难就是例证。核武器瞬间将这两座城市演变为人间地狱,它的后续破坏如核辐射以及心理创伤,更使这个崇尚武力的国家吃尽苦头。我们只有以史为鉴,制止战争,实现和平,才能使人类获得永久的和谐幸福。

　　战争给人民的生活带来了巨大的灾难,将人民投入到水深火热之中。"师之所处,荆棘生焉。大军之后,必有凶年。"这是老子对当时战争的总结和认识。现代化的战争早已超出老子当时的预见。战争是人类所不希望发生的事,后果不堪设想,人类需要以史为鉴。

第三十一章
识 得 兵 器

原 文

夫兵者,不祥之器,物或恶之,故有道者不处。

君子居则贵左,用兵则贵右。

兵者不祥之器,非君子之器,不得已而用之,恬淡为上,胜而不美,而美之者,是乐杀人。

夫乐杀人者,则不可得志于天下矣。

吉事尚左,凶事尚右。偏将军居左,上将军居右。言以丧礼处之。

杀人之众,以悲哀莅之,战胜以丧礼处之。

译 文

武器,是不祥之物,是人们所厌恶的,因此,有道的人不去接触它。

君子平时以左为贵,征战时则以右为贵。

兵器,这种不祥之物,不是君子之物,应该是不得已才可以使用,淡然用之为上策,取胜了也不以此为美,而以此为美的人,是崇尚暴力的人。

崇尚暴力的人,终不能使天下归心于他。

吉祥之事尚左,处于阳生之位;凶灾之事尚右,处于阴杀之位。偏将军居左侧的谦下之位,上将军居右侧的强势之位。说明要用表礼仪式来处理战事。

战争中死伤者众多,要以悲哀的心情参加,即使是胜利了也要以丧礼仪式来对待。

解 读

武器,这种不祥的东西,应为人们所厌恶,悟道的人或者得道的人会远离武器。武器让我们想到的是残杀与战争,是刀光剑影,绝不是一片和平景象。

为君子的人主张和平,战争对他们而言只是不得以所采用的最后选项。

即使用武器也应当以淡然为上策,即使打了胜仗也并不认为是一件美事,战争的创伤是相互的,君子使用武器是不得已而为之的最后选择。君子不去做以杀人为乐的事,不去做违背人道的事。

崇尚暴力的人,怎么能够得到人民的拥护呢?不尊重生存权、将战火强加于人的行为当然是反人类的战争的行为,这样的统治不会长久,是注定要失败的。

左为谦和阳生之位,右为强悍阴杀之位,因此副将据左,主将据右,以示战争凶险。战争结束后所发表的言论和所要做的事要像操办丧礼一样来举行,人成为战争的牺牲品能不是悲哀的事吗?

战争使很多的人失去了生命,所以即使是打了胜仗也要以丧礼的形式来做表示。

老子不主张战争,作为君子应当远离战争。但是,当别人将战争强加给你的时候,君子也应当做出不得已而为之的反击行动,做到礼到方可用兵,并不因取得胜利而自美、得意。战争是不祥之事,即使取得了战争的胜利也只能以丧礼的形式来对待,因为有人失去了生命。

老子在这里讲的是战争,往小里说人与人之间会出现矛盾,小则动怒发脾气,大则大打出手,其实矛盾是可以解决的,为什么非要动武呢?动武就能将问题彻底解决吗?动武的不良后果就是后悔。人应当学会控制自己的情绪,控制自己的情感,当遇到问题时强制自己息怒,冷静下来,不要犯一时

冲动的错误,俗话说"退一步海阔天空"。问题总是可以解决的,只要冷静一

下,让心平静下来,各退一步就可以找到解决问题的途径,找到解决问题的线索。怒,不得已而用之,不过是希望让对方警醒一下,感到事态的严重性罢了,其实谁对谁错还不一定,对方遇到的情况你并不了解。当双方对同一问题展开讨论的时候,才会发现:问题是这样的,我们的观点还不统一,我们的出发点还有所不同,这里还有新的情况,我们的应急办法还不充足,当统一了观点之后新的解决问题的办法就出现了,当两种思想实现互补的时候和谐就产生了。老子的"不得已而用之,恬淡为上"讲的就是这样的道理。将思想放开,将架子放下,不去追求虚幻的名利得失,问题又有什么不能解决的呢?

老子再谈战争并以此为恶,更厌恶那些以杀人为乐的人,因为如此做并没有好下场。仁君为百姓生存而战,虽胜却还是以葬礼处之。

兵者不祥之物,不可炫耀,更不可滥用,因为毕竟战争给双方都会带来灾难。

国 殇　屈原[周]

操吴戈兮被犀甲,车错毂兮短兵接。旌蔽日兮敌若云,矢交坠兮士争先。

凌余阵兮躐余行,左骖殪兮右刃伤。霾两轮兮絷四马,援玉枹兮击鸣鼓。

天时怼兮威灵怒,严杀尽兮弃原野。

出不入兮往不反,平原忽兮路超远。带长剑兮挟秦弓,首身离兮心不惩。

诚既勇兮又以武,终刚强兮不可凌。身既死兮神以灵,魂魄毅兮为鬼雄。

《国殇》是屈原追悼阵亡将士英灵的祭歌。楚怀王后期,楚军多次被秦军打败,伤亡惨重,《国殇》大约取材于这些战事。诗中高度概括了一场激战的过程,战争场面的描写表现了楚军争先杀敌、临危不惧、死而不悔的英雄气概,对他们壮烈殉国的精神予以热情的礼赞。然而,战争还是使双方交战的士兵伤亡惨重。在老子看来"夫兵者,不祥之器,物或恶之,故有道者不处。"战争的场面就是那样惨不忍睹,即使取得了战争的胜利,对那些献身于战场的战士怎么能不哀伤呢?老子反对的是"夫乐杀人者",反对的是崇尚暴力的行为,因为这样做的结果是"则不可得志于天下矣"。

◎ 故事案例

黄帝蚩尤之战

约四千六百年前,各部落为自己的生存之地开始了大大小小的战争。上古时代九黎族部落酋长,中国神话中的战神蚩尤兴起于今冀、鲁、豫交界地区,由于野心的膨胀于是由东向西扩展,发动了一系列的战争。蚩尤与炎帝开战,在这一过程中炎帝在战争中节节败退,炎帝不情愿这样败下去,去找黄帝说明战况,求得援助。占据山西西南部的黄帝明白了事态的严重性,因为他早已看透蚩尤其人,是一个战争狂人,以战争为乐。战争中民不聊生,百姓遭到涂炭。于是黄帝与炎帝两个部落便联合起来,这样做可以保护他们自己的生存空间,使人民免除灾难。

后来,炎帝和黄帝在涿鹿这一广阔的地方与蚩尤展开了大战。传说蚩尤是个怪物,长有三头六臂,铜头铁额,刀枪不入,会使用各种兵器,打起仗来英勇无比,没人敢抵。但是黄帝为人谦和崇尚仁爱,最终感动了天地,得到了风伯、雨师和玄女族的帮助,战胜并杀死了蚩尤。之后黄帝将各部落融合在一起,华夏民族由此诞生。

战争给中国的老百姓带来很大的灾难,若避免这些灾难,应当对"夫兵者,不祥之器,物或恶之,故有道者不处"有一个正确的认识,建立以兵为恶的观念。更不应当做的是"夫乐杀人者",想以此得天下是没有可能的。

第三十二章
道名有别

道常无名，朴。虽小，天下莫能臣。

侯王若能守之，万物将自宾。

天地相合，以降甘露，民莫之令而自均。

始制有名，名亦既有，夫亦将知止，知止可以不殆。

譬道之在天下，犹川谷之于江海。

译文

道永远没有固定的名称，是朴拙的。显得很微小，天下没有谁能够让它称臣的。

如果侯王能够守住道，万物将顺从于它。

天地之间可以和谐了，降下的是甘露，人民没有得到指令就自觉公平地做事。

万物开始被起名了，有名就有了实际存在，有了实际存在，就要有所制约，

适可而止,懂得适可而止,也就没有危险了。

可以说"道"存在于天下,就像山川与江海依存在一起。

解 读

道没有谁能够给它定出名称,是朴拙的现象吧。它虽然很小,却无处不在,天下没有不依附于它的。道可大也可小,小中有大,大中有小无处不在,一举手一投足不可不触及道,依道而行是行为的准则。

如果统治者能够按照道的规律行事,万物也能够依从于他。统治者处事按天下规律来做会受到百姓的拥戴。

天地合为一体了,甘露就会从天而降,老百姓不用得到什么指令就会自觉地去做事。道的概念太大了,因为道无所不包,自然之道在其中,人际之道也在其中。实现天道,天降甘露;实现人道,人会自己均衡自己。

人们开始认识事物,就给它们冠以名称,有了名称就有了实际内容,知道了这些内容就很不错了,明白了不刻意地追求就不危险。这是一个很妙的话题,人对事物的认识就叫名,认识是无穷的,名也是无穷的。名是对事物的标名,是以理论的形式将事物标明,这种认识难道不会有问题吗?认识可以长进,知识可以更新。名还有其衍生义,例如名利之名,如果陷于名利之中,一味地为利求其名,可能就会出现偏差,强求之名、名不符实都是毛病,此名不可长久。

道存在于天下之中,有如万物相互依赖、相互依存不能分离。道触一发而动全身,只是你没有感觉,谁会理解亚马孙河蜻蜓翅膀的扇动会引起海啸。

道虽然小,道却无处不在,我们对道的认识体现在我们对道的标名与总结上,这是老子所说的名。不同的人对道有不同的见解,自己所认识的道理一定是适应自己的,从而建立起自己的思维观念、思想体系,来指导自己的行动。对与错完全在于自己的把握,是否存有问题由道来断定。

有这样一个小故事:两个年轻人在单位受了点委屈,便去庙里请教一位老禅师。禅师听了两个人的委屈后,说了一句话:"不过一碗饭。"听了此话后,其中的一位年轻人茅塞顿开:"不就是一碗饭么!有什么大不了的?不干了!"于是辞职下海,艰苦拼搏了十年,成为一位小有名气的民营企业家。另一位年轻人听了此话后也是茅塞顿开："不就是一碗饭么！有什么大不了的？忍！"于是埋头苦干，艰苦拼搏了十年，成为一位小有名气的事业单位的领导。十年后两人再相聚时，都说自己的成功得益于老禅师当年的指点。但究竟谁的理解对？两人决定再去拜访一下老禅师。当他们有走进山门时，老禅师远远地摆摆手，又说出一句话："不过一念间。"

两个人都有顿悟，两个人都成功了。但是，从顿悟到成功也不一定是必然的，要取得成功起码满足两个条件，一个是念头，"不过一念间"，如若萌发出一个新的想法，这就形成了动力；另一个就是为之艰苦拼搏了十年，终于有了收获，终于都成功了。两个人各自有各自的想法，不可以说哪一个对哪一个就错，关键是如何实现自己的目标，必须有"十年磨一剑"的精神。

通过对这一故事的分析，可以对道有一个理解（可以从广义理解，也可以作狭义理解）。以狭义理解为例，我们的脚下到处是道，有时不在于你选择了哪一条道，而在于怎样地坚持走下去。"道"无处不在，这是老子对我们的提示。

老子将对事物的认识称为名，认识有时是恍惚的，不易辨析，只有不断地辨析认识才趋近于正确。意识过了头就是错误，把握到恰到好处是一件不容易的事，行与止是那样的微妙，明白这个道理是那样的重要。认知问题是对问题的标名，标名的事物可能带有主观色彩，带有主观色彩难免出现偏差，所以要懂得自我矫正，"知止可以不殆"，明白这个道理才能避免犯错。

我们对世界的认识是通过"名"来表达的，表达的准确与否还要受到今后时间的检验，比如说对太阳系行星的认识现在又有了新的发展，由于冥王星太小了所以被排除出行星行列降为矮行星。这些都是对事物不断认识的结果，由于有了新的发现才有了知识的更新，名与内容又有了新的内涵与变化，"非常名"就是这样一个道理。所以说新的知识在不断地探索中被获得，新的"名"又会随之产生。

"道"存在于万物之中，它很质朴，也很微小，但是没有人不敬畏它、不尊重它。如果统治者按"道"的规律行事，万物就像他的宾客归顺于他。天地就会合一，从天而降的就会是甘露，老百姓没有得到指令也会相安共事。"道"行于天下就像山川不离江海一样。我们不断重复和体味其中的道理，旨在于摆明道与名究竟是怎样一个问题，它们到底是怎样一个关系，人又处于一个怎样的

角色。当我们豁然开朗时,便意味着对于世界万物的认识又向前迈进了一步。

　　道无名,虽小,但永远恪守它的规律运行。历史遗迹都记载着一段岁月,其中有辉煌也有衰落。如侯王守道,会因此延续他的统治时间,算是百姓的福祉。如失道而不知停止,最终会消失在历史的尘埃中。自然界生生不息的变化遵从着生存规律与自然法则。

诗词助读

满江红　金陵怀古　　　萨都剌[元]

六代豪华,春去也,更无消息。

空怅望,山川形胜,已非畴昔。

王谢堂前双燕子,乌衣巷口曾相识。

听夜深寂寞打空城,春潮急。

思往事,愁如织,怀故国,空陈迹。

但荒烟衰草,乱鸦斜日。

玉树歌残秋露冷,胭脂井坏寒螀泣。

到如今只有蒋山青,秦淮碧。

　　万物在发展,时空在变化,"侯王若能守之,万物将自宾",侯王若不按道行事,万物大概就不会为其所用了。"王谢堂前双燕子,乌衣巷口曾相识",有似刘禹锡《乌衣巷》"旧时王谢堂前燕,飞入寻常百姓家",都是由于历史变迁,当年六朝的豪华建筑今天已失去往日的辉煌,时空的变化留给人们的是历史的遗迹,似曾相识的只是那些飞来飞去的燕子。道是无法改变的,人文景观在发生着变化,人们所记载、所追忆的只是历史的一个侧面,人们又怎么能看得更清楚呢? 名与归属、形式与内容都有可能发生变化。只有自然之道,如诗中所说的"到如今只有蒋山青,秦淮碧",不会发生变化。

◎ **故事案例**

自然有道

　　这事发生在 20 世纪之初,当时美国西部落基山脉的森林中约有五千头野鹿,而同时这个地方也生存着一群狼,狼以这群野鹿为食。人们看到野鹿的尸骨时,不免有些心酸,于是决定枪杀这群野狼。没用多长的时间这群野狼就被消灭干净了,而鹿则过起了悠闲的生活。由于缺少了天敌,鹿的数量的不断地增多,造成了野生植物的灭顶之灾,大量的植物遭到毁坏。不仅如此,野鹿的身体素质也在下降,病死的越来越多。人们开始反思这件事,决定引进野狼。一些野狼被人们放入到这片森林中,新的情况发生了,在野狼的追逐下野鹿活跃了,森林中产生了新的生机,那些体弱以及幼小的野鹿被野狼吃掉了,健壮的野鹿生存下来了,森林生态出现了新的平衡。

故事讲明一个道理:大自然的生态自身就存在着一种平衡,一旦这种平衡被破坏,就会形成一种灾难。人的意识需要对大自然的现象与规律有一个充分和清醒的认识,以至于不要陷入误区当中,导致不良后果,结论是要遵守规律。正所谓"道常无名,朴。虽小,天下莫能臣"。

第三十三章
智者自强

原文

知人者智,自知者明。

胜人者有力,自胜者强。

知足者富,强行者有志。

不失其所者久,死而不亡者寿。

译文

了解别人的人是有智慧的人,了解自己的人是聪明的人。

能够胜过别人说明自己有力,能够战胜自己的人一定是一位强者。

能够做到知足就会很富有,坚强行进的人是有志向的人。

不失去这些的人能够保持长久,死去了但是精神并没有消亡这叫做长寿。

了解别人是智慧，知道自己是聪明，这叫做明智。我们生活在人际社会中能够做到这点不容易。

一个人应当自强，要战胜别人先要战胜自己。一语道破天机，不能战胜自己的人何以战胜别人，知己知彼百战不殆，其道理意味深长。

知足的人是精神上很富有的人，不怕困难的人是有志气的人。人的欲望在于不知足，一方面因为有了追求有了上进心是件好事；一方面欲壑难填又是件坏事，恰如其分地知足才是真正的快乐，才是享受生活。

坚守住以上观念的人能使自己保持长久，人不在了精神是可以永存的。确立一个正确的观念后关键在于能否实践，实践了才能保持长久，长久是值得敬畏的。

一个自强的人不但要了解别人，更重要的是要知道自己、了解自己、战胜自己，因为战胜自己是最难的。精神上的富有是最重要的，有了志向就能克服各种困难，让自己长久下去。

"知人者智，自知者明"是一个尺度，不了解别人就摆不正你与别人的关系；不认识自己就不知道自己的位置在哪里。举例来说，运动员与对方交手的时候，想战胜对方，首先要很快找到对方的弱点，对其弱点发起进攻，当对方进行有效防范时就要改变战术，去捕捉新的战机，变化中又生出新的变化。从另一方面讲，对自己的强项与弱项也要心中有数，避免以弱项对抗对方的强项，不断地实现强弱转化，在攻防之中寻找取胜的战机，在防守反击中取胜。这里

边两个字很重要,一个是"智",另一个是"明",做到"智"就是做到善于变化,随时采取应变的办法;做到"明"就是时刻保持一个清醒的头脑,在任何情况下头脑不能发蒙,不能产生对自己行为的失控,这两点不可不做到心中有数。

老子强调了一个理念:战胜别人要有过人之"力",形成力的因素很多,力的取得不仅是外在的表现,如体力的锻炼,还有内在的承受;力还指来自技能、经验、挫折与思考,综合为合力。巧妙地使用力应当算作是智慧,以本身之力借力、使力,以自然之力借力、使力。不下工夫力从何来?没有根,力向何往?实现对力的思考,形成力的理念,产生力的智慧,要做到排除惰性的干扰,排除诱惑的侵袭。战胜自己是力量之源,也是最难之事。

人难得的是知足,明白了知足就是富有,不明白其中的道理就会深陷其中(这里讲的是物质上的富有)。物质上的追求是无限的,而人的享受是有限的,以有限追求无限殆矣。知足是良好价值观的取向,是德的表现,是精神稳定的基础。物质上不去过分地奢求什么,不去追求力所不能及的事,有一定的满足感,可以让自己产生愉悦。让自己的思想有一个弹性的空间,在承受中舒展情感,理性地接受现实算得上是智慧。人生中肯定会存有遗憾,但也不会没有机会,机会被错过了,是你还没有准备好,没有把握住,是你的运气差了一点,没有什么可以遗憾的,希望的是下一次机会能够把握住。想一想遗憾也是一种美,它能够使你悟到很多的东西,增长悟性。失臂的维纳斯是不完美的,她失去了双臂才给予人们无限想象的空间,人们感受到的是残缺之美。我们不得不认为富足是追求的目标,是理想所在,这是朴素的人生动力。但要做到量力而行,做了就没有遗憾。得到就是享受,难道失败就算不得财富吗?不气馁就能享受。没有追求失去的是志向,失去了志向还能得到什么呢?

人对生活的享受是有限的,人的精神倒是可以长久的,虽然老子已离我们远去,但是老子的思想依旧在人们心中传承着。优秀的思想得到传承是社会发展的保证,不断地发展这些思想可以使我们增长智慧,少犯错误。

老子善讲事物之间的关系。怎样为智,怎样为明,在这一章中被讲得很清楚。扩大这一思想的外延,就是时刻确保不失去自己的所有,将自身置于不败之地,以不变应万变,焉能战之不胜?

江城子　密州出猎　　　苏　轼[宋]

老夫聊发少年狂,左牵黄,右擎苍;

锦帽貂裘,千骑卷平冈。

为报倾城随太守,亲射虎,看孙郎。

酒酣胸胆尚开张,鬓微霜,又何妨。

持节云中,何日遣冯唐?

会挽雕弓如满月,西北望,射天狼。

　　暮年的苏轼却满怀着少年的激情,"老夫聊发少年狂,左牵黄,右擎苍",一副青春年壮的样子,将踌躇满志的豪情释放出来,表现出强烈的壮志与自信。为报效国家,"鬓如霜,又何妨",不在乎自己的年龄,依然要出守边疆。这里体现出了苏轼的"胜人者有力,自胜者强"的为人风范。难得苏轼这样一个暮年之人还存有少年的心胸,心中激情依然满怀,很像老子说的"不失其所有者久"。始终保持激情的心态,是苏轼精神上的支柱,是"死而不亡者寿"的有力佐证。

◎ 故事案例

知己知彼

　　南朝齐高帝对书法很有研究,曾与当时的书法家王僧虔一起研习书法。一次高帝高兴之余突然问王僧虔:"你和我谁的字写得更好呀?"王僧虔听到这话,心里开始打鼓:这个问题很难回答,它是一个两难的问题,如果说高帝的字比自己的好,确实有点违心;要说高帝的字写得不如自己吧,肯定会使高帝的面子很难堪,这是犯忌讳的事,搞不好就会将君臣之间的关系弄得很糟糕。王僧虔淡定了一下,作出了很巧妙的回答:"要说我的字在臣中是最好,您的字在君中是最好。"王僧虔把他的意思清晰地表达出来,高帝深深地领悟了其中含意,于是哈哈大笑起来,以后不再提这事了。

　　知己知彼是一种智慧,来自对对方的了解,对自己的把握。有一些话不好直说又不能不说时,就要想出一个好的办法,旁敲侧击绕道迂回,这应成为人们所采用的方式和方法。

第三十四章
道 小 为 大

原文

大道泛兮,其可左右。

万物恃之以生而不辞,功成而不有。

衣养万物而不为主,常无欲,可名于小;

万物归焉而不为主,名可为大。

以其终不自为大,故能成其大。

译文

大道泛滥的时候呀,左右都可以流到。

万物都依靠着它而不能辞去,道能够成就一切却不去占有。

道养育了万物而不主宰它们,永远的无欲,好像都没有什么名。

万物都归从于它而并不以为自己是它们的主宰,它的名可以说是最大的了。

就是这样道始终也不自以为大,因此,却成就了它的大。

在你周围,道无处不在,可以随意地遇到。明白了道的存在,树立起道的观念,用为道的思想思考一切,贴近道去为事,算得上对道的认识。

万物生而离不开道,逆道而行会很快走向失败、走向灭亡;依道而行顺其自然就有成功的希望了,万物生存道却不占有它,并不把功绩归为己有。

道成就万物而不自称万物之主,总是没有欲望,不在乎什么名,再小的名也不嫌小,反而可以说大。

万物归从于道,可以说道的名是最大了。殊不知道与名关系密切,认识道的重要,表明道就更为重要了。

道永远不称自己为老大,但却成就了自己老大的位置。道永远默默地存在那里,从不开口说话,它对你温柔是因为你迎合了它,它对你狰狞是因为你违背了它,这怎么不让人敬畏它呢?

我们产生疏漏的原因是我们对道的忽视,对道的认识不够,对发生在身边的事有时视而不见,往往就错过了机会,即使机会出现了也不知所措,甚至干了一些错误的事情,可见道之难以把握,树立起道的观念就显得格外重要。道无处不在,道永远是胜利者,道在追求着和谐,道也并不认为自己是胜利者,它只是惩罚了那些违背自然法则的人,希望那些犯错误的人从中吸取教训,使他们聪明起来,少犯错误,这是道存在的意义,道是"功成而不有"。它不去占有什么,总是没有什么欲望,不去计较名分。这里的一个主旨思想就是在自然之中求得发展,将无序的思维投射到客观事物上,辨明事物之间的关系,将主观思想更趋近现实并不是一件容易之事。物质是可以看得见的,事物之间的关系是摸不很清的,触动此一事物就会引起彼一事物的反应,或者引起更多的事物的反应,难以预料的事由此发生。

人是大自然的骄子,就是因为人有思想,具有逻辑思维、辩证思维的能力。当人们面对错综复杂的事物时,只有冷静分析与思考,抛弃盲从与鲁莽,抛弃那些非理智现象,才能够从中找到解决问题的线索。让我们循"道"的规律,使生活和工作更顺畅一些,离成功再近一点。

我们可以悟道,人的一生就是解决问题的一生,是探求道(自然规律、人生

的一生。如果能明白这个道理,就要认可人生的意义,找到人生的乐趣。不然,烦恼总会与你不期而遇,其主要原因取决于自己,而产生烦恼有什么意义呢?一天的劳累够辛苦的了,冲一个澡,洗去一身的汗渍;放一段音乐,让思绪随之飘扬;看一本好书,使思想转换一个空间;思考一下应当放弃的是什么,不可控的是什么,可控的是什么,将思想包袱放下。可做的事很多,你的行为之道只能由你来调整,你的行为之道要适应自然之道,要与自然之道相吻合。

"名"是理念对道的认识,是对"道"从感性化到理性化的标名,认识的正确与否,取决于对道的感悟,又来自道的检验。"道"有许多不确定因素,有许多意想不到的事情发生,"名"也会随之而变化,"名"永远在探求道,认知没有止境。

"道"到处存在,将万物交织在一起,万物依偎相互连接。"道"能够成就万物,成为万物的主宰,可是它却没有欲望,不去炫耀,人们对此已经习以为常,似乎没有什么必要命名,没有什么可以来描述它,何况表达出来的东西不一定那样准确,不好理解在所难免。"道"始终不自以为大却能够养育万物,大概这就是它的伟大之处吧。

大道无处不在,衣养万物而不辞,从不自恃为主,但万物都复归于它。君子的行为若符合道,天下将归顺于他。因此,为救他人将自身置之度外,而并不想占有功名的人,怎能不被认为是伟大的呢?

诗词助读

咏史 其五　　左思[晋]

皓天舒白日,灵景耀神州。列宅紫宫里,飞宇若云浮。

峨峨高门内,蔼蔼皆王侯。自非攀龙客,为何忽欻来游?

被褐出阊阖,高步追许由。振衣千仞冈,濯足万里流。

左思是西晋诗人,虽然博学能文,仕途却不得志。他曾用十年时间写成《三都赋》,时人争相传写,使洛阳为之纸贵。左思的诗主要反映寒门知识分子与门阀制度的矛盾,表现出对士族权贵的蔑视和反抗,以及自己建功立业的豪迈心情。左思自比许由,希望那些当权的人向尧学习,求贤若渴将帝位让于许由。"被褐出阊阖,高步追许由"是他内心的表白,也是左思对尧舜时代的推崇,那时的帝王"以其终不自为大,故能成其大。"贤明之人具有尧舜一样的心胸,他们看重的不是自己而是国之社稷,国泰民安才是心中的大事,推举贤人是自己的职责,是为政清明的示范。

◎ 故事案例
名与行并行
一次战斗中,一枚炸弹从天而降,班长猛然向一个战士扑去,将他压在身下。炸弹在身边爆炸了,他们两人安然无恙,当班长看了一眼他奋力跃起的那个地方时,他惊呆了,那个地方被炸弹炸出了一个深深的大坑。

事情有时就是这样简单,当你以无畏的精神保护别人的时候,也许就是在保护自己。保护别人是一种高尚的品德。大有"万物恃之以生而不辞,功成而不有"的气概。

第三十五章
道 虚 即 有

原 文

执大象,天下往,往而不害,安平太。

乐与饵,过客止。

道之出口,淡乎其无味,视之不足见,听之不足闻,用之不足既。

译 文

秉持着大的气象,行往于天下,不会造成任何危害,平安永久。

美妙的乐声与美好的食物,让过客们停留在那里。

如果能把"道"阐述出口的话,平淡地好像没有什么味道,看它看不见,听它听不到,用它又难以得到。

解 读

让道行于天下,不会对物有伤害,只会带来长久平安。知道还要随道,平安在道中。

美乐与美食，让人愉悦让人产生欲望，对人们是诱惑，让人们停住了脚步，人们从中得到的是享受。如今的社会诱人的东西太多了，能够让人满足也能使人颓废，把握住自己是有道的表现。

如果真的想把道说出来，恐怕不是一件容易的事。道无法用语言表达，既看不见、听不见，也不易得到。道无形，却又无处不在。

天道的运行循环往复，总是按照它自己的规律运行，不构成对事物的伤害，古人对此不会有什么感觉，只是对音乐与美食驻足。这些事人们可以感受到或者说能够表达出来，而道却不好表达，表达出来也会很平淡，像古希腊戴尔菲神殿上的一句话"认识你自己，凡事勿过度"，怎样认识你自己，怎样做才叫不过度，只有自己才能揣摩。想看却看不见，物与物之间的关系能够看得很清楚吗？于是老子由此引出了抽象思维的概念，通过对事物的感性认识，达到对事物的理性认识，从而找出此事物与彼事物的逻辑关系，形成一种逻辑思维，为对为错由"道"来界定。"道"，它没有声音，却审视着事物，做着默默无闻的事情。理解"道"永远没有止境，享用的"道"永远不会完结。

道永远与物质同在，永远与时空同往；道即在物质之中，又在物质之外；道很大却又很小，说大可以用来探讨宇宙，说小可以探讨微观世界，同样不可言状。但是，却能感受到道的存在，做任何一件事，都应遵循事物的内在规律，符合事物的运行法则，只有这样事情才容易做好，否则则难以成功。因为一切事物都在动态的变化之中，成功只不过是趋近事物的合理性，即使是成功的经

验,由于时空的变化,用在别处也未必就成功。所得到的"乐与饵"都是对参与者的直接回应,听得见也感觉得到,前行的人们会就此而停止脚步,是人的生理需求所决定的。形象思维带来对事物的感性认识,逻辑思维辨析着事物的内在关系,辩证思维认识着事物之间内在与外在的关系。

人与动物的区别在于:动物不具有抽象思维的能力,而人则具有抽象思维及逻辑推理的能力,这使得人类更进一步认识了自然世界,使自己具有了一个广阔的生存空间。对道的认识使人们的思维更加活跃,更加趋同于自然,从而建立起了对物与物之间关系的逻辑概念。

认识老子的思想关键在于打通古人与今人的思想通道,让古今思想进行对话与交流,在于找到古朴思想的源泉,让做事更淳朴一点。去掉那些浮华的东西,免去五彩缤纷社会对我们的干扰,让我们做事更从容专一些。

眼界的开阔更符合于道,也更能认识道。道诉说这样一个道理:探索世界是永无止境的话题,生活是最现实的问题,不因复杂而惧怕,不因简单而大意,复杂中有简单,简单中有复杂,淡定与智慧是最好的心态。

大道的运行平稳又不妨碍他物,却孕育了世界的春夏秋冬、山川河流,演绎出人间的悲欢离合。若以道来解释,那么人类的生活就该如现实中这样,你说它不对它就不对,你说它对它就是对,这又怎样说得清楚呢?

诗词助读

水调歌头　苏　轼[宋]

丙辰中秋,欢饮达旦,大醉,作此篇,兼怀子由。

明月几时有? 把酒问青天。

不知天上宫阙,今夕是何年。

我欲乘风归去,又恐琼楼玉宇,高处不胜寒。

起舞弄清影,何似在人间?

转朱阁,低绮户,照无眠。

不应有恨,何事长向别时圆?

人有悲欢离合,月有阴晴圆缺,此事古难全。

但愿人长久,千里共婵娟。

一轮明月盈满,映照大地,夜空显得那样清澈,月移星转普照人间万物,此情此景为人们平添几分遐想的空间。"转朱阁,低绮户,照无眠"是对景物的描写,也是对时光流逝的表达;道"执大象,天下往,往而不害,安平太",是对大自然的诉说,它对人间不应有伤害。大自然显得那样平静,人并不感觉到它的存在,"转朱阁,低绮户,照无眠",坐地日行八万里,人享受道与时空的变化,经历着春夏秋冬的轮回;世间的人们还过着"乐与饵,过客止"的生活,过着悲欢离合的生活,尽管此事古难全,但是人们总在向往着长久、向往着婵娟。人间的悲欢离合交融着大自然的时空变换,道承揽了一切。

◎ 故事案例

自 然 为 道

一所学校的辩论会正在展开,辩论的题目是:"就现在而言,人类应当发展,人类应当回归"。

一班的一位辩手在陈述他们的看法:"人类当然要发展,因为在人类面前还有许多的未知问题,还有许多未解之谜在困扰着人们,我们当然要寻求探知和发展。比如说地震,还没有解决预测问题。"

二班的辩手反驳说:"人类应当采取回归的态度来认识我们的社会,我们应当对我们的一些行为作出反思,工业飞速发展的双刃剑使得我们人类自身受到了很大的伤害。全球气候变暖,公害污染,已使得我们这个美丽的地球家园遭到了极大的破坏,人们企盼着我们的家园不再受到伤害。回归就是为寻找那简朴的生活……"

两边的辩手争论得异常激烈,谁也不能说服谁。

发展本身并无问题,有问题的是怎样发展,向何处发展?反过来说,回归是一种反思,是理性的思考。地球上的资源是有限的,为节约资源,回归到简朴的生活又有什么不好?总之,人类的发展,以顺其自然为前提,不要做那些违背客观规律的事。"执大象,往天下。往而不害,安平太。"有其深刻的道理。

第三十六章
即弱即强

原文

将欲歙之,必固张之;

将欲弱之,必固强之;

将欲废之,必固举之;

将欲取之,必固与之。

是谓微明。

柔弱胜刚强。

鱼不可脱于渊,国之利器不可以示人。

译文

想要让它收缩一点,一定要让它扩张一些;

想要让它弱一点,一定要让它强大一点;

要想将它废弃,一定要将它抬起;

要想取得它,先要给予它。

这是说要做到细微的明察。

柔弱的东西可以胜过刚强。

鱼不能脱离水,国家的重要武器不可以向别人展示。

解读

扩张它是为了收缩它。犹如张开手掌后再握紧拳头,这样才攥得有力。

要想让它变弱一点,先让它强壮一点。动态的发展应当有所控制,强弱之间可以相互转换。

要想废弃一个东西,先将其抬举起来。将要废弃的东西向大家明示,表明行事的道理。

要想得到它,一定要先对它进行帮助。有付出才可以有回报,有失去才会有得到。

细微地查明情况是必要的。一切的变化都发生在一点一滴,都发生在微妙之中,量变到质变需要过程需要时间。

这是以柔克刚的道理。发力以柔见之于微小,滴水可以穿石。

鱼是要永远在水里的,漂亮的鱼要尽量少浮出水面,因为会对人产生诱惑。传说新疆喀纳斯湖有"大红鱼",说是水怪,谁也没见过,永远对游人是神秘的诱惑。国家重要的武器不能够随意展示,随意展示将失去其应有的威力。

每一事物都是由一对矛盾体组成,矛盾的问题可以向两端发展,当没有到达顶点时,它们还在同一矛盾之中;当突破了顶点,一个新的矛盾又会产生了。稳定是希望的一种常态,当突破了这种常态,就会出现不稳定状态。不稳定状态是人们所不希望的,超过了一定的度,就会走向反面,这是回归的现象,事物的发展是往复的过程,只是形式不同罢了。老子对事物看得很清楚,也确实提出了解决问题的办法。要想收敛一个东西先去扩张它;要想削弱一个东西先去强化它;要想废弃一个东西先去抬举它;要想获取一个东西先去给予它。这大概讲明一个道理:向一端发展的事物,只有让它加速发展,它才有可能返回,这符合物极必反的道理。

老子深明事物发展的道理,他告诉我们当事物发展到极点的时候才去关注它,才去改正它,就晚了,最好的办法是将问题解决在萌芽之中,有问题苗头

出现的时候就开始着手解决。比如说,大病的出现有先兆,一有先兆就要进行检查,进行治疗,可以使病情尽快得到控制并好转。"是谓微明"是讲时刻注意事物的微小变化,要防微杜渐,在大的问题还没有来临之前,在关键的细小问题上就加以解决、加以改进。咀嚼"履霜坚冰至"的思想内涵,可以增强人的洞察力,在行动上能够收到百战不殆的效果。

老子讲到了以弱胜强,做到这一点是很难的事,不对事物做深入的调查研究,不深入到现实中去,是不能真正找到解决问题的办法的,获得的这个办法一定是一件不可多得的"利器",而"利器"是不能够用以炫耀的。这就像体育比赛中"秘密武器"是取胜的法宝,是不能让对方知道的,暴露了自己的作战意图、作战方案,就会使自己处于被动挨打的境地。

事物的发展存在着辩证的道理。事物的发展总要走向反面,从原点开始,经过一个循环又回到了原点,循环往复,但是这个过程依情况而定会有快有慢,不同条件下有不同的结果。当施以外"力"的时候,这一过程就会缩短或者延长,其中的奥妙不可不明察。换句话说,就解决问题而言,问题之间、事物之间、强弱之间、明暗之间可以相互转化,以柔克刚可以实现。事物的发展相反相成是一个客观规律,首先要承认问题和认知问题,然后就是如何解决问题和采取必要的应对办法。

老子一再提示,遇事需要进行辩证的思考,想要解决问题可以在问题的另一面,或者说在其相反的方面寻找答案。要进行追踪溯源的探究,在复杂中寻求简单,一旦发现了事物的根本,那就将成为属于你的宝贵财富。

诗词助读

青玉案　辛弃疾[宋]

东风夜放花千树。更吹落、星如雨。宝马雕车香满路。凤箫声动,玉壶光转,一夜鱼龙舞。蛾儿雪柳黄金缕,笑语盈盈暗香去。众里寻他千百度;蓦然回首,那人却在,灯火阑珊处。

我们在寻找解决问题的方法时,有时处于一种茫然的状态,不知如何下手。待将一颗躁动的心平静下来,才发现原来问题出在这里,就在眼前。不是问题太复杂,而是有时思考得太过复杂。"众里寻他千百度;蓦然回首,那人却在,灯火阑珊处。"其实,问题总能解决,关键在坚持。没有千百度的寻找,就没有蓦然回首的发现,这一过程不可以省略。事物的变化与转化到达顶点才有可能出现,这是辩证的道理。老子用他的思辨思维解释着世间现象,解释着物极必反、势盛则衰、由弱及强的转化道理。促进事物的转化是可以借力的。推动事物的发展与变化,进而深明其中的道理,从中得到一点启明,是最好的收获。

◎ **故事案例**

弱能胜强

　　大学毕业的福特来到一家汽车公司应聘。前来竞聘的人很多,他在外面等待着。里面的考官对应聘者进行面试。一些人在夸夸其谈自己的能力;一些人讲出自己的抱负;一些人拿出自己的学历和获奖证书,……考官给出了褒贬不同的回应与评价。

　　轮到福特了,他在进门的时候看见地上有一个纸片,就弯腰将其捡起来,随后将纸片扔进废纸篓里。这一举动被主考官看得非常清楚。当福特回答完主考官的问题以后,主考官说:"你被录取了,知道为什么吗?是你捡纸和扔纸的动作吸引了我,你不像前面的人那样夸夸其谈,而是以行动告诉我你做事是很细心的。我喜欢你这个细心而有责任心的人。"从此后,福特开始了他的创业生涯,直至让他的汽车王国名扬天下。

　　夸夸其谈的人也许是一种声张,在主考官面前得到的是平抑。而伏特的举动虽略显谦卑,但却是一种文明与有教养的表现。强与弱并不在于表象,而以弱胜强才是功力所在。"鱼不可脱于渊,国之利器不可以示人"值得探究。

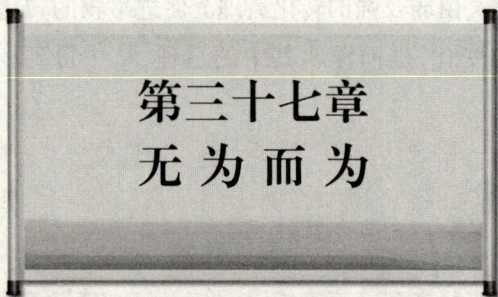

第三十七章
无 为 而 为

原 文

道常无为而无不为。

侯王若能守之,万物将自化。

化而欲作,吾将镇之以无名之朴。

无名之朴,夫亦将不欲。

不欲以静,天下将自定。

译 文

道永远是无所作为的样子,却没有它做不到的事情。

侯王若能遵守着道的规律,万物就可以自己运化自己。

万物变化而想有其他的作为,我就镇住它,并且以无言的质朴方式制约它。

采用无言质朴的方式,这样做而得到的结果就是不让其产生什么欲望。

不产生欲望要达到静,达到静天下就会安定下来。

看上去道总是表现为无所作为的样子,但却是有所作为。沧海桑田,时光荏苒,岁月留下的历史陈迹,无不体现出道的无为而无不为。

侯王如果能够依照客观规律办事,万物就会自己调理自己。自然在变化,万物做着自行的调节,就像农民要按季节劳作,春播、夏种、秋收、冬藏,还有中国的二十四个节气,依次变化,周而复始,绝不等人,按自然规律去做怎么能不叫人自化呢?

社会的变化有自己的作为,当不符合客观规律时,老子就想制止这种行为,并且告知要采用道的方法调理社会。人类面临的灾难有两种,其一是来自自然的灾难,如台风、地震、海啸、火山爆发,人类无法抗拒;其二是人类自身造成的灾难,如战争、瘟疫、内斗与对大自然的破坏。老子的那个时代虽然还没有地球家园的概念,但是质朴、回归自然的生活理念却寄托了他对社会安定和

谐的向往。

没有名声而质朴就是道，依此做事就不会产生欲望。道本身是那样的平静与自然，欲望的表现理应同样自然与平静。

不要让欲望产生，要做到静，静可以使天下平定下来。人若能悟出道之所静的境界，便可以减少欲望，让生命安顿下来，让生活稳定下来。

认识道时要建立起一种时空观念，有过去时、现在时、将来时、进行时，最重要的是进行时，因为事情发生在当下。世界万物都在按照自己的规律运行，各自固守着自己的道性，表现出来的是无为的样子，在完成着自己周而复始的使命。假若君主能够明白这个道理，也能按照这样的道行事，百姓也就会自己管理自己，因为生活就是那样简单，一切劳作都是为衣、食、住、行。君主所要守住的就是稳定与公平，不要让想有为的人有所作为，要使他们安定下来，要让他们回归到淳朴的状态之中，不要让他们有什么意识或者有什么想法与欲望。没有想法与欲望了，百姓就会静下来了；天下静下来了，自然就安定了。老子勾画出一个美好的理想国，他是按"道"的规律来解释他的这一思想的，这一思想极为朴实。从另一方面来讲，老子所追求的这一社会与他感触到的社会不同，当时的周朝正处在风雨飘摇、社会动荡、"礼崩乐坏"的时期。老子发出了他的感言："大道废，有仁义；智慧出，有大伪；六亲不和，有孝慈；国家昏乱，有忠臣。"社会昏乱的现象出现时，一定会有仁义、孝慈、忠臣的出现，这是事物的相辅相成。

认识事物需要一个过程，最初的认识只是对问题的表象的认识，只有认识到事物的本质时，才是深刻认识，这样的认识才算是比较全面了，而认识得到的结果却是那样的质朴与那样的简单。《庄子·大宗师》里有这样的话："泉涸，鱼相处于陆，相呴以湿，相濡以沫，不如相忘于江湖。"这一思想与老子思想有相通的地方。

"道"可以做到的事，就是不做什么却做了什么，没有什么作为却有了作为。侯王也应当这样做，行之以道，顺乎民意，不要做一些违背客观规律的事，不要存有一些其他的欲望。万物没有欲望，于是自己调理自己。侯王没有欲望得以安静，天下也就会安定下来。

侯王要做的是无为而治，管理天下的方法不过是消减自己的欲望，让人民懂得淳朴的道理，由是不再抱怨，随遇而安，在安静中享受生活。自然中有淳朴,淳朴中蕴含精华,有谁能够独具慧眼明白其中的道理呢?

诗词助读

泗州僧伽塔　苏轼[宋]

我昔南行舟系汴,逆风三日沙吹面。

舟人共劝祷灵寺,香火未收旗脚转。

回头顷刻失长桥,却到龟山未朝饭。

至人无心何厚薄,我自怀私欣所便。

耕田欲雨刈欲晴,去得顺风来者怨。

若使人人祷辄遂,造物应须日千变。

今我身世两悠悠,去无所逐来无恋。

得行固愿留不恶,每到有求神亦倦。

退之旧云三百尺,澄观所营今已换。

不嫌尘土污丹梯,一看群山绕淮甸。

　　道行于自然,按自己的规律运行,并没有体现出它的有为但却有了作为。人的意识也需要依随自然规律办事,逆而行事恐怕不行,有为会出现逆事而为。苏轼也幽默地讲述了一个道理,"耕田欲雨刈欲晴,去得顺风来者怨。若使人人祷辄遂,造物应须日千变。"耕田的人希望下雨,收割的人希望晴天,离去的人想要顺风,来的人又对逆风抱怨。如果让人人的祈祷都能如愿,老天爷岂不是要千变万化吗? 即使这样大概依然有不满意的。在大自然面前还是要明白"无名之朴,夫亦将不欲",不要有那么多的说头,还是朴实一点、简单一些为好,而要做到这一点,前提就是要减少欲望。

◎ 故事案例

朴既是静

　　有一位小徒弟向老法师请教:天下的事应当是平等的,但是为什么还有不平等呢? 老法师顺手拿出一块朴石,对小徒弟说:"你把这块朴石拿到土产市场上去估一个价吧。一定不要卖。"小徒弟摸了摸头不知是什么意思。第二天一早,小徒弟带着这块朴石来到土产市场,问人家这块朴石值多少钱,人家告

诉他这块石头不值钱,没用,也就压酸菜用。小徒弟把朴石带回寺里,跟老法师说:"这朴石不值钱。"老法师说:"好吧,明天你把它带到玉石商那里去估个价,也不要卖。"小徒弟也没有多想。第二天,小徒弟将朴石带到玉石商那里。几个玉石商围拢过来,仔细看了看这块朴石,于是纷纷给出了自己的价钱。有人给 3 万,有人给 5 万,有人给 8 万,甚至有人给出 15 万的价钱。小徒弟被他们喊晕了,赶紧收拾起这块朴石说:"我不卖了!"头也不回地跑了。他回到老法师那里,向老法师说了到玉石商那里的情况。小徒弟问:"同一块朴石,不同的地方为什么给出不同的价钱?"老法师回答说:"朴石还是那块朴石,在不同人的眼里就看到了它不同的价值,这是人的追求不同,也是人的欲望不同,这是社会欲望造成的,其实社会本不该如此。"小徒弟若有所悟地点了点头。

社会本应该是公平的,但是由于一些物质的稀缺,又由于人的欲望的膨胀,于是就出现了竞相占有的现象,这也是一种客观的社会现象吧。老子有着他的想法:"化而欲作,吾将镇之以无名之朴。"

下

篇

第三十八章
识 德 为 仁

上德不德,是以有德;下德不失德,是以无德。

上德无为而无以为;下德为之而有以为。

上仁为之而无以为;

上义为之而有以为。

上礼为之而莫之应,则攘臂而扔之。

故失道而后德,失德而后仁,失仁而后义,失义而后礼。

失礼者,忠信之薄,而乱之首。

前识者,道之华,而愚之始。

是以大丈夫处其厚,不居其薄;处其实,不居其华。

故去彼取此。

译 文

很有德行的人不用去修饰德,是因为有德;德行低下的人无所谓失去德,

是因为没有德。

很有德行的人没有什么作为,而在没有作为中有了作为;

缺乏依德行作为的人会被感知其作为。

很有仁义的人有作为而并不以为是作为;

很有义举的作为是认为就应当这样的做;

很有礼的作为而没有人去响应,就要挥臂指责他们。

因此,失去了道,就要利用德;失去了德,就要利用仁;失去了仁,就要利用义;失去了义,就要用礼。

失去礼的人,忠信的程度比较微薄,这是混乱的开始。

这样认识事物的人,视道为浮华的样子,这是愚蠢的开始。

大丈夫将自己处于厚重的地方,不居于轻薄的地方;处于实在的地方,不居在浮华的地方。

因此,去其浮华取其实在。

解读

很有德行的人不去考虑德,是因为德的存在;德行低下的人已经失去了德,是本来就没有德。在有德与无德之间选择有德,德能够顺其自然。

很有德的人没有作为,却在没有中有了作为。不体民情的作为,是民众可以感知到的。有德的人好像没有做什么事,其实已经把事做好了。

大仁之人即使做出了很了不起的事情,也并不认为有多么了不起。

大义之人做出了不起的事情,则认为这些都是他应该做的。

大礼之人的行为,如果有人不去效法,我们就应该指责他们,要让他们懂得是非廉耻。要靠教化让他们懂得道、德、仁、义、礼,而不能去强迫。

道、德、仁、义、礼,老子讲了几层意思,最基本的是做到有礼,培养礼的观念是修德的开始。

道不足,可以用德来补;德不足,可以用仁来补;仁不足,可以用义来补;义不足,可以用礼来补。老子认为礼是社会生活的底线,从另一个角度来看,如果失去了礼,忠厚诚信也就不复存在了,这就是祸乱的开始。

当然,对礼的认识会是多方面的,中国是礼仪之邦,讲究礼尚往来,来而不往非礼也。孔子讲:礼之用,和为贵。用礼的目的在于求得和谐、和气、和平,这才是最重要的事,为事的基础。将礼用到正道上才合于礼,一旦歪了就算不得礼了。"道之华,而愚之始。"是老子的告诫。

有德行的人一定能够做出有德行的事,这在有德的人看来是很正常的事。这是老子对有德行之人的看法。老子说,做事分为不同的层次,在哪个层次的人就会做什么样的事,而社会对此会有评定,也是可以用此作为衡量社会的道德标准。当社会出现了有悖于礼的时候,社会风气就出现了问题,形成失德的局面。不失于礼,让社会风气淳朴一些,多去掉一些浮华的东西,多保留一些实在的内容,使老百姓所仰止。

在老子看来,人的德行是有层次的,可以分为:德、仁、义、礼。单就德来说,可以解释为无为,有德者总是去做那些有利于天下的善事,并认为这样做是应该的,不图回报。之后的仁、义、礼可以视为逐步降次。上德之人不会失去道,而持有了这种德行,受到众人的拥戴就成为必然了。

诗词助读

游子吟　　孟郊[唐]

慈母手中线,游子身上衣。

临行密密缝,意恐迟迟归。

谁言寸草心,报得三春晖。

德是一种关怀,德是一种奉献,德是一种感情的真实流露,德就像诗中母爱的情怀,为出游的儿女缝制衣衫,将线脚密密地缝,恐怕衣衫不结实,母亲知道儿女的远行。诗中同时写出了儿女的感激之情,要报答母亲的养育之恩。慈母表现出来的是老子所说的"上德无为而无以为",为儿女做着默默无闻的事,在事中却寄托着无限的情怀,儿女也一定会为慈母的情怀作出寸草向春晖的回报。

上德之德朴实无华,所做的有为却显得无为,一切都显得那样自然,一切都显得那样纯朴,人们的内心会被孟郊的这首诗所感动。

有德与无德

小徒弟的问题很多,这一天,又来请教老法师。小徒弟问:"什么是德?"老法师说:"这样吧,这两天我有点胸口痛,你到山下我弟弟那里去,他是个中医,向他要点药。"小徒弟大惑不解地下山了。

走了好长一段路来到一个小镇上,找到了老法师的弟弟,其实他也是一位老人。他的房子里进进出出的人络绎不绝。小徒弟只好耐心地等待。老中医在认真询问患者的症状,仔细观察患者的气色,小心翼翼地为病人号脉,最后开出药方。每一位病人对老中医都表示出深深的感激与谢意。

轮到小徒弟了,他向老中医说明来意。老中医说:"他的情况我知道,你把这几服药,让他按时吃就行了,如有什么情况就来告诉我。"小徒弟拿了药告别老中医就赶快上山了。

小徒弟对老法师说:"去老中医那里看病的人实在是太多了。""你知道是为什么吗?"小徒弟摇了摇头:"不知道。"老法师打开话匣子:"因为他医德很高,医术也很高,十里八乡的人都找他看病。如果他的德行不高的话,我看是不会有那么多的人找他看病了,这里的德就不用再说了吧。"小徒弟明白了。

"桃李不言下自成蹊。"不用看树上的情况怎样,看看树下的蹊径就可以了。道德的风范应当是纯朴的、自然的,民风是可以反映当今的社会状况的。"上德不德,是以有德;下德不失德,是以无德。"有德者应当保持,无德者需要自省。

第三十九章
合 而 为 一

原 文

昔之得一者：

天得一以清；

地得一以宁；

神得一以灵；

谷得一以盈；

万物得一以生；

侯王得一以为天下贞。

其致之也，谓：

天无以清，将恐裂；

地无以宁，将恐废；

神无以灵，将恐歇；

谷无以盈，将恐竭；

万物无以生，将恐灭；

侯王无以贵高，将恐蹶。

故贵以贱为本，高以下为基。

是以侯王自谓孤、寡、不谷。

此非以贱为本邪？非乎？

故至誉无誉。

是故不欲▌▌如玉，珞珞如石。

最早之前浑然为一的状态：

天浑然为一显现出清亮；

地浑然为一显现出宁静；

神浑然为一显现出灵光；

山谷浑然为一显现出盈满；

万物浑然为一显现出生机；

侯王统和为一，天下得到忠贞；

这些达到一致，就可以这样说：

天若不能保持清新，恐怕就会塌裂；

地若不能保持宁静，恐怕就要荒废；

神若失去了灵性，神力恐怕就会消失；

山谷若不盈满，恐怕将要枯竭；

万物如果没有生存条件的话，恐怕就要灭绝了。

侯王如果居高却没有什么高超的本事，恐怕就要摔倒。

因此，高贵以低贱为根本，高是以下边为基础的。

所以，王侯称自己为孤家、寡人和不食谷之人。

这不就是以卑贱为本吗？不是这样吗？

因此，最高的荣誉就是没有荣誉。

因此，不要追求稀少的美玉，把美玉看成普通的石头就对了。

解 读

天合一得到清晰。太阳普照大地，清晰与清新的天空使人心情舒畅。

地合一得到安宁。统一的大地没有纷争，地球一定是安宁的。

神合一得到灵气。精神集中，凝神静气，才能产生灵感。

山谷合一得到盈满。山川的盈满犹如天地浑然一体。盈满是合一的标志。

万物合一得到生机。当万物和谐统一的时候它们就形成了一个整体，显

露出生机。

侯王整合天下为一，被称为天下的君主。黄帝统一了华夏，受到了千秋万代的敬仰。

老子从多个角度来阐明"一"与"合"的概念。

天不能保持晴朗的话，破裂恐怕就要来了；天混浊了，恐怕灾难就要来临了。气候的巨变、外星的撞击都会给地球带来灾难。整合的形式不同，整合的结果也不一样。

大地动荡不休的话，将会使人类的家园成为一片废墟。

神是一种思维活动和思维状态，灵是一种经过思维后找到了解决问题的办法或答案的体现。两者既统一，又独立，神是灵之母，没有神也就不可能有灵；灵是神之果，没有灵，神也就失去了实际意义。

河谷不能盈满的话，恐怕枯竭就要来到了。河谷的盈满为多方面原因造成，其中哪一个环节出现问题都可以使河谷枯竭。

万物如果失去了它的生存条件的话，灭绝就要来临了。世界万物的生存取决于基本的生存条件。老子推崇水将其视为"道"，如果水受到破坏这将是万物与人类的悲哀与灾难，灭绝会从此开始。

侯王如果以自己为高贵的话，或是将自己置于高处的话，恐怕就要摔下来了。侯王不应以自己为贵，眼光向下身处谦卑才能够看到百姓的疾苦，为百姓谋幸福才不至于从高位摔下。

高贵也不要忘记低贱，高高在上的东西是以下边的东西为基础。高贵与低贱可以转换，关注"低贱"才能保有"高贵"，"高贵"不能失去"低贱"。

所以，侯王称自己为孤单的人。侯王的生活是孤独的，位置在上而脱离了百姓，于是自称为寡。

侯王难道不是以卑贱称谓自己吗？不是吗？侯王自称寡是对自己的提醒，不要犯孤寡的错误。

因此，荣誉到最高就不是荣誉了。当荣誉成为责任的时候，责任就有着更重要的意义了。

因此，减少对美玉的追求的愿望，把它看作普通的石头就好了。侯王以一视同仁的态度看待事物，天下就可以归一。

得一谓之难求是由事物的复杂性决定的，每一事物都存在自主的和谐性、同一性、统一性,事物彼此相关。当世间的万物交织在一起的时候,就形成了相互之间的干扰与纷争,出现不和谐的现象,这是每一事物的个性特点所决定的,这一个性特点是不能被消灭的,这是大自然的生物链,丢失了这一点就会出问题。解决这一问题的办法在于找到事物之间的同一性,而生存就是事物的同一性,生存需要有空间、求发展。动物有自己的领地感,自己的领地不希望受到侵犯;人需要有自己的家,有自己的住房,有自己的生存环境。生存需要有依赖性,人的衣、食、住、行是通过社会分工创造的,大家需要相互依赖、相互依存、相互融合。由于大家对共同生存的依赖,就有了共同的契合,就可以、就应该达成"得一"的共识。这个共识应该是一种淳朴的认识,相互之间享有共同财富,尤其就像老子说的那样,"侯王无以贵高,将恐蹶。"侯王不应高高在上脱离百姓,应与百姓同呼吸共命运,整合共同的资源。

老子在这里十分强调"一"的概念,"一"是一种纯朴,"一"是一种相合,也是一种简单。"一"若失去了,事物就复杂化了,保持"一"的单体,保持"一"的和谐是老子的追求目标。《庄子·大宗师》有一句话是这样说的:"故其好之也一,其弗好之也一。其一也一,其不一也一,其一与天为徒,其不一与人为徒,天与人不相胜也,是之谓真人。"说的是:世间万物你喜欢它或者不喜欢它,它都是合一的。你体验到它的合一或是体验不到它的合一,它也是合一的。体验到合一时,是指与自然的相处;体验到不合一时,是指自然与人的矛盾。自然与人不相冲突,能做到这一点,就叫做真人,是合于道的人。

老子善于对问题作深入的探讨,尤其注重对问题正反两方面的探讨,认识问题的一方面,一定要探究问题的另一面。探求一事物的反面,为的是更加确信事物的正面,这确实是一个认识问题的好方法。并不是我们不知道这一方法,只是我们往往忽略了它,当我们执著地追求一个事物时,所容易犯的错误就是钻牛角尖。记住,反向的思考会另有一番天地。最可贵的是老子将问题的对立面用文字表达的极其准确,仅依靠形象思维可看到事态的本质是不容易的事。

清(天)对裂,宁(地)对废,灵(神)对歇,盈(谷)对竭,生(万物)对灭,贵(侯王)高对蹶,文字的对照立刻使我们建立起想象的空间,是那样的清晰,是那样的明确,使糊涂的概念无法藏身,使我们少去触犯那不该有的错误。对比可以使人产生美感;对比可以使人拓展思维;对比可以使人静心;对比可以使人返璞归真。总之,辩证的思考是认识问题不可缺少的途径,认识反面为的是更好地把握住

正面。

天下万物如若归于"一",人们不做那些不过之与不及的事,实现其自身与外界的和谐,那就是很好的状态了。届时为君者讲谦和,善待百姓;为百姓者讲淳朴,追求自然的生活。或许在古代出现过这样的社会吧?

诗词助读

箜篌引　　曹植［魏晋］

置酒高堂上,亲交从我游。中厨办丰膳,烹羊宰肥牛。

秦筝何慷慨,齐瑟和且柔。阳阿奏奇舞,京洛出名讴。

乐饮过三爵,缓带倾庶羞。主称千金寿,宾奉万年酬。

久要不可忘,薄终义所尤。谦谦君子德,磬折欲何求?

惊风飘白日,光景驰西流。盛时不再来,百年忽我遒。

生存华屋处,零落归山丘。先民谁无死,知命复何忧?

曹植从小随曹操在军旅中长大,天资聪敏,很得曹操的宠爱。由于他任性不能约束自己,思想时常与曹操不能相一致,渐渐在政治上失宠。曹植一直在做着从一而终的追求,"久要不可忘,薄终义所尤"是讲朋友要重道义,不要做厚始而薄终的事。他力图追求"谦谦君子德,磬折欲何求",具有君子一样的德行,像磬一样的屈躬而奉献出美妙的声音,总是那样的谦卑。诗中表现出诗人是要做一个言行一致有德行的人。但是时过境迁,盛世时的历史已经过去,曹植在现实中受到的是猜忌与迫害。

这首诗注解了老子的话:"侯王得一以为天下贞",国之不乱需要形成一个统一的意志,实现上下思想的交流,侯王"故贵以贱为本,高以下为基",主流思想要建立在民本思想之上去实现"万物得一以生"的整合目的。

◎ 故事案例

一者为清

"文景之治"开创了封建社会的一代"盛世"。汉文帝对秦代以来的刑法也作了重大改革,他下诏废除黥、劓、刖,改用笞刑代替,景帝又减轻了笞刑。这两项改革在当时和以后虽没有认真执行,但文帝时许多官吏能够断狱从轻,持政务在宽厚,不事苛求,因此狱事简省,人民所受的压迫比秦时有显著的减轻,使百姓得到了一定的安顿。文景两代对周边少数民族也不轻易动兵,尽力维持相安的关系,为百姓的正常生活提供了必要的条件。汉文帝十分重视农业生产,他即位后多次下诏劝课农桑,按户口比例设置三老、孝悌、力田若干员,经常给予他们赏赐,以鼓励农民发展生产,他还注意减轻人民负担。

文景之治之所以成为封建社会的盛世,与文帝个人励精图治是分不开的。他即位不久,就废止诽谤妖言之罪,使臣下能大胆地提出不同的意见。秦代以来有所谓"秘祝"之官,凡有灾祥就移过于臣下。文帝十三年下诏废除并声明:百官的错误和罪过,皇帝要负责。次年,他又禁止祠官为他祝福。文帝自奉也相当节俭,在位二十三年,宫室苑囿、车骑服御之物都没有增添。他屡次下诏禁止郡国贡献奇珍异物。他所宠爱的慎夫人衣不曳地,帷帐不施文绣。文帝曾想建造一座露台,听说要花费百金,等于中人十家之产,于是作罢。因为文帝提倡节俭,所以当时国家的财政开支有所节制和缩减,贵族官僚也不敢滥事搜刮,奢侈无度,从而减轻了人民的负担,这是"休养生息"政策的重要内容之一。文景时期的"与民休息"政策的目的是为了稳定和加强对人民的控制,进一步巩固封建统治。

何为"一者"?从天下来看,"一者"为民心。战乱与民不聊生的生活是违背民心、民意的事。文景两帝对此看得非常清楚,于是作出了一系列的改革,出台了一系列的诏书,使社会出现了稳定的局面,达到了王者与民心的归一。王者所施行的政策与民情发展相符,这算是"王得一以为天下贞"吧。

第四十章
识得有无

原文

反者道之动，弱者道之用。

天下万物生于有，有生于无。

译文

事物的回归是事物运动的结果，以柔弱的方法运行是最好的。

天下的万物来源于有，有却来源于无。

解读

物质的变化是运动的结果，柔韧的运行方式是最可取的方法。物质是运动的，运动是循环往复的，物质自身是柔弱的，是逐渐变化的，明白这样一个简单的道理是我们认识事物、明察事物的基础。

万物的出现是有，而万物出现是从无开始的。有是能够感觉到的，无是感觉不到的;有是实的表现,无是虚的表现。

我们对物质的认识是看到了物质的存在,我们对物质的理解是我们发现了物质的运行规律,从外在的形式看物质的运行是周而复始的。简单地说,从开始到成长,再到走向了衰亡,这是一个物质变化的过程,任何事物都要经历这样一个过程。当我们的认识又提高了的时候,我们开始观察、研究、分析这一过程,开始注意到事物的每一个细节,在这一细节中发生了什么,既而由开始注意到事物的细节与之周边细节的相关性,探究事物变化的复杂性,于是人们就产生了辩证思维。人类开始感到了事物的复杂性、多变性、相关性、矛盾性、对立性、同一性等,人类的认识在一次次挫折失败中得到提高并发现真理(相对真理),这是一个漫长的过程,这是一个积累经验的过程,又是一个从量变到质变的过程,却也是一个永无止境的过程。

人们认识问题不会一蹴而就,需要时间,需要耐心,需要柔韧,需要谦卑,需要细心,需要带有一份敬畏之心的态度,因为你在爬向巨人的肩膀,在沿着巨人指引的道前行,这是必由之路。细想起来,任何一个人、任何一个团队的一点成绩都是在总结前边失败教训的基础上取得的。反复不是失败,是必须经历的过程,是对情感的考验;柔弱不是无能,是能屈能伸的韧性,是百折不挠的精神。

"天下万物生于有,有生于无。"这是一个太大的概念,在这一概念面前多少人踌躇满志,多少人懵懵懂懂。什么是有?什么是无?有是从何而来?无又为何生有?在人们的脑海中出现了一个个问号,究竟这里的奥秘在哪里?哲学家与科学家一直在探讨这个物质的基本问题。

万物生于有好理解。农民有了种子,种在了地里,经过一年的劳作,种子由小芽长成了大片的农作物,农民收获了粮食,由少量种子收获了大量的粮食,是从少有到多有,是从地上没有作物到长出作物,这是万物生于有的过程,不是真正意义上的无中生有。大自然经常与人搞恶作剧,一场大水过后,或是一场干旱过后,地里的小苗化为乌有,一切都没了,这是从有变成了无。当雨过天晴之后,剩在地下的种子又开始发芽,长出了庄稼,这是由无到有的过程。一个新生婴儿的出现,是有,可是他原来并没有出现,是无,于是就有了有生于无,一个一个新的生命在成长。然而,这一切都是事物的表面现象,都是对事物外在的认识。当我们用这一观点解释世界时会有可能出现偏差。

如何认识有与无是我们认识问题的关键,"有"好理解,是看得见摸得着的东

当把两者联系在一起的时候,当站在一个境界来认识这两者之间的关系时,才能理解为什么有生于无,为什么无生于有。

其实,有与无是并存的一对,"有"的存在依赖于"无"的存在,有是物质存在的形式,无是造成物质存在的时空;有是我们能够抓到的物质,无是我们只能感受而抓不到的一种状态,我们因此把它称为无(这是老子所说的"无名")。其实,这个"无"是存在的,应当把它称作"时空",时空是抓不到的,但是时空永远是运行的,我们感受到白天与黑夜的变化,感受到一年四季的变化,这些变化,更具体地说是时空的变化。现代人已经认识了地球围绕着太阳运行,由于角度的变化,地球表面的冷暖发生了变化,这个变化是周期性的。一切物质都随着时空的变化而变化。时空的无限延长,产生了物质,造就了物质,每一个物质都会被打下时空的印记,物质与时空是一体的,是并行存在的,没有时空就没有物质,有了时空就有了物质。这似乎是物质从无到有的过程,更准确地说这是物质永远变化的过程。

当我们认识了物质、认识了时空的时候,就对有生于无、无生于有有了一个初步的认识。有与无都是客观的存在,它们之间谁生于谁是我们要树立起的一个概念。要树立起正确的物质观,是有生于无,还是无生于有,要有明确的认识。"无"(时空)并非是真正意义上的无,无既是有,因为它们都是物质。"有"是看得见摸得着的东西,是可操作的物质,做坏了的东西可以再做一遍,直到做成;"无"是不可操作的物质,是失去了的物质,时光一去不复返,当时发生的事无法挽回。我们明白这个道理的目的在于对"道"的理解,对"道"的理解在于把握住道,把握住事物运动的规律,把握对大自然的认识,最终实现对自己的把握。

万物的形成有一个漫长的过程,在这个过程中产生着不断的运动。这个过程是周期性的,从无产生了有,从有变成了无,就像树上的叶子,当冬天来临的时候树上的叶子消失了,当春天来到的时候叶子又长出来了。叶子生于有是因为树的存在,生于无是因为环境不适合它的存在,有与无实现着物质的相互转换。物质从无开始,经过运动实现着"有"的变化,做着它循环往复的运行。一个事物消失了,又会有新的事物出现,这是不以人的意志为转移的。物质的运动总是做着它柔韧的、往复的、刚性的变换,这是万物运动的规律。

人探究事物时总在追问它为何产生,又将怎样走向它的未来。而在老子看来,一旦事物产生了,就开始走向其反面,如同人出生了就开始走向死亡。历史朝代的变更大致因循着这个规律,人的生老病死也无法离开这条自然法则。

诗词助读

浪淘沙　　李　煜[南唐]

帘外雨潺潺,春意阑珊;罗衾不耐五更寒。

梦里不知身是客,一晌贪欢。

独自莫凭栏! 无限江山,别时容易见时难。

流水落花春去也,天上人间!

历史在延续,朝代的出现与消亡在历史的长河中此起彼伏,从无到有从有到无,形成了历史变迁的规律。有与无,无与有变化奇妙,又有谁能够真正理解其中的含义? 李煜已经看到了现实中的无,江山已失去,只能在梦中寻找到有,仍在"一晌贪欢"无限江山,享受梦境里的美景,失去了是无,因为曾经有。

生活中的现实与非现实如果搞不清就会像是处于一种魔幻之中,追求在其中徘徊。人人都希望有,是因为无;只有无才会争取有。有可以变成无,无可以生成有,两者相互依赖、相互转换,是不可不明白的道理。

◎ 故事案例

有生于无

一个学生问老师什么是有,什么是无。

老师反问:"你的存在是有还是无?"学生答道:"当然是有。""那如果你死了,你是有还是无?""我死了当然是无。"

学生若有所思地想着,于是又问道:"那,有与无是怎样相生呢?"

老师回答:"你没有孩子是无,当你结婚后有了孩子,孩子从无就到了有,这就是有无相生。再往前倒你是无,无的前面还是有。"

学生似乎明白了其中的道理。

一切物质都处在循环往复的运动之中,一个物质出现后就开始走向它回归的路。老子所讲的是一个认识事物的方法与哲理。

用
老子
的智慧来生活
YONG LAOZI
DE ZHIHUI
LAISHENGHUO

第四十一章
识 道 有 别

原 文

上士闻道，勤而行之；

中士闻道，若存若亡；

下士闻道，大笑之。不笑不足以为道。

故建言有之：

明道若昧；进道若退；夷道若颣。

上德若谷；大白若辱；广德若不足；建德若偷；质真若渝。

大方若隅；大器晚成；大音希声；大象无形；道隐无名。

夫唯道，善贷且成。

译 文

很有才干的人听说了"道"，马上就行动起来；

有一般才干的人听说了"道"，感觉到做起来可有可无；

不明白事理的人听了"道"，感到太可笑。如果不被笑的话就不是道了。

因此，有人这样说：

明显的道很隐晦；表示进的道就像要退；平坦的道就好像有沟沟坎坎。

最高尚的德就像山谷；最白的东西就像有污点；广袤的德就好像有缺陷；美好的德好像隐瞒着什么；质朴纯真的德好像有变化。

最大的地方好像没有角落；最大的器物很晚才能完成；最大的声音好像听不见；最大的物体好像没有形状；道是那样隐藏着无以名状。

如何解释道，道能够善待事物和成全完成事物。

解 读

很明事理的人听说"道"，立刻就去做。作为一个明事理的人对什么是对、什么是错能够看得很清楚，知道应该马上做什么。

明白一点事理的人听说"道"，感觉到无所谓的样子，表现出犹犹豫豫的样子，说明他心中无数。

不明白事理的人听说"道"，会放声大笑。如果不被他们所笑的话这就不会被称其为道了。这样的人做起事来显得比较幼稚和可笑。

因此有人这样说：

眼前很明显的"道"，似乎有什么隐秘的东西：表现进的道就好像要退一样，平坦的道就好像那样不平整。识得道并不是一件简单的事，道在显中有隐，进中有退，平中见奇，乱中有序，躁中有静，相形而现。

高尚的德有着山谷一样的胸怀；最白而纯洁的东西就好像有污垢；广大的德行就好像有不足的地方；健全的德就好像隐藏着什么；朴实而真切的东西好像会起什么变化。当事物极端的一面被展示出来的时候，让人看到的好像是它的反面，就好像我们看到的太阳上的黑子，其实是极亮、温度极高的物质。

最大的地方好像看不到什么角落；最大的器物很晚才能做成；最大的声音好像很难听到；最大的物体好像看不到它的形状；道总是隐藏着不好理解与不好认识。"道"似乎难以洞察、难以理解、难以琢磨，重要的是在于明白"道"之道理。

只有道，善于与事物在一起成全事物的一切。做事情总想取得成功，其中的道理弄不明白怎么可能成功呢？善于总结坚持下去又怎么不能成功呢？

　　道无处不在，但是不同的人对道有不同的认识，其见解不同，感受不同，所得到的答案也不同，这就出现了社会的复杂性，这就出现了问题的多极性，这就出现了问题的多元性，这就出现了问题的多变性。当大家在一起讨论问题时，这一切是件好事又是件不好的事。说好是因大家的多方意见，让事物的问题充分暴露，更能了解事物的利弊；说不好是大家的意见太多难以统一。每个人都站在不同的角度看问题，到底谁对谁错？如何取舍？老子这样说："故建言有之：明道若昧；进道若退；夷道若纇。"明显的道好像有什么看不见的地方，需要引起注意。前进的道好像在后退，是否方向搞反了？走平道好像在走崎岖的路。这一切都在思考的范围之内。当你站在问题的这一面时，一定要考虑到问题的那一面，因为一点的疏漏会造成很大的损失；没有对正言作反的思考会出现闪失；没有曲线的行进就没有优美；没有自然的变化怎么能看出质美，没有去伪怎么能够找到真？摆出来的问题才能得以解决。

　　人们在追求生活的完美、人生的完美，首先要知道什么是完美。完美不是机巧，完美不是炫耀，完美不是故弄玄虚，完美不是花枝招展；完美是一种质朴，完美是一种持久，完美是一种大象，完美是一种稀声，完美是一种无华的表现。总之，完美是默默的无名，完美是平静，完美是自得其乐的满足。我猛然想起一句话："功到自然美"。应这样解释，功夫要下到自然中，用自然之力（不可强求），借自然之势（其用天成），求自然之美（余庸弃之），才能够得到真美。

　　做事也是同样的道理，合于道的事就勤于去做，不要过多地考虑别人的看法。不同的人对道有不同的看法，有不同的认识就有不同的结果。明与暗、进与退、平与凹共同存在于一个事物之中，是一个事物的两个方面。如果说这是一些常见的现象，可以理解，那么还有一些比较抽象的现象也应当被理解，如对上德、大白、广德、健德、质真，对大方、大器、大音、大象的理解，它的表现形式在哪里？它是怎样的存在？它是怎样生成的？它是怎样发展的？它对立面的东西在哪里？这些都需要引起思考。"道"隐藏在一切事物

之中,难以用语言表现,无法找到可操控的依据,但是"道"在做着它善待万物完成万物的事。

不同的人对道有不同看法,我们对此不难理解。万物生长的世界其中有多少奥妙,有多少玄机,有谁能够说得清楚呢? 道承揽万物而不显其名,将万物化于其中,隐隐显出其大智慧。正因如此,把握住时机,掌握住命运,是一件很难做到的事。

诗词助读

天道　　冯 道[五代]

穷达皆由命,何劳发叹声。

但知行好事,莫要问前程。

冬去冰须泮,春来草自生。

请君观此理,天道甚分明。

唐之后的五代十国时期,是个乱世,一些地方政权在乱世中建立起了独立小王国,乱哄哄地你方唱罢我上场。中国乱了八十多年,而冯道活了七十三岁,在五代那样的乱世,每一个朝代变动,都要请他辅政,他成了不倒翁。到后来宋朝,大文学家欧阳修撰《新五代史》时骂冯道,说中国读书人的气节被他丧尽了。他曾事四姓、六帝。这就是"渝"。

南怀瑾先生曾感叹地说:"我读了历史以后,由人生的经验,再加以体会,我觉得这个人太奇怪,如果说太平时代,这个人能够在政治风浪中屹立不摇,倒还不足为奇。但是,在那么一个大变乱的八十余年中,他能始终不倒,这确实不是个简单的人物。第一点,可以想见此人,至少做到不贪污,使人家无法攻击他,而且其他的品格行为方面,也一定是炉火纯青,以致无懈可击。古今中外的政治总是非常现实的,政治圈中的是非纷争也总是不可避免的。可是当时没有一个人攻击他。如从这一个角度看,这个人有他的了不起之处。在五代八十年大乱中,他对于保存文化、保留国家的元气,都有不可磨灭的功绩。为了顾全大局,背上千秋不忠的罪名。"

从冯道的诗中可以看出他的思想理念,能够在乱世中不倒说明他的为人求正,不贪污,是一个为水活鱼的人,是一个能够实现道义的人,是一个"夫唯道,善贷且成"的人。一个人能够比较好地辅佐他人并能够被更多的人认可,是一件很不简单的事。

◎ 故事案例

识道有不同

有一个亿万富翁在思考一个问题,我是结婚呢?还是不结婚?我该什么时候结婚?如果选择马上结婚,会失去很多的女友,同时意味着财产将归妻子一部分;如果不结婚大概也不现实。接下来就是考虑什么时候结婚、与谁结婚。这位富翁心里挺纠结。这一想就五年过去了,他觉得到了必须要结婚的年龄了。他想起了一位曾经心仪的女子,当时对她非常有好感,于是开车去找那位女子。

来到那位女子家,富翁敲敲门,出来一位怀孕的女子,他一眼就认出了那位女子,女子也认出了他。富翁把一大簇鲜花送给女士。富翁说:"我们又见面了,没想到你已经成为这个样子。"

那位女士明白这位男子的来意,缓缓地说:"谢谢你没有忘记我,来给我送花。是的,我已经结婚了,现在已有了身孕,你来得太晚了。"

这位富翁说:"我还以为你也和我一样呢,对不起!我考虑的时间也许太长了,但是我一想通马上就来了。"

女子说:"谢谢你现在想通了,可是我在三年前就想通了。现在我的生活很好,请你还是忘记我吧。"

富翁:"好吧,我们再见吧。"富翁依依不舍地离开了女子。

事情的出现与发展有其自身的规律。结婚也属自然之事,到了谈婚论嫁的时候,就应当如此去做,才符合道理。时机错过了,也许当回顾往事的时候感觉是一种遗憾,这段往事已成为记忆。认识有不同不是没有道理,每个人有每个人的想法与做法,只是"上士闻道,勤而行之;中士闻道,若存若亡;下士闻道,大笑之"。

第四十二章
识道有成

原文

道生一,一生二,二生三,三生万物。

万物负阴而抱阳,冲气以为和。

人之所恶,唯孤、寡、不谷,而王公以为称。

故物或损之而益,或益之而损。

人之所教,我亦教之。

"强梁者不得其死",吾将以为教父。

译文

道混成为一,一产生阴阳二气,阴阳二气混合生三,三生发成万物。

万物都是由阴和阳形成的,内为负阴外为抱阳,成为一个整体,由于气在内的运动使物体和谐起来。

人们所厌恶的东西,就像孤家、寡人及不食谷者,而君王以此称谓自己。

物体得到了损失反而获得了收益,或者说获得了收益反而是损失。

别人是这样讲授的,我也这样讲授。

"强悍之人不能够善终",我将以此为家传下去的信条。

解读

道拥有着细小的物质,使之成为一个整体;一个整体的物质运动开始分明起来,产生出阴阳二气;阴阳二气又产生第三种状态,而三种状态随后产生了万物。

世界上的万物都存有阴和阳的情况,内为阴外为阳、下为阴上为阳、柔为阴刚为阳,阴阳之间相依相抱,气的运动使物体发生了变化,相以为生,相以为和。

人们讨厌的东西,如那些孤独和低俗的人,是因为人们不希望使自己成为这样的人。而君王也是人,他这样称谓自己,是君王身居高位而不忘低下。

物体的运动相反相成,有了损失反而却得到收益,反过来说获得了收益反而是损失,好坏之间难以说得清,祸即是福,福即是祸。

这也许是人们传授的经验教训,我也觉得应当这样传授下去。

对强悍的人来说善终是一件难的事,老子将此言传授下去。历史在发展,对"名"的确立和标名会产生新的注解,会有新的认识,强悍为人的事情,强加于人的事情,强自以为是的事情大概会有点过,做过分的事大概不能够得到善终,这是老子的教诲。

老子认为万物由一而生,"道生一,一生二,二生三,三生万物。"是事物的发展观。"一"是什么?"一"是一种混沌未分、阴阳未判的物质,是产生万物的基本物质,有如宇宙大爆炸学说中讲的那个"奇点"。"一生二",从一生出了阴阳二气,宇宙大爆炸后,宇宙间有了引力与斥力,物质世界有了波粒二象性。"二生三",由于引力与斥力的相互作用,宇宙间固体的天体生成了。"三生万物",有了太阳、地球等天体,也就有了万物生灵。这一过程是从无到有,"有生于无"的过程。科学家们吃惊的地方在于:人们认识到人体、宇宙万物由分子、原子组成,原子又由电子、原子核组成,而原子核由质子和中子组成,每个中子和质子又由三个夸克组成,每个夸克都具有三个颜色特性,这里就体现

了"二生三"的道理,万物由此而生。

万物皆生于道,又各有其道,每一物自成一体,自成一体就自有其道。就一个人而言,人生的轨迹就是人生之道。人生之道把握在自己的手中,人生点点滴滴的生活积累推动着命运的选择,忽而迷雾重重,忽而豁然开朗;忽而若有所失,忽而失而复得;忽而一蹶不振,忽而东山再起;忽而沉思忧伤,忽而踌躇满志;忽而一片空白,忽而大彻大悟。人生的旅途充满着忧伤与阳光,生活中的负面折射出的是生活中的正面。影子就是影子,当你面向阳光的时候,影子永远在你身后,伴随着你,这是天道。

老子强调了万物生生不息的生存,同时又告诉我们万物的发展是辨证的,"万物负阴而抱阳,冲气以为和。"阴与阳存在于同一体中,气的流动使物显露出生机,实现了动态的平衡。试想,地球没有磁场、气场、气流的运动,一切将归于寂静,不会看到生机勃勃的迹象。当气流出现时,它调和了一切生态,它聚集了云层以降甘露,它吹散了阴霾以见阳光,它掀起了狂澜以冲刷大地,它和风温情以敞开胸怀,它调节着万物的阴阳,以达到万物的平衡,达到万物的祥和。

"和"的最基本的条件就是阴与阳的结合,两者相互之间形成动态的平衡,一方受损会使另一方获益,反过来说,一方获益另一方一定受损,损益之间又是相对的、动态的,事物之间双方的获益,一定是各取所需。一般人所厌恶的"孤、寡、不谷",却是君王对自己的称呼,在他们的自称中可以看到君王高处不胜寒的寂寞。对比之下孰益孰损呢? 只不过各有不同罢了。

阴阳混同,存有物质的宇宙将它们混在一起,开始形成了真正意义上的物质。它和为一体,在物质的运动中由一变二,形成一阴一阳,一阴一阳的合成形成了第三种形态,万物从三继续繁衍下来。每一个物质都存有阴阳的特性,当有气运动的时候,物质产生了生机,显现出和谐与不和谐的状态,于是和谐与不和谐的运动推动了万物的生存与发展。

事物相反相成,同一事物阴阳相对,不能说哪一方面重要,哪一方面不重要,两者可以相互转化。君子身居高位而称谓低下,是谓平衡。事物的损失与获益还不能够说得很清楚,转换随时发生,失即是得,得即是失,清楚地认识到这一点,是人们的经验,老子是说要将此经验传授下去。"强梁者不得其死",这大概是一句古训。晋代嵇康有诗云:"强梁致灾,多事招患。欲得安乐,独有无怨。"是说做不该做的事会带来祸患，要想得到安乐就不要干有罪过的事，明白这样的道理就应该传授下去而不违背。

道混成为一，由一生出万物，万物运行以为合，此为天道。为王者要坚守孤寡，知损知益。要观自然变化以明知阴阳，进而识得万物；要在万物之中去繁就简，而得其精华。这是道的要义。

诗词助读

望洞庭湖赠张丞相　　孟浩然[唐]

八月湖水平，涵虚混太清。

气蒸云梦泽，波撼岳阳城。

欲济无舟楫，端居耻圣明。

坐观垂钓者，徒有羡鱼情。

洞庭湖自然景观的壮美，"涵虚混太清"的意境，引出孟浩然许多的联想与触景生情，官府的内幕也真是让孟浩然琢磨不定。这首诗是孟浩然写给张九龄丞相的。张九龄为唐玄宗时的贤明丞相，正直不阿，受李林甫排挤，被贬为荆州长史，孟浩然曾任其从事，对他很敬畏。张九龄的被贬却应了老子的一句话，"'强梁者不得其死'，吾将以为教父"，是说为人要明白其中的道理；为官的要明白"人之所恶，唯孤、寡、不谷，而王公以为称"中的道理；凡事都有其两面性，应当理解

的是"万物负阴而抱阳,充气以为和"。阴阳两者是一对矛盾相反而相成,万物因气而变化行于其道,人气合于道以为合,人气伤于道以为伤,不得不适于道。孟浩然对洞庭湖的描写抒发了内心的情怀也表现出他的强梁之志。

◎ 故事案例

认识一与三

一个学生向数学老师请教解决数学难题的思路。

老师说:"求解难题是一个复杂的计算过程。但这些难题一定是由简单发展而来,就像老子所说的:'道生一,一生二,二生三,三生万物'。"

老师接着说:"事物的复杂性是必然的,数学是由加法形成的,由单一性到多样性、由简单到复杂,是它的形成规律。想解决这一问题该怎么办呢?我以为从思路上讲要用减法,就是你要排除那些错误的思路,有选择地试解,从而优化出一个适用本题的解法。说得通俗一点,就是采取四三二一的方法解决问题,不断地排除与抛弃不适宜的解法,找到那个解决问题的最关键的地方和方法。明白吗?"

学生说:"老师,可不可以这样理解您的话:出现的问题一定是加法,使其变得复杂化;解决问题一定要用减法,不断地进行排除,问题就可以迎刃而解了。"

老师非常高兴:"好了,我认为你是开窍了。但是在解题时还要有一些技巧。"学生的脸上露出了灿烂的微笑。

解决问题先要找出事物成因和规律,再寻着这一规律找到解决问题的办法,所不应该出现的就是不理智的现象,强而为之又有怎样的结果呢?老子说:"强梁者不得其死,吾将以为教父。"值得思考。

第四十三章
至柔之尊

原文

天下之至柔,驰骋天下之至坚。

无有入无间,吾是以知无为之有益。

不言之教,无为之益,天下希及之。

译文

天下最柔的东西,可以驾驭天下最强硬的东西。

没有形状的物质可以进入任何细小的间隙,我是以此知道了没有作为的益处在哪里。

不用言论的教育,没有作为才有的益处,天下没有什么人能够做到这样。

解读

天下最为柔弱的东西可以战胜最强硬的东西,最坚硬的东西在哪里,柔弱

的东西就能够到达哪里。滴水穿石是以柔克刚的范例。

没有形状而柔弱的物体可以进入所有细小的空隙。由此，我们可以明白做无为之事才是有益的事。做大事应当从小事着手，如果没有将细节做好，大事不可能取得成功。

行不言之教，获无为之果，天下间的人很少能够做到这样。以身作则、以德行事、无为而治、不急功近利，这是老子一生所倡导的。

至柔与至坚是一个问题的两个方面，如果把身体比作"坚"的话，思想或者思维就是那个"柔"。柔是要驾驭坚的，思想要支配身体。身体的活动是有限的，很多因素制约着身体的行动，有来自自身的原因，也有来自外界的原因；而思维的活动是无限的，不会受到时空的限制，只要肯动脑，思维可以不受限制地在九天邀游，像水一样流入任何缝隙。

对柔与坚的认识，还可以理解为无形与有形，无形是思维，有形是身体，身体的活动是有限的，思维可以无限。运动场上的冠亚军之争，比的不光是技战术，比的还是一种境界。比赛场上千变万化，即使出神入化也会露出破绽，战机一出现就要抓住它，而不要让它溜掉。比赛中全身心的投入是一种境界，忘记了结果、忘记了排名、忘记了自己，不管最终怎样的结果，已经发挥出了自己的最好状态，这种境界，就是"无有入无间"。无为的行为已经进入了忘我的状态，所有的动作都成为自我的自然展示，没有了杂念，没有了干扰，于是"有益"也就归顺了他，这样的收益一定是自然形成的。老子认为，这样的道理讲起来很简单，但做起来则不易；体验和感悟无为的益处，将无为认识得那样的深刻，能够做到这样的人实在是太少了。

认识至柔至坚在于认识两者的相辅相成，最为柔弱的东西可以驰骋于天下，到处都有它的存在，最强硬的东西也能征服也能驾驭。因为它的柔弱，没有它不能进入的空间。老子讲明白了其中的奥秘，没有作为并不是没有益处，没有作为就是有所作为，因为那个作为已经成为无以为，成为德的表现。

"刚"为什么会败于柔，是因为刚太锐利，刚太主动，刚过于矜持，易于受到损伤，于是也容易露出破绽，让"柔"乘虚而入。柔是一种精神，柔是一种境界，中国的武术很讲究以柔克刚。

老子推崇柔是在强调悟性，对别人可施以不言之教，对己将参透为人处世的方法，无为将收益。

万物造化无不以柔克刚,柔入万物以驾驭刚强,看似无为却能彰显有益,这是不是益处呢? 时光流逝,红颜终老,这就是大自然的不言之教。

三月晦日偶题　　秦　观[宋]

节物相催各自新,痴心儿女挽留春。
芳菲歇去何须恨,夏木阴阴正可人。

随着时间的悄然流失,时令节气在递换着时空的变化与更新,它致柔却可以克刚,天下间坚强的万物也不能奈何于它,即使春天的花草青新而灿烂的表现,也不能阻止时光的流逝,"痴心儿女挽留春"只能算作一种枉然吧。春天过去了还有夏天,怨恨又有什么用呢? 世间万物的变化可以留给我们很多的思考,因为万物在发生着悄然无息的变化,而人们能够做到的只是产生情感并"观复",但这并不妨碍我们对万物的认识。看似无为的时间,实则有为,万物沿袭着它回归;时空以"无有入无间,吾是以知无为之有益",我们才能感受时空的刚性与矫健。天行健,总是那样自强不息,人们应该享受它的有益,认可那种精神。时空的变迁、岁月的流逝没有说教,却让人们明白了很多的道理,但是仍有人对"不言之教,无为之益,天下希及之"不能理解。

◎ 故事案例

柔弱与坚硬

孔子总想向老子学点东西。一天他带着颜回、子路等几个弟子来到洛阳老子家中。几个人还没坐定,孔子就迫不及待地向老子说明来意:"我久慕先生的大名,这次和几个弟子前来拜谒。请问先生近来对修道有何见解? 我和弟子几人很想向您请教。"没曾想老子却大笑起来。老子走近这几位,指指自己的嘴说:"你们看看我这些牙齿如何呢?"孔子和弟子们都感到莫名其妙,上前看了看老子的牙齿,七零八落的已经残缺不全了。弟子们都摇了摇头,谁也搞不明白老子要说明啥意思。过了一会儿,老子又伸出自己的舌头问大家:"我这舌头怎么样呢? 大家看看。"孔子和弟子们又认真地看了看老子的舌头。弟子们还是默不作声,孔子这时好像参到了一点天机,微笑着对老子说:"先生

学识渊博果真名不虚传!"老子也微笑着对孔子说:"看来先生也已经明白我怎样修道了吧?"孔子表示同意地点了点头说:"如梦方醒!如梦方醒!"

孔子带着弟子告别老子,一起返回鲁国。在途中,孔子是神采飞扬有说有笑,弟子们却表现出大惑不解的样子。于是子路对颜回说:"我们大老远跑到洛阳这个地方来,本想与先生向老子讨教修道的知识,怎么也没想到他不肯教给我们,只让看了看他的嘴巴,这也表现得太失礼了吧?"孔子听到弟子的议论后大笑起来。颜回不解地问道:"先生在笑什么?"孔子答道:"这次我们来这里可算是不虚此行呀。老子用简单的动作传授了别处学不来的大智慧。"子路问:"他的智慧在哪里?"孔子说:"他张开嘴让我们看他的牙齿,是告诉我们牙齿虽硬,但是已经残缺不全了;他让我们看他的舌头,是告诉我们舌头虽软,但却能以柔克刚地保全下来。"颜回听后忽然恍然大悟道:"我明白其中的道理了,流水虽然柔软,但面对山石的时候,它却能够迎击而上,破山透石,将其抛于身后。"

孔子听后非常高兴地说:"颜回真是能够举一反三呀!"

柔与刚是相辅相成的一对事物,柔可以克刚,刚可以制柔。而老子更看中的是柔,因为柔的特点更具有效法性。老子以牙齿和舌头为例,说明牙虽硬却不能保全,舌头虽软却得以保全,孔子从中领悟了老子的智慧。

第四十四章
知 足 不 辱

名与身孰亲？

身与货孰多？

得与亡孰病？

甚爱必大费；多藏必厚亡。

故知足不辱，知止不殆，可以长久。

译 文

名利与身体哪一个亲近？

身体与财产哪一个重要？

得到与失去哪一个有害？

爱得太过分了就会造成很多的浪费；储藏的东西太多了，用不了就会有大的耗费，耗费就会造成损失。

因此，知足的人并没有什么不光荣的，知道停止的人就不会有危险，这样

做才可以长久下去。

解读

在名利与身体之间选择哪一个更好呢？生活中总要面临选择，利与弊之间不同的人有不同的看法。

身体与财物之间更重要的是什么呢？不同的情况会有不同的说法。

得到与失去可以作出选择，但是选择的结果哪一个又是错误的呢？得到了这个，失去了那个，最终的结果不好说，关键要看得到的是什么，失去的又是什么，正所谓塞翁失马，焉知非福。

过分的爱就会有过分的开销，过分的开销就会造成浪费；储藏的东西太多了，就会有很多东西用不上，造成很大的浪费，产生很大的损失。老子给出的答案是任何事都不应做得过分，过分就会出现问题。

因此，知道满足的人，能够使自己做到恰到好处，是不会受辱的；能够把握住自己，知道怎样停止的人是不会有危险的，做到这样才能够长久下去。有满足感的人心情一定好，并且不会存有危险。

人生的路上有很多诱惑，看明白了是一种感受，看不明白是另一番感受。看明白了可以理智地做事，看不明白会出现非理智的行为。不同的追求有不同的结果，一种是坦然的心安，一种是光环下的心安，还有焦躁与不安，这些心理感受只有自己最明白。到底是得到了还是失去了，表面的得到或许是暗暗地失去，表面的失去或许是暗暗地得到，"得与亡孰病？"别人的看法并不显得重要，自己的看法才是真切的。

"甚爱必有大费"，爱得太过分了必然耗费，不仅是精神上的耗费，物质上也会耗费，不然甚爱如何体现？当过分出现了的时候，毛病就出现了，毛病出现了，损失就跟在了后面。对美要保持距离，没有了距离则难以产生美感，因此对美也不可以过分。

老子提出"知足不辱，知止不殆，可以长久。"从某种意义上讲，追求需要有度，需要把握好度，不知度不足以为事，不知度不足以成事。就如人类对大自然的开采，过度的开采会使一些物质、物种衰竭或消亡，导致生态链条断裂，从而使人类失去赖以生存的物质基础。保持生态的平衡是人类保护自己的家园,使人类永久生存下去的唯一选择。过分的行为应当停止,不理智的现象应当被制止,停止那些非理性的行动才不会出现危险,没有了危险,稳定才会长久。人们有时很无知,干出一些愚笨之事,都是因为贪欲的结果、利益的驱使,殊不知得到眼前的利益,失去的便是长远的利益。老子强调"知足",强调"知止",为的是得以长久,其意味深长。

名利与身体、身体与财物、得到与失去,对老子提出的问题作出怎样的考虑,至今都值得人们思考。孰轻孰重、孰得孰失,它们之间是怎样的关系?可以互相转化吗?怎样实现转换?老子给出了他的答复:转化是有可能的。问题看淡了也许是重视的开始,得到了也许是失去的开始,过分的亲近也许是疏远的开端,事情就是这样相反相成。因此,做任何事情不应过分,一定要把握住度,过分就会造成损失。知足是最好的态度,就像吃饭,吃得太多就会吃坏肚子,伤及身体。吃得合适与恰好,对身体才有好处,才不会给身体带来危险与危害,完成其他的事同样要遵循这个道理。

社会呈现种种精彩也存在种种诱惑,进明智之力可添加精彩,取贪心之欲则陷于诱惑。所以老子以言相劝"知足不辱,知止不殆。"

诗词助读

无 题　吕洞宾　[唐]

酒色财气四堵墙,人人都在里边藏。

有人跳出墙外边,便是长生不老方。

人生存的欲望是与生俱来的,将欲望付诸行动则成为追求,但追求一旦出了偏差,问题就会出现。社会上有着太多的诱惑,经不住诱惑的人便有可能掉入陷阱,殊不知得到了便是失去,失去了便是得到。仅仅明白此道理是不够的,真正能够做到"故知足不辱,知止不殆"的人才是可以长久的人,这首打油诗耐人回味。

◎ **故事案例**

名与利

科研院校优秀论文大奖赛即将拉开帷幕,评审办公室收到许许多多的来

自科研院校的论文,他们开始组织全国有名望的教授、专家、学者对论文进行评审。

这时评审办公室接到一个匿名电话,有人举报第三十四篇论文是剽窃的。于是会务组请来专家组成员对这篇论文进行核审、调查。事情终于有了结果,经核查第三十四篇论文确实是剽窃的。提交这篇论文的人是一所名校校长。这件事惊动了市长。

会务组请来这位校长与他谈话,校长承认这篇论文是剽窃的。原来他认为自己是名校校长,不会有人察觉此事,这是其一;其二,是这一次的奖金太具诱惑力了,他总觉得应当试一把。这一试的结果葬送了自己的命运。他丢掉了校长的职务,也毁掉了自己的名誉。

老子把事情说的更具体了:"名与身孰亲? 身与货孰多? 得与亡孰病?"能够处理好两者之间的关系并不太容易。越想获得一方面的东西,就越应放弃另一方面的东西。鱼和熊掌不可兼得,有所放弃就会有所得到,你的得到是与你的努力程度成正比的。

第四十五章
大巧若拙

原文

大成若缺,其用不弊。

大盈若冲,其用不穷。

大直若屈,大巧若拙,大辩若讷。

躁胜寒,静胜热。

清静为天下正。

译文

最大的成就好像有缺陷,但它运作起来并不会感到有毛病。

最大的盈涨好像很空虚,但使用起来都是无穷无尽。

很大的正直则显现为枉曲,超群的技艺好像很愚笨,雄辩者好像口拙舌笨。

不断地运动可以战胜寒冷,静下心来可以战胜炎热。

清心而平静才能使天下过正常的日子。

大成就是伟大的事业,它看上去好像不太完美,但实际上却很完美。

直相对于弯曲;灵巧相对于朴拙;杰出的辩才并不完全靠口舌取胜,懂得何时让事实说话才更有说服力。战胜寒冷需要自身的运动,冷静下来不要让狂热冲昏头脑。事物的双方就是这样有趣,当一方面被展露出来的时候,另一方面也显露了出来,彼此之间不可分离。什么是智慧?智慧就是总能意识到同一事物的两个方面,每一方面又存有两个方面,变化是永恒的,对事物的探究应当是不懈的。

生活就是解决面前的问题。寒冷的时候就要使自己运动起来,用自发的热能驱散身上的寒气;炎热之下,便静下来让燥热的心冷却,让心神安定。所有这些做法是在调节,将自身调整到一个平衡的状态。状态平衡了,心态就稳定了;心态稳定了,思想就清晰了;思想清晰了,处理问题就更易于正确。

做事情都要留有余地,看似不把事情做满,实则可以收放自如,这算是拙,巧就隐藏在其中。将事做得入理,算得一种智慧。知道留有空间与余地,便可以静观事态,从容以对。

诗词助读

守拙歌　　石成金[清]

世人笑我拙,谁知拙为贵。

口拙无是非,事拙无冤对。

手拙不挥拳,时常笼袖内。

脚拙不妄行,邪行早避回。

举止不轻狂,银钱不浪费。

饭菜充我饥,不想珍馐味。

布衣暖我身,不想绫罗被。

须择君子友,不入奸猾队。

胸中有主张,只推聋与聩。

日里安稳坐,夜里安稳睡。

随他使聪明，反被聪明累。

行止有天良，俯仰都无愧。

我这守拙法，人人学得会。

明晰什么是拙算得上智慧，守住拙是一种涵养，不显摆、不外在，看起来很笨拙，内心却充满着激情。拙可以为外界所认同，拙可以为外界所接纳，拙易于融入外界。拙是一种不紧不慢的状态，是一种持重，也是一种沉稳，进退之间方显出分寸得当。拙中充满了智慧，是因为外在表现出淳朴，内在表现出那样的精细。"大成若缺，其用不弊"是对拙的写照。

◎ 故事案例

圆与缺

有一位老板将自己的生意做得很成功。一位记者去采访这位企业家说："总经理您好！今天您的企业做得这样好，您能讲一讲成功的经验吗?"总经理笑了笑，拿来一张纸，在纸上画了一个没有封口的圆。记者问："这是什么意思?"总经理打开了话匣子："世界上任何一件事都不可能将其做得完美，更何况一个公司。在公司面前会有很多的问题，人、财、物，产、供、销都存在问题。我把大的问题抓住就已经不错了，接下来就是细化工作，建立起必要的管理制度，还要做到监督与检查。"

记者又问："您已经把工作做得很全面了，应该说是很完满了。"

总经理摆了摆手："这样说是不对的，在工作中，我总是给工作部门留出一点空间，让他们有充分发展的余地，给他们创造表现自己的环境，如果有创新的话我还要给予奖励。所以大家的工作积极性非常高，他们的想法中，有好些弥补了我工作上的不足。有些事情我知道该管，但是放开一点有时更有好处。工作需要紧张，也需要放松，在这里的技巧就很多了。因为人是精神与物质相结合的统一体，既要满足于物质，还要注重精神，所以让两者之间积极调动与互动，使之相辅相成，是提高人们工作积极性的有效方法。"

事情的圆满是顺其自然的结果，尽管顺其自然的事有时看上去有些拙朴，但结果使人满意，做到这一点不易。因此老子推崇这样的处事方法。

第四十六章
知足为道

天下有道,却走马以粪;天下无道,戎马生于郊。

祸莫大于不知足;咎莫大于欲得。

故知足之足,常足矣。

译 文

国家步入正途,政治清明,战马也就回到了田间耕种;国家步入歧途,战乱频频,马匹就会遍布于战场郊野。

灾祸没有大于不知足的,过错没有大于欲壑难填的。

因此,知道满足的人,永远是快乐满足的。

解 读

老子善于判断,总是能够抓住事物的关键,让人一目了然地看到事态的本

质。老子思考问题的方法在这里可以看到的有三步。第一步是判断：老子考察诸侯国是否正常，是通过观察马的出没而判定的。国家稳定，马匹便会在田间耕作；国家出现战乱，马匹便会游荡于郊野战场。可谓观察方法是那样朴实，得出的结论是那样的明确。第二步是对这一现象背后原因的思考与推理：造成这一现象的原因是君王的贪欲和不知足。为实现地域的扩大，向邻国宣战，或是别国对本国的战争给百姓带来了战乱，这都是由于一方过度贪于掠夺的结果。第三步是解决这一问题的结论：老子觉得君主应当做到知足，知足才能够长久，长久是为了国家的安定，是为百姓的生计着想。老子希望君王要竖立知足的概念，当行则行当止则止。当正常的规律没有被遵守的时候,章法就出现了问题,章法出现了问题,不安定的情况就会出现,所以治国要先从克服"不知足"开始,这是老子的治国之道。

在老子思想的引导下,可以建立起这样的概念:马不去回归于耕田而游荡于郊野,国家一定有战乱。这种原因是怎样造成的呢? 贪心的欲望太大了,最终导致祸患的出现。因此,老子说,知道满足是足,知道永久地满足就能长久了,长久是没有祸患。

老子的思想突显了他的逻辑思维,通过对事物的分析、判断进行推理,最后归纳出结论。

人各有欲,能够做到知足并不算一件容易之事。这个道理体现于君王身上,就是如果选择贪欲,将使自身被毁灭。

诗词助读

将进酒　李白[唐]

君不见黄河之水天上来,奔流到海不复回。
君不见高堂明镜悲白发,朝如青丝暮成雪。
人生得意须尽欢,莫使金樽空对月。
天生我材必有用,千金散尽还复来。
烹羊宰牛且为乐,会须一饮三百杯。
岑夫子,丹丘生,将进酒,杯莫停。
与君歌一曲,请君为我侧耳听。
钟鼓馔玉不足贵,但愿长醉不愿醒。
古来圣贤皆寂寞,惟有饮者留其名。
陈王昔时宴平乐,斗酒十千恣欢谑。
主人何为言少钱,径须沽酒对君酌。
五花马,千金裘,呼儿将出换美酒,与尔同销万古愁。

老子讲:"故知足之足,常足矣。"经过自己的努力所得到的结果都应当是一种满足,因为你经历过了,尝试过了,不应该有什么遗憾,不去说成功,即使是不成功同样会有很多的收获,难道这不足以知足吗?"君不见黄河之水天上来,奔流到海不复回"是对时光一去不复回的感慨;"天生我材必有

用,千金散尽还复来"是对自我的肯定与评价;"古来贤者皆寂寞,惟有饮者留其名"是自我心态的平衡,李白明白自己的仕途也许是失败了,但他的诗歌可以为他千古留名,李白为此而欣慰、知足。人可以有欲望,但需要知足,知足者常乐,好心态能使人长久。

◎ **故事案例**

知足为道

从前有一个平原国国王,过着悠闲的日子,辽阔的平原大地让他出游没有障碍。有一天他的一个大臣对他说山国是非常美妙的地方,那里的山珍很美味。开始他并不相信,大臣为了讨好他就从大山里弄了一些山珍来做给他吃,国王吃后赞不绝口。但是这些好吃的是来自另一个山国,要想得到它该怎么办呢? 于是国王打起歪主意,想发动侵略战争去征服那个山国,将其财富占为己有。

国王发动了战争,以势如破竹的攻势将山国的军队很快击败,占领了那个国家,他开始享受这个战利品,那里的国民成了他的奴隶,那里的财富供他享受,那里的山珍供他吃喝。

没过多久那个大臣又从河国那里弄来水产,鲜美的鱼虾让平原国王总吃不厌。于是,这个国王又打起侵略河国的主意。

这一消息传到河国那里,河国国王知道后心里很是害怕,几天几夜不得入睡。国王召集大臣们商讨对策。有一个老臣想出一个好办法,国王听后频频点头,连声称好,决定就按他说的办。国王分别派人做好了防御战争的安排和部署。

那一天,平原国对河国发起攻击,河国王一声令下,全国人民奋起反抗。山国那边趁平原国国内空虚发起了对平原国的袭击,使平原国腹背受敌。由于平原国的名声败坏,那些联系好提供援助的国家纷纷出兵一同与平原国作战。平原国军队受到前后的攻击,很快就成了瓮中之鳖,只好乖乖地投降了,国王就此自杀了。几个联合起来的国家取得了胜利。

平原国贪心太大,目无别国,随意发起侵略战争,置他国于自己的铁蹄之下,结果迫使其他国家联合起来反对它的侵略战争。"祸莫大于不知足"是平原国必然走向灭亡的道理。

第四十七章
明 白 生 活

原 文

不出户,知天下;不窥牖,见天道。

其出弥远,其知弥少。

是以圣人,不行而知,不见而明,不为而成。

译 文

不走出门户,可以知道天下之事;不打开窗户,就能感知事物的运行轨迹。

走得越远,所知道的道理越不明晰。

圣贤之人是这样做的:不出行而知道天下的事,不去看见也明白天下的事,不去追求作为而能有所成就。

解 读

一个明白事理的人,不出门就可以知道天下的事情;不去打开窗户,就知

道外界的情况。

走得越远,看的东西越多,越容易产生迷惑,道理也就不明白了。其中原因之一是没有理解一方水土养一方人的道理。

圣人不出行便知天下,是因为他知道其中的原理,或叫做客观规律,他所做的事一定符合客观规律。

老子诉说着一个生活中的基本道理:"道"每时每刻都在我们周围,天道的运行规律对每个人都是一样的,所不同的是今天打开窗户所看到的云,永远只会出现一次,永远有别于另一天,即使你关上窗户也能想象出云彩的变化。邻里之间的关系不出行也有耳闻。与外界的接触也许不在多少,而在于对这些现象的思考,找到并发现与己相关的知识。"其出弥远,其知弥少。"往往迷茫的出现是由于见的东西多了,反倒捋不出头绪,没有了自主性,似乎怎样做都有道理。由此,建立自己的思维意识,或者主见意识显得十分重要。"条条大路通罗马",不在于你走哪一条路,而在于你是否具有行路的知识,你是否能够坚持走下去,还有你能否欣赏这条路。失败的原因不在于走什么路,而在于在不同的路上徘徊,其实同一条路上遇到的问题,在另一条路上也会遇到,只不过所处的阶段不同罢了。勃兰斯讲了这样一句话:"就一百个问题读一百本书,不如就一个问题读十本书。"这句话很有哲理性,毕竟人的时间是有限的,人的精力是有限的。这如同走路一样,选十条路走会耽误很多的时间,消耗很多的体力;选一条路走就可以走得很远了。再细想一下,十条路上至少会遇到来自十个方面的问题,要对十个方面有所作为,如果你最终只选择了一条路,多余的作为又有什么用呢? 用老百姓的话说多余的作为就是折腾,不过这也算得上是经验的积累吧。

农耕社会是一个简朴的社会,圣贤之人不用去刻意地了解情况就明白其中道理,简朴是生活的原点,简朴的生活没有奢华;没有奢华的生活让思想也单纯,不用惦记东西是否会被盗,不用警惕别人对你的嫉妒,不用牵挂光怪陆离的世界。但是,现实的社会并非如此,社会物质财富的丰富,使社会进入奢华;分配不均,使得社会矛盾化、复杂化。简单的生活之中道理容易明晰,丰富多彩的生活使人看不清事情的缘由。于是人们做出了多样的选择,社会或出现这样或那样的问题。由此,贤圣之人推崇简朴的生活,生活的简朴让人少产生杂念,简单的生活不需要有什么作为,在无为中也就有所作为了。

圣人不行天下便知天下之道,是因为他知道天道的规律在哪里都是一样的,无为而成的治理到哪里都是行得通的。在现代社会里,我们同样可以通过追寻规律,了解生活的正确方法。

修真歌　　王道渊[元]

不出门庭知万邦,来往游遍神无方。

大象希形藏恍惚,日月昼夜常辉光。

大自然的变化就发生在身边,一日有白天夜晚,一年有春夏秋冬,大自然的变化不以人的意志为转移。老子希望人们追求"是以圣人,不行而知,不见而明,不为而成"的简朴的生活方式,感受到"大象希形藏恍惚,日月昼夜唱辉光"的自然生活。

◎ 故事案例

胸有成竹

周瑜嫉妒诸葛亮于是想出一招,提出让诸葛亮在十日之内赶制十万支箭,诸葛亮却出人意料地说:"操军即日将至,若候十日,必误大事。"于是表示:"只需三天的时间,就可以办完复命。"周瑜听后暗喜,当即与诸葛亮立下了生死军令状。在周瑜看来,诸葛亮无论如何也不可能在三日内造出十万支箭,因此诸葛亮必死无疑。

诸葛亮告辞以后,周瑜就让鲁肃到诸葛亮处查看动静,打探虚实。诸葛亮一见鲁肃就说:"三日之内如何能造出十万支箭? 还望子敬救我!"忠厚善良的鲁肃回答说:"你自取其祸,叫我如何救你?"诸葛亮说:"只望你借给我二十只船,每船配置三十名军卒,船只全用青布为幔,各束草把千余个,分别竖在船的两舷。这一切,我自有妙用,到第三日包管会有十万支箭。但有一条,你千万不能让周瑜知道。如果他知道了,必定从中作梗,我的计划就很难实现了。"鲁肃虽然答应了诸葛亮的请求,但并不明白诸葛亮的意思。他见到周瑜后,不谈借船之事,只说诸葛亮并不准备造箭用的竹、翎毛、胶漆等物品。周瑜听罢也大惑不解。

诸葛亮向鲁肃借得船只、兵卒以后，按计划准备停当。可是一连两天诸葛亮却毫无动静，直到第三天夜里四更分，他才秘密地将鲁肃请到船上，并告诉鲁肃要去取箭。鲁肃不解地问："到何处去取？"诸葛亮回答道："子敬不必问，前去便知。"鲁肃被弄得莫名其妙，只得陪伴着诸葛亮去看个究竟。

凌晨，浩浩江面雾气霏霏，漆黑一片。诸葛亮遂命用长索将二十只船连在一起，起锚向北岸曹军大营进发。时至五更，船队已接近曹操的水寨。这时，诸葛亮又让士卒将船只头西尾东一字摆开，横于曹军寨前。然后，他又命令士卒擂鼓呐喊，故意制造了一种击鼓进兵的声势。鲁肃见状，大惊失色，诸葛亮却心底坦然地告诉他说："我料定，在这浓雾低垂的夜里，曹操绝不敢贸然出战。你我尽可放心地饮酒取乐，等到大雾散尽，我们便回。"

曹操闻报后，果然担心重雾迷江，遭到埋伏，不肯轻易出战。他急调旱寨的弓弩手六千余人赶到江边，会同水军射手，共约万余人，一齐向江中乱射。一时间，箭如飞蝗，纷纷射在船上的草把和布幔之上。过了一段时间后，诸葛亮又从容地命令船队调转方向，头东尾西，靠近水寨受箭，并让士卒加劲地擂鼓呐喊。等到日出雾散之时，船上的全部草把密密麻麻地排满了箭枝。此时，诸葛亮才下令船队调头返回。他还命令所有士卒一齐高声大喊："谢谢曹丞相赐箭！"当曹操得知实情时，诸葛亮的取箭船队已经离去二十余里，曹军追之不及，曹操为此懊悔不已。

船队返营后，共得箭十余万支，为时不过三天。鲁肃目睹其事，极称诸葛亮为"神人"。诸葛亮对鲁肃讲：自己不仅通天文，识地利，而且也知奇门，晓阴阳。更擅长行军作战中的布阵和兵势，在三天之前已料定必有大雾可以利用。他最后说："我的性命系之于天，周公瑾岂能害我！"当周瑜得知这一切以后，大惊失色，自叹不如。

"不出户"可以知天下，貌似神秘，其实不然。诸葛亮能草船借箭并不是因为他是什么神仙，而是出于对天文、地理知识的掌握与了解。他观天象已知气象变化，于是答应了周瑜的要求领了军令状，这些都基于他丰富的知识。古时尚且如此，那么有着当今信息社会上网可见的便利，了解社会则更不必出户了，这似乎就是"不见而明"的道理。

第四十八章
知 识 与 道

为学日益,为道日损。损之又损,以至于无为。

无为而无不为。

取天下常以无事,及其有事,不足以取天下。

译 文

求得的知识越多,探求的道就会越受到损失。道被不断地损失下去,就做不成什么事了。

没有作为反而有所作为。

获得天下总是不需要做更多的事,如果做的事情太多了,就不见得能够取得天下了。

解 读

求得更多的知识是为提高认识问题的能力,考虑的东西多了,差错也就有

可能出现,一旦出错,对道就是破坏,道损失了还能做成什么事呢?

不去追求作为一定会有所作为,因为在追求中恐怕会存有问题,不如顺其自然,到什么时间干什么事。

获得天下总是要将事情做得简单一点、自然一点,如果做多了,事情就复杂了,取得天下就有点玄了。事物的玄妙之处在于简单,做到简单才符合常态,符合常态就符合智慧。

学的东西多了是好事,但是用偏了就不好了。这里面会出现两种情况,一种情况是理解错了,出了知识性错误,将事情做坏了。科学实验也许会出现这样的情况,但经过无数次实验,最后还是能达到预期的目的,取得成功。另一种情况是运用的知识是正确的,但是应用失当却造成了很坏的后果。对核能的利用应该是造福人类,而不应当造原子弹去伤害人类。所用的知识多了,对道是有伤损的,这大概讲的是作用力与反作用力的关系,当你辨不清哪些知识是有用的,哪些知识是没用的的时候,选择就容易出现问题,保留与抛弃之间不易定夺。于是,老子说了与其这样下去,还不如没有什么作为为好。不需要将问题复杂化,就将问题简单化,抓住事物的实质,抓住事物的基本问题,给予针对性的解决,叫做有所为。庞大的计算机却是采取二进制的方式运算,这种计算方式据说与中国古老的《易经》有关。简单提升了速度,简单能够精准,简单完成了复杂。

按照老子的思路理解,探求的知识越多,思考的问题越复杂,有时与道越远,这大概是讲理论与现实的差异性,愿望可能是好的,达到的效果却不好。与其这样还不如简单一点,不去追求有所作为反而能够做到有所作为。老子进而推出治理国家的方案,要想赢得天下就不要做更多的事,做事多了,天下就复杂化了,治理就会有问题。当然,这是老子站在当时农耕社会角度上发表的看法。至今两千多年过去了,社会进步了,人所具有的思维模式潜移默化地改变了,认识问题更加多元化了。思考问题更加理性化了,人类面临的问题多了,思维更加活跃了。社会向何处去,历史可以成为借鉴,社会的平衡与不平衡都在于人的认知与调整。

"简约而不简单"不是件容易的事,做到简约必须去伪存真、去奢近朴、删繁就简,将事明确以示人。简单的格言、警句便于记忆,其目的在于强化意识,将其变为自觉的行动。学校的校训是学校的灵魂;企业文化中的口号是企业的灵魂;军营的口号是军营的灵魂,如:"团结、紧张、严肃、活泼",让军人便于铭记在心,为的是打造出一个坚强的队伍。简单之事并不简单,这里有深入的思考,这里有生活的提炼,这里有文化的凝聚,这是简约的力量,这似乎并未显示出大的作为,但却创造了大的作为。

所学东西越多,思考越复杂,就越容易将简单的事办得复杂了,所做之事会离道越来越远,进而成为对自己的干扰。从另一个方面说,科技的发展是一把双刃剑,方法得当便可借其享受,不得当便会自讨其殃。

诗词助读

铭座(节选)　　陆游[南宋]

天下本无事,庸人自扰之。
吾身本无患,卫养在得宜。

有事与无事就是那样简单:说有事,一件事接一件事;说没事,看不出什么事。其实,并不是没事,事情只是自然地出现又自然地消失,如同太阳从东边升起从西边落下,阳光下发生了多少鲜为人知的事情。有时人的感情却随天而变化,当太阳升起的时候,心里产生了愉悦,日暮降临的时候心里产生了恐惧。现代人与远古时期不同,远古时期的人在夜晚会有猛兽的袭扰,现在的人就没有这样的顾虑,如果有的话一定是有什么事困扰着你。当困扰之事产生的时候,就开始了探究,探究出了问题,出了错误就会出现"为学日益,为道日损"的现象。知道的东西多了也许会大惑,不知如何为好。为此老子提出去过简朴的生活,不去做有为的事,以无为而为。其实,探求知识是件好事,只是担心出现与科学知识背道而驰的事情,历史上愚昧之事确实屡有发生。

◎ 案例故事

收益与获损

2011 年 3 月 12 日,日本福岛地区发生 9 级地震,福岛核电站遭到了严重的损毁。据日本报道:

美国核管理委员会(NRC)主委亚兹柯于 2011 年 3 月 16 日在国会听证会表示,日本福岛核电厂 4 号反应堆废燃料棒储存池的水已经干涸,灾情比日本官方说法严重,他说 4 号反应堆废燃料棒储存池没有水,现场辐射读数"非常高",可能影响抢救人员善后能力,因为现场短期内会有致命的辐射量。如果亚兹柯的说法正确,抢救人员将无法阻止废燃料棒过热及最后熔化,废燃料棒外壳也会燃烧,把辐射物质释出到广大区域。美方已经建议的福岛核电厂附近美侨撤离范围比日方宣布的范围广,美、日双方对灾情的评估落差甚大。联合国核监督机构国际原子能机构干事长天野之弥则表示,他准备前往日本,掌握第一手信息。天野之弥认为,日本福岛核电厂的情势发展"非常严重",但还不是断言"失控"的时候。

核泄漏与核辐射会给当地带来巨大的灾难。

新事物的被发现和被利用是人类认识自然的一个进步,但是技术知识的进步又是一把双刃剑,它既能带来好处和利益,又能带来负面的后果。核电站以较小的投入换来巨大的电力能量。但是,核电站一旦遭到破坏,其负面后果将持续几十年,成为灾难。因此在安全方面尚未达到完全的技术控制的情况下,在核电开发上还是要有所节制的,否则事情做得太多未必是好事。

第四十九章
善 中 有 德

圣人常无心，以百姓心为心。

善者，吾善之；不善者，吾亦善之；德善。

信者，吾信之；不信者，吾亦信之；德信。

圣人在天下，歙歙焉，为天下浑其心。百姓皆注其耳目，圣人皆孩之。

译 文

圣贤的人无私念，以百姓之所想为所想。

善良的人，我善待他们；不善良的人，我也善意地对待他们；这是至善的表现。

讲诚信的人，以诚相待；不讲诚信的人，我也以诚相待；这是至信的表现。

圣贤的人在天下与百姓同呼吸共命运，将天下之事浑然于自己心中，百姓都会关注他，竖起耳朵、睁开眼睛。圣人会把百姓看做是自己的孩子。

　　圣贤之人总是把自己处在一个常态之中,把百姓放在心中,为百姓着想。天下是百姓的天下,为天下着想即为百姓着想。

　　一个有德行的人对善良的人和不善良的人都能够尊重,是至德至善的表现。现在讲"以人为本",讲人性化管理,是对人的尊重,其目的在于实现和谐社会。

　　有德行的人对守信的人和不守信的人皆能以诚相待,这是至诚至信的表现。人与人之间的相互信任是做事的基础,是谋求长期发展的基础。

　　圣贤之人会吸收百姓的意见,为天下倾注自己的心血。百姓都关注他的一言一行,他能够急百姓之所急,想百姓之所想,因而民心可以归顺。

老子认为圣人的心应当与百姓的心连在一起,他的心应当是包容、宽厚的,由于社会中人的思想道德水平存有差异,善者也罢,不善者也罢,信者罢,不信者也罢,都施之以德,依德以教化。

圣贤的人用德来教化百姓,以善和信的方式明示百姓。使那些向善守信的人更加淳朴,使不知善与信的人懂得了其中的道理。圣贤的人在做着听取天下意见的事,百姓关注着他,他对待百姓就像对待自己的孩子一样。

明白善与信是一方面,做到善与信又是一方面。当善与不善、信与不信相互冲突的时候,能够理解这样的现象,将其浑然一心,以从容对待,处理有度,属圣人一类。

圣人将善放在心上,以此为根本,从而讲信,进而为百姓谋幸福。做事取信于民,想民之所想,急民之所急,人民就能得到安定并自理。

诗词助读

读山海经　其九　　陶渊明[晋]

夸父诞宏志,乃与日竞走;

俱至虞渊下,似若无胜负。

神力既殊妙,倾河焉足有!

余迹寄邓林,功竟在身后。

夸父是一个很勇敢的人,他看到火辣辣的太阳直射在大地上,烤死庄稼,晒焦树木,干枯河流,人们热得难以忍受,纷纷死去。夸父看到这种景象很难过,告诉族人:"太阳实在太可恶,我要追上太阳,捉住它,让它听人的指挥。"他不听族人的劝说,开始追逐太阳。夸父终于追上了太阳,太阳太炎热了,他又累又渴,喝干了黄河,喝干了渭水,还是不够,又去喝大泽,最后死在半道上。他的手杖落在了地上,手杖所到之处长出了郁郁葱葱的桃林。这片桃林终年茂盛,为过客遮阴,结出鲜桃为勤劳的人们解渴。

夸父是有远大志向的人,将百姓放在心中,有为百姓献身的精神,如像老子所说:"圣人在天下,歙歙焉,为天下浑其心,百姓皆注其耳目,圣人皆孩之。"夸父就像古希腊的普罗米修斯一样永远爱护着人类,不顾自身的安危,为人民

的利益奔波,因而受到人民的拥戴。

◎ 故事案例

以诚待人,知足常矣

从前有一个国家非常祥和,百姓安居乐业,别的国家都很羡慕,并派人来取经。

一个前来取经的使者问国王:"你们国家这样祥和,您是怎样治理的?"

国王说:"我也没有什么治理,只不过我鲜有私欲,常想百姓之所想,急百姓之所急,过着与百姓差不多的生活。你来这里也看到了,我用的东西与普通人家一样,我吃得也很简单,从来也不挑选,生活很平淡。来我这里的人都看到了我的生活环境,觉得我的生活并不比他们特殊,对我非常尊敬,他们回去以后也过着平淡的生活,并且将这里所看到的一切口口相传,于是我们国家就出现了这样祥和的局面。"

使者心里很是感慨:"国王,我们那里的确与您这里不同。有些人总是在炫富,于是社会上就有人开始打劫,形成了不好的社会风气。"

国王说:"回去代我问你们国王好,希望那里的社会风气淳朴起来。你告诉他对人要以诚相待,对己要知足常乐。"

国王具有一颗平常心,不为欲望所左右,于是也就免去了许多的烦恼,换来的是生活的平静。这便是老子所推崇的"圣人常无心,以百姓心为心。"

第五十章
宝 贵 生 命

出生入死。

生之徒,十有三;死之徒,十有三;人之生,动之于死地,亦十有三。

夫何故?以其生生之厚。

盖闻善摄生者,路行不遇兕虎,入军不被甲兵。兕无所投其角,虎无所用其爪,兵无所容其刃。

夫何故?以其无死地。

译 文

生命的过程:从出生走向死亡。

活得长寿的人,占十分之三;不长寿的人,占十分之三;本可以保持生命更长久一些的人,因生活方式不对而死亡,也占有十分之三。

这是为什么呢?都想使生活再过得好一些。

听说善于保养生命的人,在路上行走不会遭遇到犀牛与老虎的攻击,在打

仗中不会被兵器所伤害。犀牛的角无法碰到他，老虎不会用爪抓到他，兵器无法刺入他。

这是为什么呢？是因为没有让他死亡的办法。

解读

人有出生就有死亡，老子把人的死亡分为三个部分：长寿的占去三成；不长寿的占去三成；过于照顾自己而死亡的人也占三成。谁都想争取长寿，但是有一些人早逝是因为客观原因不易摆脱，需要努力去争取，如战胜疾病；还有一些是面对天灾人祸无可奈何；还有一些是生活上很不注意，如过多吸烟、过量饮酒等不良嗜好所致。总之，违背了生活规律将导致身体不适。生命掌握在自己的手中，依照自己的身体状况安排好衣食住行，将养生之道重视起来，做到现在流行的一句话，"管住嘴，迈开腿"，找到一套适应自己的锻炼方法，让自己的身体矫健起来，经过不懈的努力可以实现长寿。

老子讲到了三部分人，似乎还有一成人没有讲到，其实也讲到了。这一部分人是思想境界比较高的人，他的思想影响着很多的人，当人在迷茫之中需要借助他的思想得到启明。还有一些人的行为十分感人，为人民的利益牺牲个人的利益，他们的事迹令人们感动，他们的人格被人们所尊重。这些人是老子说的那些人，"以其无死地"，他们的精神财富永远是鲜活的，他们永远活在人们的心中。不同的英雄有不同的事迹，他们一定是"路行不见兕虎，入军不被甲兵。兕无所投其角，虎无所用其爪，兵无所容其刃"的人。

人从出生就开始走向死亡，谁都要遵从这条规律。人的寿命不同，各有各的原因。但是，善待生命应该是一样的，不仅要善待自己，同时也要善待别人，我们现在讲"以人为本"，就是尊重生命。老子讲，会善待生命的人，不怕禽兽、不怕兵器，野兽与兵器都不得奈何他，我想这一定是一种生命，是精神生命，这种生命是无法战胜的，这样的生命是不死的。善待这样的生命是一种境界，是老子所推崇的。

老子对生死做了一番研究，除了三种死因外，还有一种善以保全生命的

人,他能在危及生命的环境中保全自己。人们在这里所得到的启示是对于事关生命的事情,要力戒干扰、从容以对。要摆正生命的位置,让理性主导自我。

诗词助读

夏日晖上入房别李将军崇嗣　　陈子昂[唐]

四十九变化,一十三死生。

翕忽玄黄里,驱驰风雨情。

是非纷妄作,宠辱坐相惊。

至人独幽鉴,窈窕随昏明。

咫尺山河道,轩窗日月庭。

别离焉足问,悲乐固能并。

人总是要死的,老子将人的生死划归为三个部分,无论哪一部分人都会过同样的生活,都离不开社会,感受命运的承载。"翕忽玄黄里,驱驰风雨情。是非纷妄作,宠辱坐相惊。"干扰人们生活的因素很多,包括外在因素与内在因素,人们对此作出选择,与生命攸关,荣辱是非让人琢磨思量,给人们的生活带来欢乐与烦忧,乃至于影响了生命。生命是脆弱的,真正做到"以其无死地"是很难的事,判明事物的真相,作出正确的选择,是对生命的关爱。

◎ 故事案例

善待生命

我遇见一个好几年没有见面的老朋友,发现他比上一次见面时瘦了许多,就问他为什么比以前瘦了。

我那位朋友拍着我的肩膀说:"我告诉你吧,胖可真不是件好事。原来我并不在意,似乎胖点并没什么。再者说了,工作上的应酬,吃饭用不着自己掏钱,放开吃呗,好东西别糟蹋了,浪费了,于是就这样吃胖了。"

我看着他得意的样子,就顺着说:"其实,胖点也没什么,只要没有病就好。"

我那朋友急忙挥手打住我的话:"不行了,别说了,还真是胖出毛病了,心脏出问题了,血管堵上了,上医院搭了三个支架。从此以后我老实多了,注意

善待身体了。"

我问："从此以后就不贪吃了？"

他说："后来对饮食我就非常注意了。我现在深刻地认识到，尊重生命要对身体负责。"

我问："什么是负责？"

他说："负责就是有节制地控制饮食，千万不能依性情吃饭，注意饮食结构。更重要的是要进行锻炼。"

我笑着说："这就是你现在瘦下来的原因？"他也笑了点点头："是的。"我说："咱们应该学点老子思想，不要太'厚待'身体了，走向生命的反面。""是的，人有时就是这样，当事情发生才感到后悔。"

老子讲有生就有死，今天我们善待生命更要遵循科学。须知，生命在于运动，行动决定命运。

第五十一章
道德之间

道生之,德畜之,物形之,势成之。

是以万物莫不尊道而贵德。

道之尊,德之贵,夫莫之命而常自然。

故道生之,德畜之,长之育之,亭之毒之,养之覆之。

生而不有,为而不恃,长而不宰,是谓玄德。

译 文

道产生了万物,德畜养了万物,万物有了它的形态,这来自于自然环境的趋向。

因此,万物没有不尊重道,没有不以德为贵的。

道受到尊敬,德受到崇尚,不用遵从任何命令而总是那样顺其自然。

因此,一切由道产生,由德畜养,使其成长,得到养育,使其安定下来并重视它,培养它关照它。

生养万物而不去占有,有所作为而不仗势,作为于万物而不会主宰,这就是神妙的德。

解 读

道存在于万物之中,每一物有每一物的道,不同的物有不同的道,彼此之间有着千丝万缕的联系,它们之间的微小变化都会产生彼此之间的影响,牵一发而动全身。它们是那样的灵敏,它们是那样的鲜活,它们是那样存有朝气。道应当受到重视,不断寻找"道"的轨迹。老子说:"道生之,德畜之。"老子将道与德紧密地联系起来。如何认识道与德的关系成为关键。

不妨做以下的解释,将其形象化:将道认为是天然的物质素材,而德就是要将那些素材制作成有用之物的工艺,将那些无序的、原始的材料变为可用之材。这并不是一件容易的事,不了解物的习性无以致用;没有过硬的手艺不能使物成器。这对德的参与提出了很高的要求,时机不成难以为器;材料不对难以为器;方法不对难以为器。总而言之,主观意向与客观现实存有差距就会出现问题,操作的每一细节都体现着德的深浅,每一点差错都是对道的损伤,换句话说意味着失败。比如说瓷器的烧制主要有五个部分:一是胎泥、釉料的制备,二是成型方法,三是施釉,四是装匣,五是烧制。大的步骤分五部分,每一大步骤下还有许多道工序,这是一件十分繁杂而细致的工作,任何一道工序都不能出现问题,出现问题的结果就是残次品,残次品的出现是对物的敬畏不够,没有遵从制作之道,是对道的伤害,表现出制作者还缺乏这方面的知识与技能,是德的修行不够。

道与德的关系非常密切,不遵从道不能为事,不依从德难以成事。"道之尊"要按客观规律办事;"德之贵"是要集聚方方面面的知识,贵在引起高度的认识,贵在掌握一定的技术,才有可能将事做成。往往由于大意、由于疏忽、由于没有想到会出现意外情况,错过了时机,出现了问题。失去了道,没有办事的依据;失去了德,缺乏办事的诚意。两者之间的关系密切、两者之间相应相合。凡事求好应该达到一种境界"夫莫之命而常自然",做事情就像没有命令而是自然而然地去完成,一切都是那样地顺其自然。

道是自然的、永存的物质规律的表现形式,德是认识这一规律的基础,缺乏这个基础难以为德,更难以载道。所以德是要不断畜养的,充实知识、培养思想、磨炼意志、提高情操都是畜德的基础,都是为道的基础。德有多高,道就会有多深;德有多大,道就有多宽。以道观工作可以看到工作中的曲折与不顺,德的畜养不足应对则会出现问题。因此,多思、多想、多做、多向别人请教,才会有所长进。有了提高并不以此为骄傲,有了成绩并不以此为得意,有了权利并不以此为仗恃,做到这样才称得上是大德。从这个意义上讲,做任何一种努力都不会没有收益,在德上的收益最为人称道,是顺乎道的表现。

万物依偎着道与德。道与德的可贵之处在于它呵护着万物,并不给万物下达以指令而让万物顺其自然地成长。养育万物、保护万物的道与德,永远为万物做着润物细无声的工作。它不仗恃着自己的力量,它不去把控着万物而是成就万物,这是多么神奇的德行呀!它的玄妙之处很难说得清楚。

我们现在的世界已经存在着很多的道与德的脱节,不是人们没有认识到问题的严重性,而是利益的驱使使然。地球上的原始森林在不断地消减、土地在不断地荒漠化、物种在不断减少,人类的生存环境受到挑战。怎样面对未来? 人类必须做出深刻的反思。

遵从于道的人没有不重视德的,道虽自然天成,也依然离不开德对它的蓄养。没有德,圣人怎么能为民请愿、为民办事,怎么能调动属下、调动员工的积极性呢?

诗词助读

秋怀　欧阳修[宋]

节物岂不好? 秋怀何黯然?
西风酒旗市,细雨菊花天。
感事悲双鬓,包羞食万钱。
鹿车何日驾,归去颍东田。

欧阳修是个正直善良的封建士大夫,关心国家安危,同情人民疾苦,直言敢谏,不阿权贵,为此也屡遭打击甚至被贬黜。欧阳修对北宋诗文革新运动有重大贡献,最显著而有力的是用考官的职权来扭转文风。他是当时的文坛领

袖,是散文家、诗人、词人。他鼓励别人用诗反映人民的愿望、社会矛盾,自己也这样做。

"感事悲双鬓,包羞食万钱",通过此诗可以感受到欧阳修的正直与不阿,一方面他为任一方,为民请愿,为民办事;另一方面他也感到愧对俸禄,没有能够为民做得更好而感到自己的双鬓已白,力不从心。在他身上体现出了"生而不有,为而不恃,长而不宰,是谓玄德"的精神风貌。

◎ 故事案例

以德畜养

松下幸之助对公司成员的要求十分严格,但他的这种要求则是建立在尊重基础上的。当他在制订方案时,总是要征求员工的意见,因为他明白,公司是要靠大家来维持的,意见如果是对的,就要采纳,否则就不是一个"明君"。松下的口头语是"首先要细心倾听他人的意见。"这是他对员工的尊重。

松下说过:"每一个人都有发言权,即使有些建议还不全面,还可以在执行中加以调整。我不能打击人们的积极性,因为我们是一个团队,必须团结起来,我需要的是大家融合在一起,为我们的共同目标而前行。"松下公司正是本着这样一种工作作风和工作态度取得了辉煌的成就。

松下公司取得这样的成功,与松下幸之助的为人有关。他做事稳重、办事诚信、对人恭敬、态度谦虚,正是这些优良的风格与品德,造就了他的松下公司。"道生之,德畜之,物形之,势成之。"松下公司大概就是秉承着这样一个办企业的理念,完成其大业的。

第五十二章
生 存 于 道

原文

天下有始，以为天下母。

既得其母，以知其子；既知其子，复守其母，没身不殆。

塞其兑，闭其门，终身不勤。

开其兑，济其事，终身不救。

见小曰明，守柔曰强。

用其光，复归其明，无遗身殃，是为袭常。

译文

天下万物有了起源，起源就成为万物的母体。

得到了母体，就可以知道它的孩子；知道了它的孩子，就要守护住它的母体，这样就会使自己不处在危险之中。

堵塞住欲望缺口，封闭住欲望漏洞，终身就不辛苦。

若打开欲望缺口，满足欲望要求，则终身就不可获救。

见到细微的小事能够明白其中的道理,守住柔弱是刚强的表现。

用自身的光芒,照亮回归中的自己,使自身不受到伤害,这是使自身保持长久的关键。

解读

万事万物总有源头,求根溯源为的是查明情况、摸清脉络,为的是看清事物的跌宕起伏。探明以前的事就是为今后的发展寻找端倪,有了前因必然会有后果,做好前面的事是防止以后出现危险。人生经历的事情太多了,教训也太多了。比如说做事情,前边的基础性工作没有做好,会为后续工作埋下隐患,这一道理适合于任何一件事。好成绩的取得靠的是一点一滴的积累,一点一滴的积累靠的是负责任的态度,负责任的态度来源于正确的认识,正确的认识来源于严谨的思考。事情的发展一环紧扣一环,若有一环有所缺失,问题就会暴露。于是,专心致志地做事成为成事的基础。老子讲:"塞其兑,闭其门,终身不勤。"如果能够这样做,专心于一事,可以免除分心于它事的劳心之苦。反过来说"开其兑,济其事,终身不救。"放开的欲望会让你失去目标,目标越多就等于越没有目标,其结果无法设想。在小的问题上搞明白了,大的方向就把握住了;守住了弱小就有了成功的希望,哪一个成功不是从弱小开始?从小到大是生命力坚强的表现。

人生的道路需要光亮,需要点起智慧之光,照亮人生的前程。人生的迷茫是不知道从何来又向何去,一生的守望怎么能失去专一的信念。抛弃迷茫实现专一,找到自我,小的专一有小的收获,大的专一有大的收获。以小见大是智慧的表现。

天下万物皆有来源,来源是万物的母体(根本),母体养育了它的子孙,知道了它的子孙,就要保护好母体。母体是不应当受到伤害的,母体受到伤害,就不会有子孙了。保护母体的办法是堵住不该有的漏洞,关闭不必要的欲望之门,做到这样,终身可以不用那样地操劳。如果做不到,自身就要受到伤害,受到劳心之苦。明白小问题里有大的道理,守得住柔弱的根本,才能称得上刚强。用智慧点亮自己的生命之光,永远给自己以启明,置身自己于没有危害的境况之中,使其永久地保持下去。道理可以以小见大,道理可以说多说少,重复是为加深印象,重复是为了进一步的思考,重复可以产生智慧。

　　解决问题的关键在于找到问题的源头,从源头入手问题可迎刃而解。历朝历代到最后衰落往往是因为无度的纵欲,公司单位经营不善往往是因为制度上存在某种问题。而要解决这些问题,关键还是要找到现象背后的根源。

诗词助读

桂枝香　王安石[宋]

登临送目,正故国晚秋,天气初肃。

千里澄江似练,翠峰如簇。

征帆去棹残阳里,背西风、酒旗斜矗。

彩舟云淡,星河鹭起,画图难足。

念往昔、繁华竞逐。叹门外楼头,悲恨相续。

千古凭高对此,漫嗟荣辱。

六朝旧事随流水,但寒烟衰草凝绿。

至今商女,时时犹唱,后庭遗曲。

　　此诗上半阕描写金陵的壮丽景色;下半阕通过怀古,揭露六朝统治者的"繁华竞逐"的荒淫生活。诗人通过对历史的回顾,将"念往昔,繁华竞逐。叹门外楼头,悲恨相续"的场景再现给世人,今与昔形成鲜明的对比,引起诗人的无限追念,此景此情让世人思考、关注。历史可否重复,历史的教训可否汲取?造成这样的现实是老子所说的"开其兑,济其事,终身不救"的结果,统治者荒淫的生活必然导致亡国的下场。杜绝这种境况还是要"用其光,复归其明,无遗身殃,是为袭常。"明白其中的道理,守住那份朴拙。

◎ 故事案例

认识本末

　　美国石油大王保罗·盖蒂是一位怪才,他是一个很抠门的人,以至于他把

这种精神带入到生产管理中。

　　企业初创时,他常到油田工地巡查,发现工地的浪费现象比较严重,一些还可以使用的东西被丢弃,闲散人员也随处可见。于是他制订了一些相关措施让员工执行。过了一段时间他去检查工作,发现工作依旧没有多大改进,这使他很不解。于是他再一次到工地调查情况,与工人、工长聊天。在摸情况的过程中,有人说的一句话对他触动很大,"那是他的公司,我只是拿我那份钱。"是的,如果大家都这么想的话有些事就不会有人干了,那么怎样改变这个局面呢?他想自己挺抠的,如果大家都像我这样的抠,把公司的东西当成是自己的来爱惜,可能就会是另一种结果。于是他又制订了新的管理措施,提出新的方案,凡是节约材料、减少消耗,节省下来的钱可以在个部门提取30%作为奖金发放,让工长执行。

　　经过几个月的执行,这个措施收到了很好的效果。员工们节省材料就像节省自己的东西,千方百计地算计,这样一来不但为公司节省了许多开支,员工自己的腰包也鼓了。从此浪费材料的现象在工地就基本被杜绝了。

　　有时解决问题看似比较复杂,无从下手。其主要原因是没有找到解决问题的源头,源头找到了,问题就可以迎刃而解了。那么,反过来说,看到问题的现象就可以认识到其本原的东西在其中。"既得其母,以知其子。"这是一个值得反复思考的问题。

第五十三章
识 道 有 益

使我介然有知,行于大道,唯施是畏。

大道甚夷,而人好径。朝甚除,田甚芜,仓甚虚;服文采,带利剑,厌饮食,财货有余;是谓盗夸。非道也哉!

译 文

如果我有些许见识,行走于大道上,唯一感到畏惧的是害怕自己走上邪路。

大道是非常平的,而人君却好走邪径。朝廷的没落,导致田地很是荒芜,仓库很是空虚;可人君却穿衣华丽,佩带利剑,饱食盛宴,占有天下财富;这是所谓的大盗,而绝非我们所说的大道!

解 读

老子认为统治者更容易走上邪路,然而这是很危险的。

大道是光明磊落的,于人于己都是豁达的,不需要有什么掩饰,你看到他的成就为他高兴,也是自己的荣耀,因为你们同走一条路,彼此相互依靠。你看到他的不足时,你会为他难过,你会设法帮他去掉那些毛病,这里面有你一份责任。但是在现实社会中却有一些背道而驰的现象,掩饰或粉饰一些问题,将真实的问题掩盖起来,看起来没有问题。其实这是一个愚蠢的做法,不解决问题会使问题永远存在,不解决的问题永远是一道门槛,虽然可能出现大事化小,小事化了的情况,这会使工作留下尾巴或者叫隐患。

老百姓不喜欢"朝甚除,田甚芜,仓甚虚"的事态,历史的事实已经证明了,一个朝代的灭亡多因于统治者自身的问题。

持道重德的人,一定会走在大道上,因为他们深知邪路的危害。那些霸占天下财富的统治者,使国家衰亡,百姓困苦,他们是不懂得"道"的人。

其实,行于大道也很简单,大道不追求浮华,大道表现出朴实;大道没有什么藏密,大道只有坦然;大道永远追求,大道没有懈怠;大道永远一视同仁,大道永远是那样的智慧,大道得到的是见仁见智。不识得大道就不会行于大道,不懂得大道就不会敬于大道。道是朴实的,道是自然的,道合于民情、合于民意。

君王要知道大道并行走于大道。所谓国之大道,就是要符合民意,当饥荒出现时要开仓济贫,当国家危难时要寻找正解,否则,就只能被认为是窃国的大盗了。

诗词助读

官仓鼠 曹邺[唐]

官仓老鼠大如斗,见人开仓亦不走。

健儿无粮百姓饥,谁遣朝朝入君口?

诗人并不直接写朝廷的腐败,而通过写官仓老鼠大如斗表明官府的腐败。老子将朝廷的腐败形容为:"朝甚除,田甚荒,仓甚虚",是指朝廷不行于道,给天下老百姓带来深重的灾难。土地荒芜了,粮仓空虚了,这是因为统治者偏离了道。

◎ 故事案例

探求正道

浪漫主义诗人屈原自幼勤奋好学,胸怀大志,早年受到楚怀王的信任,任左徒、三闾大夫,由于他学识渊博,常被楚怀王叫来商议国家大事,参与国家法律的制定。屈原主张法度严明,举贤任能,改革政治,联齐抗秦。在屈原的努力下,楚国的国力有了一定的增强。但是,由于其性格耿直的原因,他不与上官大夫那样的人同流合污;再加上上官大夫那些人受到了秦国使者张仪的贿赂,屈原的意见没有受到楚怀王的重视与采纳。不仅如此,由于那些势利小人起到很坏的作用,屈原更加被楚怀王疏远了。屈原反对楚怀王与秦国订立黄棘之盟,但是楚国还是投入了秦国的怀抱。不久屈原被楚怀王驱逐他乡,开始了被流放的生涯,政治抱负最终没能得以实现。结果楚怀王也没有得到好的下场,他被秦国诱去,囚死于秦国。楚襄王即位后,屈原继续受到迫害,并被放逐到江南。公元前 278 年,秦国攻破了楚国国都,屈原的政治主张彻底破灭,对国家的前途感到绝望,虽有心报国,却无力回天,遂在同年五月怀恨投汨罗江自杀。

"路漫漫其修远兮,吾将上下而求索。"屈原之所以受到人民的爱戴,是因为他的主张和做法顺乎民意,合于大道,只是昏君不走大道,才导致了国破家亡的悲剧。这正如老子所说:"使我介然有知,行于大道,唯施是畏。"

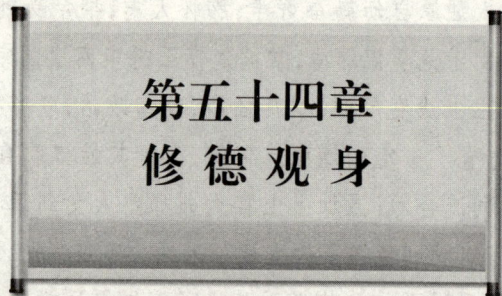

第五十四章
修 德 观 身

原文

善建者不拔，善抱者不脱，予孙以祭祀不辍。

修之于身，其德乃真；

修之于家，其德乃余；

修之于乡，其德乃长；

修之于邦，其德乃丰；

修之于天下，其德乃普。

故以身观身，以家观家，以乡观乡，以邦观邦，以天下观天下。

吾何以知天下然哉？以此。

译文

　　善于建立根基者不被拔掉，善于抱紧者不被摆脱，如果子孙知道这个道理、能够这样做，后代便可绵延不绝延续下去。

　　以此修养于身，德行就会真切；

以此修养于家，德行就会有余；

以此修养家乡，德行就会长久；

以此修养家国，德行就会丰厚；

以此治理于天下，德行会遍及世界。

所以要用观察自身的方式观察别人，用观察自家的方式观察别人的家，用观察本乡的方式观察他乡，用观察本国的方式来观察别国，用观察天下的眼光去观察世界。

我凭什么可以知道天下的情况呢？就是这样去做。

（解）（读）

树德是为人的根基，拥有德的人不会被人抛弃，生活的平安可以延续下去。

这样修养身心，德行就会真实。修德的人表现出的是真实。

这样修养于家，德行就会有剩余。修德于家的人，可以让家幸福有余。

这样修养家乡，德行就会长久下去。修德于家乡的人，可以使家乡长久地美好。

这样治国，德行就会丰厚起来。修德于大的地域，可以使这个地域富甲一方。

这样治理天下，德行会行遍于天下。修德于天下的人，可以使天下充满德。

因此我们要用对待自己的态度来对待别人，用对待自家的态度来对待人

家，用对待本乡的态度来对待他乡，用对待本国的态度来对待他国，用观察天下的眼光来观察世界。用同样的态度、同样的眼光观察事物，可以达到感同身受、消除偏见的结果。

老子是这样感知世界和认知世界的。源头的问题是德的问题，解决问题从识德与修德开始，从自身的修炼开始。

老子在这一章里重点讲的是修德，修德一事关乎自己也关乎子孙，关乎家庭也关乎邦国。将自家的小康延续并发展下去，修德显得尤为重要。老子将德分为五个层次是个创举，非常真切地对德予以求证，划定出每一层次的"域"在哪里，用怎样的一个字来表示，要达到怎样的要求，将德的程度分层体现出来，一目了然，易于效仿。

第一层，修身之德在于真。万事朦胧，对其探究，知之为知之，不知为不知，自己不需要对自己作假，一切感受对自己都是真实的，是前进还是后退，是得到还是失去，是满足还是失望，是成功还是失败等，最明白的应该是自己，力求去伪存真，以这种真切的感受对待自己，摆正事物一正一反的相互关系，对思想予以真切的修炼，求之以真，达到"真"的境界，是修德的基础。"真"不是糊弄自己、不是欺骗自己、不是作秀。"真"是付出，是得到，是实实在在，是踏踏实实。"真"可以坦然，可以安稳，可以永久，求真为实。

第二层，修家之德在于余。家庭是社会的细胞，如果能够将一个家庭打理得很好，家庭的氛围营造得很和谐，你的德行便是有余的，从事工作不会让你分心，只会更有起色，因为你已经可以把旺盛的精力投入到工作中去，这是德的体现。反过来讲，如果家庭不稳定，情绪不佳，工作当然要受到影响，你不会有多余的精力投入工作，因为你缺失了前行的动力，你的余力被消减了。

第三层，修乡之德在于长。如果你还有所擅长的话，能够为民众奉献出自己的禀赋，可以为乡里作出贡献，这是德对你的要求，你有一份责任将社会的稳定性因素扩大化。强化社会的稳定性、和谐性是每个公民的心愿与义务，社会家园需要有人为大家办事，为大家服务，需要那些长于有德的人挺身而出或毛遂自荐，需要那些有德之人在前两层德的基础上将之发扬光大。

第四层，修邦之德在于丰。经历了前三个层次，你得到锻炼，你的德会有一个提升，你的经验更丰富了。丰富的知识与经验换取了来之不易的丰硕成果；丰富、丰收、丰衣足食为民众所向往，为民众所追求；具有"丰富"理念的人，富甲一方的人,为人们所推崇,没有丰富、宽广的德行不足以修邦。前人的经验可以借用,今天的经验可以总结,明天的工作可以做得更好,这都在于修德。

第五层,修天下之德在于普。修德于普在于思考问题的全面性,没有对普天下的思考,藏民于心中,就不能对天下布道,将天下装之于心。一国之君将普天下的百姓放在心上,百姓所关心的事就是你关心的事,这是修德的最高境界。

真、余、长、丰、普为不同的层次,层层递进,下一层为上一层的基础,对不同层次德的考量有不同的标准和要求,彼此之间可以借鉴。采用这样的依据,是对有德之人的衡量,也是对不同阶层表现的考量。

德的养成应当从自我做起,善于建立根基,善于抱住而不被摆脱,是一件永远值得重视的大事。怎样做到这样呢? 首先修身从自己开始,让德得到真实的体现,随着个人的成长,视野不断扩大,德行也要得到成长,有怎样的德行就能做怎样的事。行不同的事,用不同的比较标准,持平淡而平等的态度,是认识自然与社会的基础,认识与了解自然社会的目的在于更好地改善和生存在这个社会。

在老子看来修德有五个层次,德的发展的五个层次"真、余、长、丰、普"对应着"身、家、乡、邦、天下"五个内容,承载不同;五个层次,层层递进,不同的内容有不同的内涵,不同的层次有不同层次的要求。能否达到不同层次的状态,要做横向的比较,没有比较不足以有深刻的认识,没有比较不足以发现问题,没有比较不足以提高。老子讲出修"德"的道理在于认识修德的意义,没有德行不足以为道。老子之所以"不出门,知天下",其根据就在于此,考察的理由也由此而来。

修身、齐家、安邦、平天下,离不开自身对德的修养,没有德怎么能产生是非之感呢? 怎么能做出顺乎天意的举动呢? 所以德是修养的起始,也是修养的根本。

诗词助读

登岳阳楼　　杜 甫[唐]

昔闻洞庭水,今上岳阳楼。吴楚东南坼,乾坤日夜浮。
亲朋无一字,老病有孤舟。戎马关山北,凭轩涕泗流。

从这首诗中可以看到杜甫颠沛的生活,他的生活折射出当时动乱的环境,吴楚之地仍在发生着战乱。诗中难以掩饰杜甫心中的凄苦,他不希望战乱,不希望过民不聊生的生活,希望时局能够安定下来,希望天下和平没有战争,"戎马关山北,凭轩涕泗流"是杜甫在岳阳楼上发自内心的悲伤之情。认识老子的"故以身观身,以家观家,以乡观乡,以邦观邦,以天下观天下"的深刻含义,便可以理解以小观大的道理。杜甫短短的几句诗已将当时社会不安定的状况描写出来,也将杜甫为国分忧的情怀深刻表现出来,以此诗可以了解当时的历史现状。

◎ 故事案例

善守自身

公元 200 年,鲁肃在周瑜的引荐下归附孙权。孙权非常器重鲁肃,与他"和榻对饮",议论时事。鲁肃认为:"荆州与吴国临接,水流顺北,外连江汉,内阻山陵,像金城一样坚固。沃野万里,士民富足,若占据此地,是建立帝业的基础。如果刘备与我们联盟,上下齐力,共抗曹操,则天下可定。"孙权同意了这个建议。于是鲁肃在当阳找到逃亡中的刘备,并结识了刘备的谋士诸葛亮。诸葛亮也主张孙刘联盟,二人遂同去柴桑(今江西九江)回见孙权,商谈联盟大事。当时曹操声言要与孙权决一死战,孙权本来就想"拥军在柴桑,坐观成败",而对抗曹缺乏信心。但在鲁肃的坚持下,孙权终于坚定了抗曹的决心。鲁肃劝孙权:"鼎足江东,以观天下之衅……然后建号帝王以图天下。"孙权很佩服他的才能。公元 208 年赤壁大战时,鲁肃为赞军校尉,终于使得曹军大败。

鲁肃为孙权分析了天下形势,提出了守住自己的疆土,然后去联合抗曹的主张,得到了孙权的肯定,采纳了鲁肃建议,最后取得了赤壁大战的胜利。这一例子可以说是对老子"善建者不拔,善抱者不脱"的一个注解。

第五十五章
含 德 之 厚

原文

含德之厚,比于赤子。毒蛇不螫,猛兽不据,攫鸟不搏。骨弱筋柔而握固。

未知牝牡之合而朘作,精之至也。

终日号而不嗄,和之至也。

知和曰常,知常曰明。益生曰祥,心使气曰强。

物壮则老,谓之不道,不道早已。

译文

饱含厚德,好比刚出生的婴儿。毒虫不去叮咬,猛兽不吃,飞禽不抓。身骨柔弱而握紧拳头。

婴儿并不知道男女应该结合,但生殖器却能勃起,这是精气充沛的缘故。

婴儿每天号哭嗓子却不沙哑,这是生理和谐的表现。

知道和谐是常态,知道良好的常态可以说是明智。纵欲贪生就会遭遇不

祥,精气受制于欲念则会做逞强之事。

事物到了壮年则衰老,这可谓不合于道,不合于道者必将早亡。

解 读

老子讲明一个道理时总爱举出生动的例子,使人立刻产生可以触摸的感觉,使想象丰富起来,跟着他的思路思考。在如何理解厚德上,老子以婴儿为例,这使我想到印度狼孩,一个被遗弃在林中的婴儿并没有被狼吃掉,反而被狼收养下来,这似乎是一件蹊跷之事。不同的人会有不同的看法,不同的人会有不同的思考。大自然永远固守着那份神秘,是善是恶从不告知与人,给人留下思考的空间。老子对出生婴儿的感触让人从另一个角度悟出了他的道理:厚德存在于淳朴的状态之中。一方面是婴儿虽有紧握的拳头,却不会向对方发动攻击;另一方面是母狼不拒绝对幼小生命的慈爱,这大概是动物的本性,也是自然生态的厚德。

事物的原生态是老子认为的厚德,老子从原生态中发现了厚德的道理,所发生的原生态之事不会对什么有损伤,"终日号而不嗄,和之至也。"婴儿的啼哭不会对婴儿有所损伤,这是内在和谐的表现。凡事都有外在的表现形式,外在的表现形式表明内在"和"的程度,认识"和"显得那么重要,没有"和"就会失去平衡、出现离散。万物因个性显现出离散,因共性与之相和。将这一观念贯穿于生活之中是对人生的启明。当"和"被突破,就不祥了,老子称其为逞强,认为其表现出不符合自然规律的特性。事物存在着的平衡与不平衡是相对的,存有矛盾也是必然的,这是个性的表现。矛盾的扩大化是不和的表象,一旦突破了度就成为问题。

事物的发展总是由小到大,由弱到强,但是当事物由强转弱时,就证明其正背离常道,而背离常道者离消亡也就不远了。道与不道一时难于分辨是因为主观之道与客观之道出现了差异,当我们将"含德之厚"这一概念引入,以德来解道的时候,才明白了什么是真的道,如何解释"不道"。道不易于把握是因为它有自己的规律,当德介入之后,道与德相合了,道的变化就更为丰富了。厚德显现出最为重要的作用,应当记住的是那句老话:"天行健,君子以自强不息。地势坤,君子以厚德载物。"天的持久运行是因为它的自强,大地之母能够承载万物,是因为它的厚德与包容。

含有德行的人有两种情况,一种人是婴儿,这是一种自然的现象、自然的状态,在这种状态下别的事物是奈何不了他的。他所做的事很自然,不会受到伤害。另一种人是有德行的人,知道怎样去做事,这样做可以顺其自然避免一些灾害而获得吉祥。

新生命虽幼小却含有厚德,所以谁也不会攻击他,他的行为是依本性而为,不会有好坏之分。但生命终会归走向衰老,这是我们要明白的天道。

诗词助读

咏怀 其三十一　　阮 籍[魏晋]

驾言发魏都,南向望吹台。箫管有遗音,梁王安在哉?
战士食糟糠,贤者处蒿莱。歌舞曲未终,秦兵已复来。
夹林非吾有,朱宫生尘埃。军败华阳下,身竟为土灰。

此诗借凭吊战国时期魏国的古迹吹台,以讽时政。清陈沆《诗比兴笺》说:"此借古以寓今也,(魏)明帝末年,歌舞荒淫,而不求贤讲武,不亡于敌国,则亡于权奸,岂非百世殷鉴哉!"历史不可以重复,但历史可以借鉴。"战士食糟糠,贤者处蒿莱。歌舞曲未终,秦兵已复来。"阮籍举例梁王不求贤、不讲武只沉浸于歌舞之中,结果秦兵围攻大梁,梁王兵败。这就是老子所说的"益生曰祥"的道理。帝王贪求生活的享受,老百姓离灾殃就不远了。

◎ 故事案例

天人和谐

一个小徒弟向静潭禅师请教说:"您总是讲天人合一,可天人怎样才能合一呢?"

静潭禅师说:"天有春、夏、秋、冬,风、雨、雷、电,这是大自然的自然现象;人是大自然的造化,人应顺自然所为。人生活在世上,需要认识世界,人的禅性不同,认知的能力不同,得到的结果就不同。我以为人的禅性有三个境界。

第一个境界是追求;第二个境界是不后悔;第三个境界是从当下做起。这三个境界若想实现,必然要依赖客观外界,将悟性与现实统合起来,不可相悖,

其后果才好。人的思考要具有德行,德行是善待,善待才能融入自然。做到这样,人就可与自然和平共处。"

　　小徒弟睁大眼睛有所悟:"想的与做的要适合自然,不能违背自然,这就叫天人合一对吗?"静潭禅师站起身来说:"这里的玄机你去参吧。"禅师转身走了。小徒弟拍拍脑袋:"参一参吧。"

　　自然的形成有其道理,社会的形成也有其道理,而人要明察其中的道理。"知和曰常,知常曰明。"为人们所思考。

第五十六章
得失为贵

知者不言,言者不知。

塞其兑,闭其门;挫其锐,解其纷;和其光,同其尘;是谓玄同。

故不可得而亲,不可得而疏;不可得而利,不可得而害;不可得而贵,不可得而贱。故为天下贵。

译 文

知道的人不说,说的人不知道。

塞住那个出口,闭上那个门户;挫掉其锐气,解决那些纷乱;混合那些光芒,混同那些尘埃;这些是说他们有玄妙、相同的地方。

因此,不可得到的东西会去亲近它,不可得到的东西可以疏远它;不可得到的东西也会有利处,不可得到的东西也会有害处;不可得到的东西也许高贵,不可得到的东西也许低贱。因此,有这样的看法才为可贵。

解读

明白的人不去说什么，是因为他对事物认识透彻；说的人不知道什么，是因为他对事物一知半解，不懂装懂。

堵住不必要的出口，闭上不该开的门户；挫掉没有必要的锐气，解决那些层出不穷的纷乱；让光芒更柔和一些，让尘埃都混同在一起；所以说这些都有奇妙与相同的地方。任何事物都有其个性的发展，当个性发展过于大的时候，就会与其他事物出现不和谐的现象。怎样达到和谐，这里有许多奥妙的地方。这就像对果树的剪枝，将不能挂果的枝杈剪去，将可以挂果的枝子保留，如何剪理树枝这里有科学的门道。

不可得到的东西会有一种神秘感，让人总想走近它亲近它。对不可得到的东西就应该疏远它，放开它，这也许是一件好事，对你的有用性才是重要的。东西可以得到，也可以得不到，不一定得到就是好事，也不一定得不到就是坏事，不必强求，总在变化。

对事物的认识有人去说，有人不去说，去说的人未必能够说得清楚，不说的人不见得不明白。知与不知、明白与不明白有其相对性。人类对大自然的认识是循序渐进的，由知之不多到知之甚多，仍在辨别中求实，仍在做着求真的努力。

老子提出讨论问题、解决问题的三个阶段：

第一阶段：当讨论问题时先把这个问题看成一个整体，"塞其兑，闭其门。"将所讨论的问题明确、确定后再进行讨论，否则议题就乱了，达不到预期的目的。

第二阶段：讨论问题时需要彼此之间的打磨，"挫其锐，解其纷。"不需要语言锐利，因为在锐利语言的背后大概会有执拗和不冷静的地方。要弱化一意孤行的见解，纷乱在这里应当理出个头绪，发表不同的见解为的是找出正确的方案。

第三阶段：这个阶段要"和其光，同其尘。"让大家的光芒和谐起来，让漂浮的尘埃落定，让事情更明朗化。在综合大家意见的基础上将思想统一起来，形成共识与和谐。

相同中各有不同,孔子讲:"君子和而不同,小人同而不和。"君子同归而殊途,目标是一致的;小人同途而殊归,各自心怀鬼胎,目标是不同的。老子希望的是依以上的三点去做,达到同一。

玄同是微妙的关系,不亲近也不疏远;不获利也没有危害;不以什么为贵或为贱;平和的心态,冷静的处事,是玄同的境界。玄同是美妙的感受,当进则进、当退则退、当取则取、当舍则舍,是与万事万物美妙的契合。

世界上的许多事不会容易看清,只能仁者见仁,智者见智,"知者不言"也许是一种谦虚、一种谨慎、一种成府、一种胸有成竹,"言者不知"也许是一种肤浅、一种无知,但从另一个角度看,也许也不失为是一种思维活跃的表现。知者与言者需要达到一定意义上的统一,让两者和谐起来,知者不要不说,言者不要瞎说,关键是达到有效的沟通。老子的方法是"和其光,同其尘",实现玄妙之同的境界。世间万物有的能得到,有的不能得到,得到的不一定就好,得不到的不一定不好,有一个平常心才是可贵的。

人对所欲求之物未必有着正确的认识,这些物品也未必对人有什么好处,那些看起来珍贵的东西,一旦到了手,也许会给你带来灾难。那么得到是好还是不好,这能够说得清楚吗?

诗词助读

读老子　白居易［唐］
言者不知知者默,此言吾闻于老君。
若道老君是知者,缘何自著五千文?

白居易深知"言者不知知者默"的道理,但是又对老子自著五千言予以发问,这里的奥妙又在哪里? 其实,人们想知道那些应该知道的东西,但有时得到的却是似是而非的答案,不知是说者没说清,还是听者没听清,于是问题就出来了。对道来说,道非语言所能说得清楚,尽管说不清也需要说。老子受尹喜之托留下五千言的《道德经》,成为中华民族宝贵的精神财富。

禅宗虽讲"教外别传,不立文字",但是禅宗的"文字禅"最多,这其中的原因是:妙理应当借文传世,让后人了解前贤们的文采与思想精神。"教外别传"也许是一种保守,就像国之利器不可示人。老子讲"不可得而贵,不可得而贱。

故为天下贵。"到底贵在哪里？可以说得之为贵，失之也为贵。

◎ 故事案例

知与不知

庄子与惠子关系非常好，两人经常一起讨论问题。

有一天，庄子与惠子一起出游，来到濠水的一座桥上。庄子看到桥下的鱼在游，于是就对惠子说："你看这鱼悠闲地游，鱼是多么快乐呀！"惠子听了庄子的话反问道："你又不是鱼，你怎么知道鱼是快乐的呢？"庄子反过来对惠子说："你又不是我，你怎么知道我不知道鱼儿是快乐的呢？"惠子接着说："我不是你，固然就不知道你的想法是什么；那么，你本来就不是鱼，你当然就不知道鱼的快乐，这是完全可以说得通的。"庄子说："那让我们从头说起吧，你一开始就问我'你怎么知道鱼儿的快乐？'就可以说明你很清楚我知道什么，所以你才来问我是从哪里知道的。那么我现在告诉你，我是在桥上一看就知道的。"

他们俩就是这样争论和探讨问题的。庄子看到的鱼是快乐的，这是庄子的说法。惠子没有看出来鱼是快乐的，只是认为庄子的认为没什么道理，这又是惠子的说法。到底谁说得对，大概只有鱼才知道。"知者不言，言者不知。"知者不一定就能把事情说清楚，因为不好说。说者也不一定知道多少。怎样就有利、怎样就无利，要依情况而说，而老子的这句话讲的就是这个道理。

第五十七章
治国之道

以正治国,以奇用兵,以无事取天下。

吾何以知其然哉?以此:

天下多忌讳,而民弥贫;民多利器,国家滋昏;人多伎巧,奇物滋起;法令滋彰,盗贼多有。

故圣人云:"我无为而民自化;我好静而民自正;我无事而民自富;我无欲而民自朴。"

译 文

用清静无为的方法治理国家,用出奇的战术带兵打仗,用无为而治的思想取得天下。

我凭什么知道就是这样呢?是依据以下的情况:

天下不能做的事情越多,老百姓就会越贫穷;老百姓的利器越多,国家就越趋于昏乱;人们有太多的机巧,奇怪的事情就会发生;法令太多了,盗贼也会多起来。

因此,圣人说:"我没有什么作为,老百姓会自我化育;我很平静地处世,老百姓也会归于正途;我没有做更多的事,老百姓会自然地富起来;我没有什么欲望,老百姓也会淳朴起来。"

解读

对于治国之道,老子讲了他的看法,即治国要注意两方面的问题:以正治国可以使国家匡正,以奇用兵可以收到显著的效果,这里面的内容十分丰富。一正一奇是老子的智慧,治国以正可以使国家安定平稳,可以使百姓安居乐业。用兵以奇可以尽快取胜,因为这是国之利器。《孙子兵法》云:"兵者,诡道也。故能而示之不能,用而示之不用,近而示之远,远而示之近,利而诱之,乱而取之,实而备之,强而避之,怒而挠之,卑而骄之,佚而劳之,亲而离之;攻其不备,出其不意,此兵家之胜,不可传也。"这是用兵之道。以无事取天下是老子思想的基本点,国家的发展建立在稳定的基础上,老百姓关心的是稳定的生活与发展。虚的东西多了,"忌讳"多了,老百姓的正常生活就会受到干扰;"利器"多了,老百姓之间就容易产生防范的心理,会产生彼此之间的不信任,昏乱的事情有可能发生;"伎巧"多了,花样翻新的事、奇怪的现象就会层出不穷;"法令"多了,投机取巧的事就会多了,钻法律空子的人也会多起来。事物的发展就是这样相辅相成。鉴于这种情况,用质朴的思想去引导民众便显得尤为重要。

圣人提出的无为、好静、无事、无欲是相对于有为、好动、有事、有欲而言的。"无为"是不要使民心膨胀,出现过激行为。"好静"是不要使社会不安定。"无事"是要安定民心,使百姓安居乐业。"无欲"是不要有过高的欲望要求。只有让社会平静下来,解决好民生问题,国家才能健康发展。

君子治国时,对不同的事依不同的道而行。想要让国家宁静,为君者就不应刻意有为,但这不是说不做顺势而为之事,从而让百姓过宁静的生活。

诗词助读

春日行　李　白[唐]

深宫高楼入紫清,金作蛟龙盘绣楣。

佳人当窗弄白日,弦将手语弹鸣筝。

春风吹落君王耳,此曲乃是升天行。

因出天池泛蓬瀛,楼船蹇沓波浪惊。

三千双蛾献歌笑,挝钟考鼓宫殿倾,万姓聚舞歌太平。

我无为,人自宁。

三十六帝欲相迎,仙人飘翩下云轺。

帝不去,留镐京。

安能为轩辕,独往如窅冥。

小臣拜献南山寿,陛下万古垂鸿名。

从诗中可以看出李白对太平盛世的追求与向往,李白借皇帝之口说"我无

为，人自宁"，如若皇帝不去有什么作为，天下的百姓也会很安宁，百姓的生活也会很平静。于是就可以达到圣人所说的"我无为而民自化；我好静而民自正；我无事而民自富；我无欲而民自朴"。伟大的浪漫主义诗人李白用鲜活的笔法描绘出一副奇妙的生活画面，将读者带入美妙的画境中。从这首诗里不难看到李白希望帝王接受老子"无为"的思想，去做"三十六帝欲相迎，仙人飘翩下云軿"的事，让天下太平，让百姓自朴，从而取得"陛下万古垂鸿名"的功业。

◎ 故事案例

无为而治

《吕氏春秋》记载：宓子贱治理单父时从来不离开"衙门"，天天干的事情就是弹琴，而单父这个地方却得到了很好的治理。由于宓子贱治理单父有方，上司于是又让他去治理别的地方，并换了一个叫巫马期的人来治理单父这个地方。巫马期这个人工作起来兢兢业业，天天披星戴月、事必躬亲、频发政令，虽然单父这个地方也得到了治理，可是却把他累得够呛。他觉得很奇怪，就去向宓子贱请教缘故。宓子贱说：我做的是任命有才能的人，放手让他们去做事，而你做的是亲自下堂干活儿；去亲自干活，当然会累得够呛，只有任命有才能的人，才能做到像我这样安逸地治理单父这个地方。

孔子非常赞赏宓子贱的做法，他是让懂得怎样做这件事的人去做这件事，当然会做得很好。宓子贱用人得当，所以他就显出无所作为的样子，有时间去弹琴，而巫马期什么事都干是不行的。孔子认为宓子贱是个君子，显然对他的作为持肯定的态度。

老子主张无为而治"我无为而民自化"是讲要按成事的客观规律去办事。我想只要按照事物的客观规律办事，做好自己该做的事情，就算是"无为而治"吧。

第五十八章
福祸相依

其政闷闷,其民淳淳;其政察察,其民缺缺。

祸兮,福之所倚;福兮,祸之所伏。孰知其极?其无正也。正复为奇,善复为妖。

人之迷,其日固久。

是以圣人方而不割,廉而不刿,直而不肆,光而不耀。

为政者宽厚、不过分张扬,老百姓就会淳朴;为政者严厉苛刻,老百姓反而会狡黠不满。

祸来了,福会紧紧依附着它;福来了,祸就隐伏在其中;谁能知道事情的结果呢?祸福转换之间是没有标准可行的。正可变为邪,善可变为恶。

人们陷于迷惑之中,已经有太长的时间了。

因此,圣人将事情做到刚刚好而不去做强制的事,清廉刚正而不伤害别

人,直率而不肆意妄为,发出光芒而不刺眼。

为政者收敛着自己,老百姓也会厚道;为政者过于苛刻,老百姓就会狡猾和不满。前者的做法与后者的结果形成因果关系。

祸福之间相互依存、相互转换,怎么能说哪一个就好呢?一个事物的结束是另一个事物的开始,变化起来有时让人惊奇,变化得太多就实在让人难以琢磨了。是福是祸难以判断,有谁能说得清呢?事物总是在走向反面。认识不到反面的东西,绝不会认清正面的东西,事情的成败就因循这条规律。

一些人有宿命论的观点,遇到困难就退缩,将积极争取变为消极等待,从而错失良机。

圣人做事能够把握住不过分,当行则行、该止则止,不去勉强做事,清廉行事而不去做损害、伤害别人的事,径直行事,不做那些妄为之事,圣人有光芒而不耀眼。能够做到做事有其锐气而不伤害事物实在难得,这里面的道理就在于进退自如、游刃有余,事成后并不因此而炫耀。

事物永远是变化的,而事物的变化又往往有人为因素。当人的作为失当时,正常可以变为反常,善良可以变为邪恶,有时这种变化竟出在一念之间。

君王做事应当明白很多的道理,为政应当"闷闷",为政不应"察察",因为对应相反的事就会出现。君王尤其要弄懂福与祸之间的关系,不因得福而忘形,不因有祸而沮丧,正常的事已经做到了,其结果又能怎样呢?机巧变化得越多,得出的结果就越复杂,这是人的迷惑所至。圣人要做的事就是做到适可而止,不去做妄为的事,让百姓感到君王的光芒柔和而不耀眼。

为君治国一定要明白这样的道理:注重问题的这一面时,另一面的问题就会出现了,祸福相依而生。因此思考问题时要站得高一点,看得远一点。一旦产生了不当的欲望,结果只能是被欲望所吞噬。

登鹳雀楼 　　王之涣 [唐]

白日依山尽,黄河入海流。欲穷千里目,更上一层楼。

　　"欲穷千里目,更上一层楼"这不仅是千古名句,更是人们认识事物的方法。看问题应当站得更高一点,将问题看得再远一点,问题可以看得更清楚,其中的道理很简单:事情随着时间的推移总会发生变化,现在的获益也许在将来会获弊;反过来说现在的获弊将来有可能获利。"人之谜,其日固久"是老子提示我们需要注意的问题。一个人要明白:什么是祸,什么是福;更要明白祸与福的背后是什么。

◎ 故事案例

可怕的金子

　　有两个好朋友在林中散步,迎面急匆匆地跑过来一个乞丐,他们问他为什么这样慌张,乞丐对他们说他在林子里的树下挖出了一堆金子,"金子太可怕了!"于是就跑了出来。两人见乞丐跑远了,就说这个乞丐太愚蠢了,他俩就到树林中去找那些金子。他们终于在一棵树下找到了那堆金子,他俩商量起来,最后决定等到天黑后一起取走金子。他俩做了分工,一个人守在这里,一个人去弄点饭来。留下来的人在想,如果金子都是自己的有多好,于是就找来一根木棍藏在树后。那一个弄饭的人也在想,金子归我一人所有多好,就在饭里下了毒药。当弄饭的人回来了之后,守在树下的人举起棍子就将弄来饭的朋友打死了,然后对死去的朋友说:"我本不想打死你,都是这堆金子迫使我这样做的。"说完他吃起了饭。突然他感到肚子剧烈地疼痛,意识到自己中毒了。临死前他说了这样一句话:"乞丐说得对,金子太可怕了!"

　　一念之差,失去的不仅是友情,还有自己和朋友的性命。老子早已发出了这样的感叹:"人之谜,其日固久。"圣人很明白其中的道理,能够把握住方寸,不去做生硬的事,不去做伤害别人的事。

第五十九章
节省安邦

用老子的智慧来生活
YONG LAOZI DE ZHIHUI LAISHENGHUO

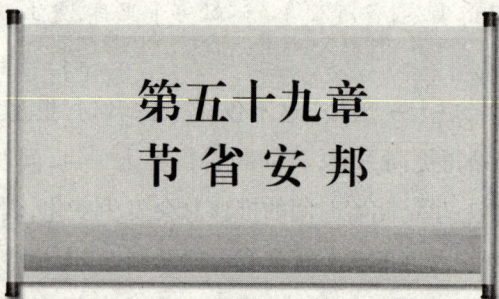

原 文

治人事天,莫若啬。

夫唯啬,是谓早服;早服谓之重积德;重积德则无不克;无不克则莫知其极;莫知其极,可以有国;有国之母,可以长久。

是谓深根固柢,长生久视之道。

译 文

治理国家,事奉上天,没有比做到节省更重要的事了。

一定要做到节俭,就是要尽早地有所准备地顺服自然,这种早有的准备可以说是重视积累德行的表现;重视积累德行则没有不会被攻克的事;没有不会被攻克的事,就不会知道它的极限在哪里;不知道它的极限在哪里,就可以拥有国家;拥有了治国的根本,可以使国家长治久安。

这就是所说的根深蒂固的表现,是事物长久存在之道。

解读

治理国家要顺其自然，做到节俭太有必要了。节俭是一种美德，是对万物的善待，是对生活资源的爱护。

生活是长久的，因此就要有长久的打算。对于要发生的事（各种灾害）要早有准备。"服"并不等于顺服，还有克服的意思，也是德行的表现。德行是没有不能攻克的事，并不知道它的极限在哪里，有德行会适应生存，会谨慎行事。以此来治理国家，就能拥有国家；把握住这条办事的根本，国家就可以长治久安。

做任何事都要有根基，有了根基才能够长久，节省的道理由此而生。树立"节省"观念本身是立德的表现，同时可以带来财富的积累，生活的根基因此稳固。

大自然创造了为人生计的财富，珍惜物质、爱护财物已成为人类永恒的话题。积累禀赋或者叫积累德行是永远要做的事，发生在我们身边的事就像空气一样永远伴随着你，一刻也不能分离，善待它们就是修德，做到了修德就没有做不到的事，敬畏万物会让一切矛盾在萌芽的时候得以化解。这样的做法使你看不到事情的极限，从而也看不到德的极限，以德将事态控制在一定的程度之中，让事物有序的发展。树立"莫知其极"的概念很有意义，懂得畜养是因为懂得了长久，懂得温和是因为懂得了矛盾，懂得善待是因为懂得了相伴，懂得治理是因为懂得了前行，懂得了发展是因为懂得了生存。一切的"治人事天"应当有节制地进行，表现出来是平稳的样子。老子认为有这样的思想就可以治国了，对老百姓来说叫省吃俭用，对国家来说是节省资源，资源出自这广

265

下篇

衰的土地,爱惜这片土地、爱惜这个家园才能够长久生存。

节俭是中华民族的传统美德,"新三年,旧三年,缝缝补补又三年"。如今虽说生活发生了很大的变化,人们的生活水平有了很大的提高,传统美德依然不应被抛弃,好的理念不应缺失,而且要发扬光大。

治理国家,事奉天地,不能没有节俭,这是人类对资源的保护与爱护,更重要的是积累德行,对此要有充分的认识,这关乎国家的持续性发展。要想久安就要做长期的打算,做好必要的准备。这是成事的根基,是万物长期成长的依赖条件。

老子讲明一个道理:节俭不是一件小事情,天赐物以供养人,是大自然对人的恩惠,人没有理由不尊重这些供人生养之物。因此,善待万物,持以节俭,被称为永恒的美德。

诗词助读

金氏家训　　金子升[清]

善则降祥,恶则致殃。天地祖宗,恩德难量。

敬孝诚笃,祀祭馨香。先圣先贤,效法维详。

心存九思,行敦五常。雍和九族,扶掖匡襄。

信以践言,勿诳勿猾。慈惠卑下,拯济穷凉。

有德必酬,有怨必忘。帛财取义,俭乃久长。

遵莫怠逸,寿福无疆。

生活上一定要有节省的意识,这是善待万物的表现,按现在的话讲叫低碳生活。节约能源是对大自然的保护,同时也是对我们自己的爱护,人与自然应当处于和谐发展的状态。对物要做到物尽其用,不浪费,不要过量开采,切记一利之后必有一弊。老子的这句话讲得意味深长,"治人事天,莫若啬"是修德的表现。"是谓深根固柢,长生久视之道",是讲生存要有根,要稳固,要长远地观察自己、内省自己,经常查找是否有做得不妥的地方并随时加以纠正,这样做是张扬德的表现,这样做才符合天道。

◎ **故事案例**

防患未然

从前有一大户人家,男人在县里做官,家里过着非常富裕的生活。他总是让佣人做很多的饭,吃不了就让佣人拿去喂鸡,结果常常是连鸡也吃不完。佣人对这件浪费粮食的事很心疼,便跟男主人建议每次少做一点饭。主人听了很不高兴,就说:"每年都有新粮食下来,多做一点饭又算得了什么? 就按我说的做。"

佣人没有办法只好按主人说的办。但是她想了一个主意,就是在每次向锅里放米的时候,总是悄悄地从锅里抓两把米出来,放到另一个米袋子里,这件事就这样地坚持下来了,并没有被主人发现。

后来有一年大旱,地里的庄稼全都旱死了,粮食颗粒未收,这个大户人家当然也没有收获粮食。眼看家里的粮食就要被吃光了,主人很是着急,想赶快卖掉一些家当去买一些粮食。当他要出门的时候,佣人拦住了他,把他带到另一间房子。主人被眼前的一幕惊呆了,这里堆了好几袋子米。主人立刻问佣人这是怎么回事。佣人对他说:"我每次从米锅里拿出两把米,这几年就存下了这些米。"主人低下了高昂的头,心里感到很愧疚,说了一句话:"你让我懂得了怎样生活。"

做事需要有所准备,当一件事出现的时候,另一件事就跟在后面。节俭是一种美德,社会应当提倡,老子说"治人事天,莫若啬"。还是节省好。

第六十章
大国小鲜

原 文

治大国,若烹小鲜。

以道莅天下,其鬼不神;

非其鬼不神,其神不伤人;

非其神不伤人,圣人亦不伤人。

夫两不相伤,故德交归焉。

译 文

治理大国,就好像烹调小鱼。

秉持着道治理天下的人,就是鬼也失去了它的魔法。

并不是鬼失去了它的魔法,是它的魔法不能伤人。

非但魔法不能伤人,圣人也不会去伤人。

魔法与圣人都不去伤人了,因此,德行就交付予人了。

解 读

治理大国应当像烹调小鱼那样小心。这是一句治国名言,美国前总统里根很欣赏这句话,他在国会咨询文中就引用过。治大国若煎小鱼,不能乱切乱翻,否则,鱼就会碎烂难食。国家政令不宜过滥,使民躁动不是件好事,中国的成语"朝令夕改"就是一个例子。

因为道来到了天下，鬼也就失去了它的魔法。天下之事无奇不有，并不是因为它神奇，而是我们对它不了解，当明白了其中的道理后也就不神秘了，鬼也对此无奈。

鬼的魔法很大，但是它不能伤害人了。鬼的魔法再大，对那些明白事理的人也就失去效果了，无法对他们造成伤害。

不但鬼神不能去伤害人了，圣人也这样做了。圣人已经做到了，鬼使神差的事怎么能出现呢？人当然不会受到伤害。

魔法与圣人不再去损伤人、干预人了，德行就复归于人了。生活保持平静、社会保持稳定应当属于无为而治。治与不治应是当治则治。

一锅小鱼的烹饪，能够做到不糊、不烂，做出色香味俱佳的美食，不是一件容易之事。老子以此事比喻治理国家，真可谓神妙之至。味道俱佳而小鱼完整，说明什么？说明大厨深得烹鱼之道、厨艺高超。一个国家的领导者需要像大厨一样有高超的厨艺，谨慎小心，这样国家才不至于出现混乱。何为治国之道老百姓无以名状，但是老百姓很关心自己的生活，能够平平稳稳地做事，能够过上平安向上的生活是老百姓最受益的事，这是最朴实的道理，实现这样一个道理，没有统筹的理念、没有统筹的方法、没有有效的方针政策是不行的。达到工农商学兵的和谐发展，实现国富民强的伟大目标任重道远。顺乎民意，顺乎客观规律，顺乎历史是发展的可行之道。

"以道莅天下，其鬼不神"是老子讲出的一个道理，不合于道的事时有发生，其怪力乱神时有当道。秉持道的信念，坚守道的法则，其鬼也不神了，也会失去使用魔法的能力，不是他们不想伤人而是他们失去了伤人的能力。

社会是复杂的，不同的人存有不同的价值观，在利益驱动下会伤及于人。圣人也难免出现失误，修正错误也难免出现校枉过正或不过正不足以校枉的现象，就像对不良习惯的改进，恐怕要有点强制办法，其最终结果都要回归于对德的畜养，因为社会需要的是和谐，和谐是道的本质体现。

"治大国，若烹小鲜。"治理大国要小心翼翼，谨慎行事。君主要秉持德之道而行于天下，即使是鬼也难于发挥它的神异。鬼神没有作用了，圣人也就没有什么可伤人、可干扰人的事了。百姓得不到两者的伤害，德行就回归到他们的手中，老百姓在德行之下就去自我发展了。

治大国需要道，以道莅临天下的话，是连鬼神也无可奈何的。凡事道理相通,治理国家的方法、烹调小鱼的方法,以及我们在日常生活中处理问题的方法,其实都有着相通之处。

贾生　　李商隐[唐]

宣室求贤访逐臣,贾生才调更无伦。

可怜夜半虚前席,不问苍生问鬼神。

古代帝王非常重视鬼神之事,每到国家有天灾时,皇帝就要祭祀鬼神。贾生即西汉名臣、文豪贾谊,《史记·屈原、贾生列传》云:"贾生征见,孝文帝方受釐坐宣室,上因感鬼神事,而问鬼神之本。贾生因具道所以然之状。至夜半,文宗前席。"古人席地而坐,汉文帝因听得入神,不觉膝移向前。古时国之大事不敢妄动,帝王必先占卜问神,这表现出的大概是持重、谨慎的态度,因为其关乎国家与百姓的利益。这样可以做到"夫两不相伤,故德交归焉",两不相伤互为敬畏是大德的表现,是天下认同于德的表现。当今社会进步了,科学发展了,以科学的态度做事更为可取。

◎ 故事案例

治国之道

一次伊尹对商汤说自己很会烹饪,因为商汤对烹饪也很感兴趣,于是两人交谈起来。商汤问:"你给我讲一讲,饭菜怎样做才好吃呢?"伊尹讲了起来:"做菜要记住不能咸了,也不能淡了,要调好佐料很重要,好吃的道理就在于此。"商汤点了点头。

伊尹又继续说:"治国与做菜是一个道理,操之过急,或是不重视,两种做法都不好。所以治国一定要谨慎小心。"商汤听了伊尹的一席话,觉得很受启发,特别是当两人深谈到治国与用兵之后,商汤大有与伊尹相识恨晚的感觉,于是决定用伊尹为宰相,两人共商国是。这以后,在伊尹的辅佐下,商汤的力量壮大了起来,最后推翻了夏桀的统治,建立商王朝。

治国之道重在谨慎,一张一弛、不温不火,就像是烹小鱼,不可随意翻动,让百姓享受安定生活的美好。"以道莅天下,其鬼不神。"这是老子所向往的。

第六十一章
大 国 谦 下

原 文

大国者下流,天下之牝,天下之交也。

牝常以静胜牡,以静为下。

故大国以下小国,则取小国;小国以下大国,则取大国。

故或下以取,或下而取。

大国不过欲兼畜人,小国不过欲入事人。

夫两者各得所欲,大者宜为下。

译 文

大国身处于下游,这是天下母体的位置,天下都相交于此。

雌性总是以静态战胜雄性,以静作为于天下。

因此,大国谦下于小国,可以获取小国的信赖;小国谦下于大国,可以获取大国的信任。

因此,有的国是靠谦下的姿态取得信赖,有的国就是因为谦下而获取信任。

大国不以过欲的行为兼养人，小国不以过欲的行为事奉人。

这两者各自得到欲求，大国者适宜居于下位。

解 读

大国就好像处于江河的下游，这是母体应存在的位置，天下的河流都交汇在这个地方。大国以谦下的胸怀表现出海纳百川的气魄。

雌性总是以静制胜，以平静的方式处置天下。老子非常强调静的概念，第三十六章讲到"致虚极，守静笃"，在平静中才能得以观察、得以思考，一颗焦躁的心难以对事情做悉心的思考，处理问题不会周全。当加进对"雌性"的理解时，句中又有了情感色彩。

因此，大国对小国很谦下，可以获取小国的信赖；小国对大国很谦下，可以获得大国的信任。大国与小国只是地域面积不同，相互信赖与信任是双方牟取发展的基础。

因此，取得别国的信任要靠谦下。谦下的做法有所不同，达到的目的可以一样，谦下是可以共事的基础。

大国不应过欲地兼养别人，小国也不应过欲地事奉别人。大国与小国相取的因由不同，各自应守住自己的度，不过欲才能使双方的关系得以长久。

这两者应当各自得到自己的满足，大国不应取以强势，居于下位是为适宜。

当今的社会是一个发展中的社会，是一个经济发展很快的社会，行业的发展也有其不平衡性，老的行业有所衰落，新兴的行业处于蓬勃发展之中。面对现实，谁也不希望落后，谁也不希望被淘汰。于是合作与依附现象出现，不同的单位会有不同的选择。物竞天择是一条法则，依据它有的单位选择合作，有的选择观望，有的选择等待，有的选择退出，都在依自身的情况而定。社会不是不需要契合与互补，只是时机未到或是需要对自身进行改造来适应社会。

大企业位居低下，要有宽广的胸怀和气魄；实现配套设施以及衍生产品的生产，需要有不同企业的支持，彼此之间的配合与相依形成了互相依存的条件。前行的路上永远存有变数，何为主业？何为副业？何为大企业？何为小企业？由于市场的变化，两者皆有可能互相换位，"三十年河东，三十年河西"

的警句已被历史所印证。早有防范不失为上策,当企业走上坡路的时候,就应想到出现下坡时该怎么办,两条腿走路可以走得更快、更稳。"生于忧患,死于安乐"是企业的座右铭。

"以静为下"历来是老子处事的战略思想。"静"是一个概念,"下"是一个概念。"静"持有的是冷静的态度,为的是静心观察与思考,随时静观事态的发展,随时作出冷静的应对。"下"持有的是谦下的态度,为的是将位置放在低下处,将自己的态度端正,"尺有所短,寸有所长"是一个不能放下的理念,遇事以谦下的态度解决问题为上策。做到凡事以静、为下,为的是取得彼此之间的信任,达到相互之间的默契配合,尽快消除彼此之间的误解,取得相互之间的信任与依赖,从而顺畅地开展工作。

大小公司之间、大小部门之间的合作应当是公平的,两者之间的过欲或者分为高下是没有必要的,应有的只是彼此之间的衔接与分工合作,取得成功的秘诀恐怕就在于此。

老子以国为例,越是大国越要摆正自己的位置,将自身置于低下,以静观天下,以静制动,以雌胜雄。大国谦下于小国,是对小国的尊重,是以此取得彼此之间的相互信赖和信任,达到默契的共融与共荣。任何过多的欲望都是没有什么必要的,大国与小国的相敬如宾才是可取的,有时大国做得更应当谦下一些。

身居高位却以谦下对待下属是共事的基础,如果长官一言堂,正确的执行,不正确的也要执行,就会出现问题,长官以谦下去与下属沟通能够更好地解决问题。

天下太平是民之所愿,国与国之间可以做到谦虚友好地对待对方,互相尊重,各自不多贪求,就能和平相处,老百姓就可以免受兵燹;而生活中人与人的相处,也存在着这个道理。

诗词助读

壬辰十二月车驾东狩后即事(一)　　　元好问[金]

惨淡龙蛇日斗争,干戈直欲尽生灵。

高原水出山河改,战地风来草木腥。

精卫有冤填瀚海,包胥无泪哭秦廷。

并州豪杰知谁在?莫拟分兵下井陉。

国与国之间应当互为谦下，建立友好的邻邦，而不应当以武力相加、大动干戈、燃起战火。诗中所写的是蒙古大军南下之战，造成了"战地风来草木腥"的场面，作者描述了战场的惨烈。作者借用了一个历史典故"包胥无泪哭秦廷"，是讲春秋末年，伍子胥引吴国兵伐楚，占领了郢都。楚大夫申包胥到秦国求救兵，在秦廷哭了七昼夜，秦终于发兵救楚。包胥用谦下求兵才解楚国之难，作者也希望朝廷有人为国解难。国与国相互谦下，相互信任可以成为友好邻邦。不过欲可以不出现战火，不过欲的做法才是长久和谐之道。

◎ **故事案例**

学会谦下

一对小夫妻总是因为一点小事争吵，妻子不是嫌老公菜做得不好吃，就是地没有扫干净，总有好些不顺心的事，找老公的茬。老公也是一肚子的委屈，每当妻子挑出毛病的时候，就理直气壮地说："这点事算什么？干活的总比不干的强。"于是，总是坚持自己的做法，两人的争吵没完没了。

老公总觉得老这样生活下去不是个办法，就找他一个哥们去探讨。那个哥们说："只有两个办法，一个办法是解除婚约，别在一起过了。另一个办法就是认真听取意见，认真加以改正。""你就是这样做的吗？"哥们说："我当然采取了后者，对问题加以改正。原来我们也争吵，差点离婚。改进以后，我在她面前总是表现出谦卑，她慢慢也改变了脾气，也不再大声嚷嚷了，就此我们的生活平稳多了。"

那老公说："看来还是谦下一点为好。""其实老爷们儿在家里也没必要拿着架子，该低点头低点头。比如说你做菜的水平在她的监督下提高了，那不也是一件好事吗？妻子高兴了，你不也就痛快了。干吗不相让呢？在这件事上我是想明白啦。家和万事兴吗。"那哥们拍着他的肩膀又说："总之还是谦下为好。""好吧，回去试试。"那位老公领悟了。

生活中每个人一定会有各自的见解，这是人的个性使然，怎么可能哪个就一定对，哪个就一定错，谦下一点可以化解一些不必要的矛盾。切记"大国者下流，天下之牝，天下之交也。"

第六十二章
道 之 可 贵

原文

道者,万物之奥,善人之宝,不善人之所保。

美言可以市尊,美行可以加人,人之不善,何弃之有?

故立天子,置三公,虽有拱璧以先驷马,不如坐进此道。

古之所以贵此道者何? 不曰:求以得,有罪以免邪? 故为天下贵。

译文

道,万物的奥妙所在,是善人的法宝,是不善人也应保持的。

美妙的言辞可以换来人们的尊重,良好的行为可以得到别人的重视,就算是不善的人,舍弃道又有什么意义呢?

因此,在拥立天子,设置三公的时候,虽然有拱璧在先,驷马在后的奉献之礼,还不如奉上清静无为的道。

古代的时候重视道是为什么呢? 不正是道可以有求必应吗? 不正是道可以使有罪者改邪归正吗? 因此,天下人才如此珍视道。

道是万物存在的奥秘,是完人才能拥有的智慧,这种智慧和能力是一般人所梦寐以求的。对于道,完人得到的是智慧和真理,常人则不易得到,这是因为他们不理解什么是道。

华丽的语言有真也有假,真的就靠近道,假的就远离道,有时只好由时间来检验。语言的表达是处于不同的心态的,有随意的表达,有单纯的表达,有不知情的表达,还有另有隐情的表达,实在是雾里看花,其实都很有特色。花本来就是这样漂亮,应当学会欣赏,观其结果各有各的妙处,花开花落属自然现象,随道而去,道又怎么能舍弃呢?

社会上有分工,职场上有上下级之间的关系,只是岗位不同,互相尊重应是相同的。老子推崇的是"虽有拱璧以先驷马,不如坐进此道。"虽行大礼,不应过之,如此这样还不如重视道,将道的意识强化在行动中。外在的关系仅仅是形式,老子更注重的是尊"道"能够做到多少。

"道"存于万物之中,其中的奥妙无穷,完人视其为真理并能掌握它,常人也想认识和掌握,没有人能够离开它。天下事有天下事的规律,圣贤之人行之以礼,离不开道;常人不行其礼,也同样离不开道。任何人都不可能背弃道,只不过圣贤之人离道更近,常人离道更远。道能惩罚那些背道而驰的人,离道越远惩罚越重。因此,行礼莫过于行道,按符合道的规律行事,才是最稳妥的处事办法。道是可以被寻求到的,道是可以惩恶扬善的,道的价值就在于此。

道在不同人的眼里有不同的特点,道的奥妙无穷,怎样为道,小者关乎自身,大者关乎国家。平时不仅做事要符合于道,还要保持一颗对道真心相求的心。

诗词助读

养生(节选)　　陆 游[宋]

爱身过拱璧,奉以无缺亏。

孽不患天作,咸惟忧自诒。

爱护身体胜过拱璧，爱护道就像爱护自己的身体，爱护身体就要懂得身体，爱护道就要懂得道，懂得道就不会伤害身体。道实在是有很多的奥妙，最重要的还是把握好自己，"虽有拱璧以先驷马，不如坐进此道。"对道的认识可谓重要。摆正自身与拱璧的关系，修养自身胜过爱惜拱璧，因为自身可以与道同行，拱璧只能是天然献美。"孽不患天作，咸惟忧自饴"，并不害怕老天降下坏的事情，最担忧的是自己出了毛病却还自以为乐。因此，老子告诫人们"不曰：求以得，有罪以免邪？故为天下贵。"又有谁能够明白这样的道理呢？

◎ 故事案例

由事解道

齐景公特别喜欢鸟。有一次他得到了一只漂亮的鸟，就派一个叫烛邹的人专门负责养这只鸟。可是几天后，那只鸟飞跑了。齐景公气坏了，要亲手杀死烛邹。晏子站在一旁请求说："是不是先让我宣布烛邹的罪状，然后您再杀了他，让他死得明白。"齐景公答应了。晏子板着脸，严厉地对被捆绑起来的烛邹说："你犯了死罪，罪状有三条：大王叫你养鸟，你不留心让鸟飞了，这是第一条。使国君为一只鸟就要杀人，这是第二条。这件事如果让其他诸侯知道了，都会认为我们的国君只看重鸟而轻视老百姓的性命，从而看不起我们，这是第三条。所以现在要杀死你。"说完，晏子回身对齐景公说："请您动手吧。"听了晏子的一番话，齐景公明白了晏子的意思。他干咳了一声，说："算了，把他放了吧。"接着，走到晏子面前，拱手说："若不是您的开导，我险些犯了大错误呀！"

晏子辅佐齐国三公，一直勤恳、廉洁从政，清白公正做人，主张"廉者，政之本也，德之主也"。他管理国家秉公无私，亲友僚属求他办事，合法者办，不合法者拒。他从不接受礼物，大到赏邑、住房，小到车马、衣服，都被他辞绝。不仅如此，晏子还时常把自己所享的俸禄送给亲戚朋友和劳苦百姓。晏子是一位识"道"的人，他深知得与失的关系，不仅自己身体力行，还能让国君站在治国的立场上思考问题，以发生在身边的事引发对治理国家的启示。由此可以理解老子所说"道者，万物之奥，善人之宝，不善人之所保"的道理。

第六十三章
小事大事

为无为,事无事,味无味。

大小多少,报怨以德。

图难于其易,为大于其细。天下难事,必作于易;天下大事,必作于细。

是以圣人终不为大,故能成其大。

夫轻诺必寡信,多易必多难。

是以圣人犹难之,故终无难矣。

译 文

把无为当做有为,把无事当做有事,把无味道当做有味道。

大源自于小,多源自于少,为人处世应秉持以德报怨的态度。

解决难题,从易于解决的问题开始,有大的作为要从细小的事做起。天下
难做的事,必须先从容易做的事开始。天下的大事,必须从细小做起。

因此,圣人始终不贪大求全,所以能够成就大事。

那些轻易就许诺的，一定很少有信誉，把事情看得容易会遇到很多的困难。

由此，圣人总是把困难想得多一些，因此，最终反倒没有什么困难了。

解 读

要想有所作为，先得从无为开始；要想做大事，先得从小事做起。万物从无到有、从小到大，是一个自然过程。做事也是如此，从构想开始，从小事做起逐渐做大、做强，这样一个过程不可取巧，不可走以捷径。味的最高境界是无味，人们已经习惯空气中的无味，对此并不以为然，可一旦失去无味出现怪味就会不适应。有味只是短时，无味才能长久。

纷纷扰扰的事情迎面而来，无法拒绝，使人的情绪喜忧参半。抱怨没有意义，要以德来思考，接受生活、理解生活、认识生活，从而拥抱生活。

因此，圣人并不贪图天下大事，而是心系天下百姓平凡之事，所以最终能够成就大事。

那些不能兑现的许诺，终会失信于人；那些看似简单的事情，背后定会存有很多的困难。因此只有谨言慎行才不至于出现大错。

圣人总是把事情看得复杂一些，由于考虑的多，事情解决起来就相对容易一点。想不到的事时有发生，凡事做一些预案，出现问题方可从容对待。

"为无为"讲究一个心态，一个平和的心态建立在于对事物的平静认识上，一切事物不会因为你的存在而存在，它在按照自己的方式运行或者说存在。因你的介入，你的有所为事态才有了发展。过于有为，事情会走向反面，操之过急的心态往往适得其反；积极性、主动性没有调动起来，你的所为不及、不足

以触动此事，是心态上的漫不经心。两种态度都存有问题，只有平和的心态、稳定的情绪、平静的思考拿捏起事物来能够更准确一些。"事无事"是同样的道理，把事情看大了就是一件了不得的大事，把事情看小了是微不足道的小事，不同的人对事有不同的看法，不同的看法产生不同的结果，怒、恨、悲、思、愁又有什么用呢？以平常心取事才是稳健的态度，才是智慧的表现，有事便没事了。"味无味"更值得体味，人们接触最多的东西也是最无味的东西：是一刻也离不开的东西，空气是你离不开的，它无味；水也是你离不开的，它无味。有味的东西只能给人一时的刺激，甜、酸、苦、辣、咸不宜持久，不宜过度，它的意义在于使你马上兴奋起来，享受一时的快感（当然也是身体与生活环境的需要），而需要永远伴随的是无味的感觉，能够有这样的理解才算是悟到生活的真谛。

对于面前的事物不应有什么抱怨，抱怨的受害者不仅是自己还有对方，事情发生了，已成为过去时，抱怨又有什么用呢？长叹一口气吸取教训吧，比赛输了并没有什么，总结经验下次再争取赢吧。总结经验是修德的过程。

难与易、大与小、粗与细、正与负是同一事物的两方面。事情的难度太大，是由于简单的事物叠加得太多了，一个一个小的事情交织在一起，形成复杂的局面。大事物的组成来自细小事物的组合。做事从易开始，从细小开始，不至于陷于纷乱之中，再复杂的问题也出于一对基本的矛盾。

谁都喜欢获取而不是失去（当然不是病），殊不知天上没有掉馅饼的事，不经过努力、没有付出哪来的回报呢？老子早就说过："夫轻诺必寡信，多易必多难"，轻而易举答应的事不要去相信，把事情看得太容易了一定会遇到许多的困难与困惑。凡事想得多一点，把困难想得多一点，准备充分一点，办事的成功率就大一些。自己的事自己去争取，奢望寄托于别人身上，失望就增大了，不确定因素也会更多。《国际歌》唱的好："从来就没有什么救世主，也不靠神仙皇帝。要创造人类的幸福，全靠我们自己！"国际歌唱了一百多年了，回味起这些警句依然是那样魅力无穷，给人以启明，使人从中看到生存的希望：只有自己能够拯救自己。

凡做事不拒绝大小，大有大的收获，小有小的体会，做不同的事会有不同的收获，如果抱怨就失去了为事的意义。获"得"成功是有意义的事，再获"德"就更有意义了。

做一件事容易,做好了并不容易。老子指明做事应当注意两个字:一个是"易",一个是"细"。易有两层意思,一个意思是变化,事情总是在变化,思路也要跟进变化;另一个是容易,复杂的事物开始于简单,做事要从容易处下手。另一个字是"细",做事不能离开"细"字,尤其做大事更离不开细致与细心。要注意到每一个细节,完成好每一个细节,因为一个细节的纰漏会酿成大祸。

因此,圣明之人永远不认为自己伟大,他只是认为他做了一些他该做的小事,他的一举一动不过是顺应了社会的趋势,借四两拨千斤以成事。这被称为大的原因,为顺其自然的结果。

轻易许诺,很少有能够守信。许诺是一种承诺,承诺是一份责任,轻易许诺难道不让人产生怀疑?有多少善良的人掉入其中的陷阱。因此,不要轻信那些轻易的许诺,要注意事情的变化,对问题持有一点疑虑,增加对问题复杂化的认识,就可以看清问题。许多人上当受骗源于轻信了对方,没有做冷静的思考,总想以小利获得大利,为事物表面现象所迷惑,为欲望所驱动,其结果只能成为受骗者。

事物错综复杂,对于难以做到的事情一定要从细微着手。遇事要思考,不要轻信他人之言。多做准备,将事情坚持做下去,就能从内心体味其中的奥妙。

圣明之人先把困难想得多一点,做好充分准备,一旦问题出现,随时采取应对办法,困难就被克服了。

诗词助读

示众(三十四)　　丘处机[元]

有情知道远,无事觉心宽。

造化开天蜜,精神奈岁寒。

将一件事坚持做下去很不容易,首先要有恒心和宽广的胸怀;其次是要有信心和能细心;再次是要学会发现事物的奥秘,并从中获得兴趣。想要做成一件事不容易,会遇到许多困难与干扰,稍有疏忽大意会出现问题,"是以圣人犹难之,故终无难矣"。将困难想得多一点,将问题考虑得细一点,"为无为,事无事,味无味",达到这样一种境界就不会感到做事的艰难了。"有情知道远,无事觉心宽"是要告诉人们,做任何事既不要因为成功而大喜过望,也不要因失败而垂头丧气。感受过程,享受过程是一种乐趣。

◎ 故事案例

事做于细

前苏联的航天飞船要飞往太空,挑选宇航员成为当务之急,所选出的宇航员的条件都差不多,显不出哪位更加突出,这让主考官很是为难。

新的一天又开始了,主考官依旧观察着每一位参加被考人员的动作。加加林的动作引起了主考官的注意。加加林小心翼翼地脱下鞋子,进入座舱。这一举动得到了主考官的赞赏。主考官认为这不仅仅是一个简单脱鞋的动作,更是饱含着对航天事业的敬重,对航天事业的厚爱,同时表现出来的是一种细心和专心,因为不穿鞋子的脚更能够敏感地接触到地面上的东西,从而不碰坏或损伤设备物件,宇航员也能更好地把握脚所处放的位置。这是一个多么细微的动作,在这一举动中主考官看到的是加加林严谨的工作作风和严谨的思维方式,而这一点也被后来的考试所证明。这就是加加林被选中并成为一名优秀的航天员的原因。

凡事做细是一个良好的习惯,细心可以少出现问题,细心可以发现问题,细心可以让人缜密地思考问题。那这样又可以推论出一个问题:轻易地回答一个问题,是不是就带有轻率性呢? 有没有其合理性呢? 这是老子提出来供我们思考的一个问题。

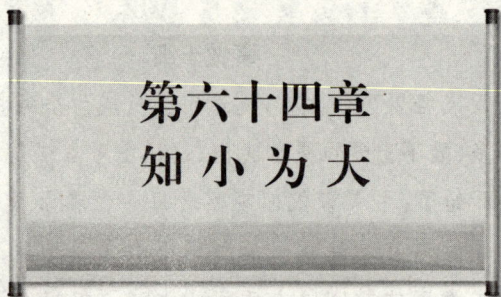

第六十四章
知 小 为 大

原文

其安易持,其未兆易谋;其脆易泮,其微易散。

为之于未有,治之于未乱。

合抱之木,生于毫末;九层之台,起于累土;千里之行,始于足下。

为者败之,执者失之。是以圣人无为故无败,无执故无失。

民之从事,常于几成而败之。慎终如始,则无败事。

是以圣人欲不欲,不贵难得之货;学不学,复众人之所过,以辅万物之自然
而不敢为。

译文

事物稳定的时候易于掌握,事物尚未出现征兆的时候就应提早谋划;脆的
东西容易碎,微小的东西容易失散。

在乱子还没有产生时,治乱措施就应当开始了。

两臂合抱的大树,从小芽开始长起;九层的高台,是用土一点一点累成的;

千里之路,要从脚下走出第一步。

有所为就会失败,有所持就会有所失去;圣人因为无所为,所以就不会有什么失败,因为无所持,所以就不会有什么失去。

一般人做事的时候,总是在快成功的时候失败。只要做到始终如一地谨慎,就不会失败。

所以,圣人保持无欲的人生态度,不把难得的物品视为贵重;不学那些不必要的知识,重犯大家所犯的错误,辅助万物顺其自然,不求所为。

解读

安全的东西容易把握住,未出征兆的时候就应当考虑到突发问题;脆的东西容易破碎,微小的东西容易散失。对万事要做好未雨绸缪的安排。

事情的出现与发展有征兆,发现了征兆就应当治理了,做事的依据在于明察秋毫洞察一切,将问题解决在萌芽之中。

参天大树从幼芽长成,堆起的高台由一点一点的土累成,到达千里之外,要从第一步开始。老子的警句很多,这一句更是千古名句、醒世箴言,人们对客观的认识必定要由浅入深,大树生于毫末之芽,高台起于一抔堆土,远行要从第一步开始。

只要做事就难免失败,把持太多的东西往往就会失去;圣明之人不去刻意地做什么事,也就没有失败。事物难以驾驭是因为欲望太大了,所以越是想驾驭的东西越是驾驭不了,行无为之事的奥妙就在其中。

一般的人做事,总是不能坚持到最后,结果失败了。始终保持谨慎的状态不容易失败。坚持并不简单,这里有斗争,这里有信念,这里有教训,这里有见解,这里有克服困难的勇气,这里有最终的坚持。

圣人没有什么欲望,不看中贵重的物品,不学没有用的知识,不出现人们已经犯过的错误,依照自然的方式去辅佐万物而不敢有自己的作为,明白以势取势可以得势的道理。

安定与安全,谁都希望生存在这样的环境当中,在这个环境中把握自己比较容易。但是,事物总是在发生着变化,不以个人意志为转移,有时难以掌控。应该看到,问题的形成与发展有一个过程,有一个从小到大、逐渐变化的过程;

问题可以从一个事物向另一个事物转换,这是问题发展的规律。认识到这点之后,就要早有思想准备,当征兆刚刚出现时,断然采取必要的防范措施。事物是那样的脆弱,一被打碎就难以收拾,何况细微的东西又易于失散,不得不引起我们更多的关注,知道易碎与失散方能有所警觉。

有所作为应当是在尚未出现问题时就防微杜渐,当乱子还没有发展起来时就将其治于萌芽之中。这可以比喻为治病,做到防治结合,没病预防,有病医治。

老子很形象地讲明一个道理:大树是从小芽成长起来的,做成一件大事,要从每一件小事做起,没有小事的积累怎么能做大事呢? 知识的积累,事业的有成,是长期坚持不懈的结果。

"为者败之,执者失之。"这是个仁者见仁,智者见智的话题。为者为何失败呢? 这需要分析:方法错误,做事违背了客观规律,即使目的很好也会导致失败的结果。被执掌的事物一旦出现问题就会失去控制,主观上有一方面问题,客观上又有一方面问题,还会出现意外的问题,事情就是这样的复杂。无为不等于无所事事,而是说做事要顺其自然。符合客观规律的情况多了一点,失败的可能就少了一点。有为与无为既是一个简单的问题,又是一个复杂的问题,简单讲就是要依情况而有所为,复杂讲就是要怎样去做充分的准备,怎样做才算好,怎样符合客观规律。不同的人会有不同的做法,以不同的做法走向了各自的目的。一个有为的人应当做到拿得起放得下,只拿得起而放不下会持有很多的负担,最后将自己拖垮,拖垮了就什么也没有了。所以,做出选择,善于取舍,有所执有所不执,有所为有所不为,始终保持轻装状态是最好的状态。

失败的原因很多,不能够坚持则是重要原因之一,越是到最后越是要坚持,坚持是对人意志品质的考验,迈不过这道门槛就会前功尽弃。做事怎么能够不辛苦呢? 要自始至终谨慎行事,保持这样一个状态才有可能不失败,而这的确是一件很难的事。所以,摆正心态很重要。心态摆正了,感觉就不一样了,其中的奥妙只有自己才能够感受。事物的发展大致是两个结果,一个是半途而废,一个是走向成功,我倒认为坚持下来就是一种成功。

老子讲圣人的"欲不欲",是讲圣人有欲望而不发泄欲望、有欲望而控制欲望,有一颗平静的心,淡化对物质的追求,不以难得之物为贵,做表率于天下,不使人争。圣人明白其中的道理:追求是无限的,享受是有限的,以有限对无限,就要知道以何解惑。圣人不学那些有错误的知识,不断提高分析问题和解决问题的能力,不会重犯人们已经犯下的错误,把自己摆在辅助万物的位置,用顺应自然的方式行事天下,不敢妄自作为。

问题出现的一开始就要有所警觉、有所预防,一旦发现问题就应加以纠正,解决问题于未然。一个社会问题已小有显现,却并不去及时制止,那么波及整个社会在所难免;自然灾害等也会有所先兆,只是我们对它的认识还不足。

诗词助读

过华清宫(一)　　杜　牧[唐]

长安回望绣成堆,山顶千门次第开。

一骑红尘妃子笑,无人知是荔枝来。

杜牧这首诗给人们留下了思考,此诗并没有提到当时唐朝的腐败情况,而是以"一骑红尘妃子笑,无人知是荔枝来"形象地揭露了统治者为满足一己口腹之欲,竟不惜兴师动众,劳民伤财的事实,有力地鞭挞了唐玄宗与杨贵妃的骄奢淫逸,而这些正是后来动乱与悲剧的端倪。我们通过这首诗来理解老子的这段思想,一定要在情况安定易于把握时,防微杜渐,如老子所说"其安易持,其未兆易谋。"事物的发展从萌芽开始,解决问题也应从萌芽和细微之处着眼,从表面现象看到事物的本质。

◎ 故事案例

把握现在

地震前是有征兆的,地球岩体在地球应力的作用下,会集聚能量,开始是小的变化,当集聚的能量到一定程度就要发生大的变化,那时大的地震就要发生了。因此当有小的变化就应当引起人们的注意,比如说地鼓现象。地鼓现象是指地震前地面上出现鼓包。例如1973年2月6日四川炉霍7.9级地震前约半年,甘孜县拖坝区一草坪上出现一地鼓现象,形状如倒扣的铁锅,高20厘米左右,四周断续出现裂缝,鼓起几天后消失,反复多次,直到发生地震。所以

我们要对地震前出现的征兆提高警觉,采取一些必要的防范措施。汶川地震时一所学校就是因为防范措施到位,而未造成人员伤亡。

　　大自然是变化着的,人类社会也同样在变化着。人类社会从原始社会发展到现代社会已经有了非常大的变化,这一变化过程也是一步一步走过来的。老子愿意从现实中考察问题,其思想源于他对客观世界有一个正确的认识,并将此引申到现实生活中。"为之于未有,治之于未乱"是人们应该认真领悟的。

第六十五章
以道持国

古之善为道者,非以明民,将以愚之。

民之难治,以其智多。

故以智治国,国之贼;不以智治国,国之福。

知此两者,亦稽式。

常知稽式,是谓玄德。玄德深矣,远矣,以物反矣,然后乃至大顺。

译 文

古时候通晓道的人,并不让人很明白知晓所有事理,而是让人们朴实忠厚。

民众难以治理的原因,就是因为民众的机巧太多。

因此,用巧诈来治理国家,就会给国家带来祸患;不用巧诈治理国家,才是国家的幸福。

以知道这两种治国方式的差异作为法则。

总是坚持这一法则,就是神妙的大德。神妙的大德又深又远,与万物一起返朴归真,最终极大地顺乎于自然。

解 读

老子讲述了他对治国的看法。从前的那些善于治国的人依道行事,让社会回归于自然,希望百姓想得简单一点,生活简朴一点,不希望百姓明白更多的事,这似乎有点愚民政策的味道。其实这取决于怎样看,不同的角度有不同的看法。百姓安居乐业,过平淡的生活就算是享受生活。但是,由于人们追求不同,于是彰显了个性的不同,生活变得五彩纷呈了,机巧也随之而来,使治理国家的难度增加了。当用智巧治理国家时,顺道与逆道很难说得清楚,变化随之而来,因而智巧也许是祸患的由来,老子认为不用智巧治理国家才是国家的幸福。

接下来"知此两者亦稽式",是值得思考的一句话,当国家的状态发生变化时,有必要用这两把尺子来衡量这样一个结果,国家的治理过犹不行,不及也不行,这是很难把握的,关系到国家的福与祸。老子的这一提法也许是对当今社会的一个提示,用以对社会进行认识与考量。用"以智和不以智"治国的结果不一样,表现出的国情成为一面镜子:国家的灾祸多了一定是智巧多了;国家的幸福多了一定没有智巧。对此应当做更深层次的探讨,国之君主想坐稳江山,就要懂得坐稳江山的"道",如果不知"道"的规律,不依社会发展规律办事,违背客观规律行事,当然会出现问题,所有这些行为大概算是智巧所为,以这种智巧治国,灾祸能不出现吗?智巧与不智巧并不太重要,重要的是能否遵循社会发展的客观规律,这是比较难以实现的事。

社会就是一把尺度,将神奇的德加以衡量,德行是那样神秘与深奥,似乎又那样遥远,难以把握与实现。德行应当与事物的发展相伴相随,而不应当存有距离,两者携手而行才称得上顺其自然,称得上顺理成章,称得上顺利,称得上大顺。

顺其自然而有所作为恐怕是人们追逐的目标,顺其自然是倚势,有所为是避险,二者兼备是天人合一的和谐表现,这在古代就有所体现。有巢氏使人们住在树上,是为了躲避地上的危险;燧人氏发明了火,于是人们回归到地上居住,因为火的燃起使野兽远离了人群;伏羲氏使人们懂得了如何驯养一些比较温顺的动物成为家畜;神农氏让人们懂得了合作耕种的重要。人类应寻求生活于自然的条件,创造生活的条件,伴随自然,与自然协同发展。

老子认为国民难以治理是因为治国者使用的智慧太多,于是国民的智慧也多了起来。老子提倡少用一点治国的智慧,因为这样百姓也愿意过田园般的生活。

民众难于治理是因为民众懂得的东西多了、想法多了的观点,在今天看来则是可圈可点的。人类的进化必定推动社会的进步,而社会的进步又必然对治国者的能力提出更高的要求。因此,我们要提倡思想解放,社会多元化发展。

诗词助读

渭川田家　　王 维[唐]

斜阳照墟落,穷巷牛羊归。

野老念牧童,倚杖候荆扉。

雉雊麦苗秀,蚕眠桑叶稀。

田夫荷锄立,相见语依依。

即此羡闲逸,怅然吟式微。

一片浓郁的田园风光,是老子所称道的社会美景。穷巷中的牛羊,拄杖的老人,相语的田夫,一切都那样淳朴,一切都那样优美,一切都那样和谐,诗人这般感情的流露与这种追求是出于对当时权贵的愤恨和不满,为回避现实生活而向往着隐居田园的生活。造成社会纷乱原因有多种,老子在这里所抱定的想法是"常知稽式,是谓玄德。玄德深矣,远矣,与物反矣,然后乃至大顺"。以智治国和不以智治国会出现两种情况,这是善为的人应当明白的道理。古人尚知道这里的道理,王维选择了后者,是对社会的认识,此诗算是他的表白吧。

◎ 故事案例

为道为善

一天,巴依老爷肩扛一匹白布来找阿凡提,想以自己的智慧刁难一下阿凡

提。巴依老爷对阿凡提说:"大聪明人呀阿凡提,我知道你非常有才华。你能帮我做一件事吗?""请说吧,亲爱的巴依老爷。"阿凡提觉得巴依老爷没安好心。巴依老爷看了看阿凡提,继续说:"我想请你给我染一匹布。要的颜色既不是红的,也不是蓝的;既不是绿的,也不是黄的;既不是紫的,也不是黑的,应该是世界上能够见到的那么一种颜色。我想你是一定可以染出来的吧?"

阿凡提思考片刻,爽快地把这件事答应下来。阿凡提微笑着说:"我来告诉你一下取货的时间。"巴依老爷以为自己可以得逞,忙说:"好吧,你让我哪一天来我就哪一天来。"阿凡提说:"可以吗?""当然可以。"阿凡提:"那我就告诉您,高贵善良的巴依老爷,请您在一个星期的这一天前来取货,那一天既不是星期一,也不是星期二,既不是星期三,也不是星期四,既不是星期五,也不是星期六,更不是礼拜日。就在那一天吧,一定会有那一天,你来取布好吗?"巴依老爷听了阿凡提的话,只好认倒霉。他灰溜溜地离开了阿凡提,白白丢了一匹白布。

事情有时会是这样的:认为自己很聪明,但是也许别人更聪明。老子提出"古之善为道者,非以明民,将以愚之。"是预想建立一个淳朴的家园,过一些简朴的生活。从这个故事中可以看到,巴依老爷是自作聪明,阿凡提自然会占到上风。

第六十六章
善 下 为 王

江海所以能为百谷王者,以其善下之,故能为百谷王。

是以圣人欲上民,必以言下之;欲先民,必以身后之。

是以圣人处上而民不重,处前而民不害。

是以天下乐推而不厌。

以其不争,故天下莫能与之争。

译 文

　　江海之所以能够成为百川归往的地方,是因为它总是处在低下的位置,因此,能成为百川归一的地方。

　　据此道理,圣人要想居于百姓之上,必须说话要谦卑;要想成为引领百姓的人,则必须谦虚地跟在百姓的后面。

　　因此圣人居上,百姓并不感到沉重,圣人居前,百姓并不感到有什么伤害。

　　于是天下民众乐于推举他而不厌倦。

　　由于圣人不与人民相争,因此,天下没有人能够与他相争。

　　江海能够称王是因为身处低下。事业的开始是一个聚集人气的过程,必以谦下方可聚集。

　　圣人如若称王,语言要谦下,行走要靠后,表现出的是谦虚。刘备三顾茅庐是谦下的范例。《前出师表》曰:"臣本布衣,躬耕于南阳,苟全性命于乱世,不求闻达于诸侯。先帝不以臣卑鄙,猥自枉屈,三顾臣于草庐之中,咨臣以当世之事。"刘备拼得三分天下而居其一,是求贤若渴的谦下所成。

　　谦下,民众就不会感到压力,不会感到会受伤害。治国之道在于不给百姓以压力,为的是让其安居乐业。

　　这样的圣人会被拥戴。为百姓带来福祉当然会受到尊重。

　　这样的做法别人不会与他相争,安稳生活时,人怎么能产生相争的欲望呢?

　　海纳百川是它的气魄,是它的胸怀。百川归复于它,还因为它身处低下的位置,是谦卑的表现。老子善于用举例的方式讲出他要说明的道理。上与下是相辅相成的关系,身居上而心为下,是讲圣人要体察民情,听取民众的呼声,观察民众的生活,为民众办事,处于与民众相融的状态。言语的谦和使民众感到圣人是他们的依靠,交流起来没有障碍。所以圣人虽然是民众的领路人,却让民众处前处后都会感到安全。

　　山川百谷的自然现象永远给人们以启示,不论上下,不论高低,不论前后,不论左右都是物质的整体。它们相互关联,相互依存,互不舍弃,又互相回归,按照自行规律运行,相互之间的碰撞与冲突形成了自然的状态,突显出山川的秀美与绮丽,这应当被理解为物质能量使然。利与弊是人们价值观的取向,取向越对越符合自然,越贴近安全。

　　圣人的存在并没有给民众带来负担,民众并不感觉到压力的存在,以一种固有的平和的心态生活于社会,因为他们不会认为自己能够受到伤害。理想国成为人们的愿景,这是老子为人们画出的理想国的蓝图,我们可以理解到老子的用心良苦,他劝勉那些怀有治国之志的人要有自己的宽广胸怀。没有这样的胸怀怎能担当起国之重任?百姓信任他们是因为需要这样的人,是因为他们懂得如何实现"道",如何依靠"道",能够这样做而不会受到人们厌弃。

古之圣人有受之于难的事,有伟大的献身精神,为民众的利益牺牲自己,人们对他们予以敬畏与供奉。诸葛亮感到了"受任于败军之际,奉命于危难之间"的责任与重担,自知"受命以来,夙夜忧叹,恐托付不效,以伤先帝之明。"这是珍重使命的表现。

当今的社会,随着科学技术的发展,人们的思维更活跃,视野更加扩大,这是社会的进步。人们对生活的认识更加理性化,认识问题更加科学了。但是,人们还要明白认识世界永无止境,我们永远处于对事物的探索之中,永远会有新的问题出现,永远会有不同想法出现,集众人之智慧实现和谐治国的道理不言自明,也是社会发展的必然趋势。

圣人任重而道远,能够做到谦下行事,谁又能与之相争呢?用当代的话来讲就是"为人民服务",做人民的公仆,这是一个高尚的境界。

以下求上、以后求先是圣人的明智之益,有利于百姓,也符合自然之道。对于我们而言,唯有出于下才能有机会追求上,唯有自认为小才能有机会认识真正的大。

诗词助读

古风 其一　　李白[唐]

大雅久不作,吾衰竟谁陈? 王风委蔓草,战国多荆榛。
龙虎相啖食,兵戈逮狂秦。 正声何微茫,哀怨起骚人。
扬马激颓波,开流荡无垠。 废兴虽万家,宪章亦已沦。
自从建安来,奇丽不足珍。 圣代复玄古,垂衣贵清真。
群才属休明,乘运共跃鳞。 文质相炳焕,众星罗秋旻。
我志在删述,垂辉映千春。 希圣如有立,绝笔于获麟。

李白这首诗的内容很丰富,在阅读中可以看到,诗歌的发展与时俱进,诗歌与时代的发展密切相关,什么样的时代就有什么样的诗歌。如"龙虎相啖食,兵戈逮狂秦",当时七国争雄,战乱频繁,由此"雅""风"的诗文就少见了,取而代之的是由哀怨而起的骚体,最具代表性的人物是屈原,最有影响力的作品是《离骚》。诗歌发展到了唐代又有了很大的变化,这是因为"圣代复玄古,垂衣贵清真",唐朝盛世出了很多的诗人,各自驰骋才华,创作出很多的灿烂诗篇。"我志在删述,垂辉映千春"表明了李白的志向,要像孔丘那样编定一代文献,使其光照千秋。

通过读诗可以了解历史的变化,不同的诗风可以透视不同时期历史的风貌,可以看到历史的不同阶段以及人民的生活现状。唐代诗歌的兴盛,反映了唐代统治的清明,统治者表现出"江海所以能为百谷王者,以其善下之,故能为百谷王"的大唐胸怀。老子站在自然与历史的高度来作出总结,为后人指出一条前行的道路:社会有大的发展一定是领导者"是以圣人欲上民,必以言下之",才能够出现和谐的社会风气,使社会的主流充满着生机。诗人李白站在诗歌艺术的高度弘扬诗文,成为唐代诗歌的领军人物,让后人在欣赏诗歌的同时达到认识社会,了解社会的目的,从而感受到唐朝盛世与诗歌文化的关联。盛世是谦下的,诗风是开明的。

◎ 故事案例

庄子《秋水》选译

秋天雨水到来,河水上涨,河伯自高自大起来,认为自己是多么的宽阔,一切都是那样的小。当他向下游而去,来到北海时,看到北海如此广阔,才认识到自己的渺小,河伯有了自知之明。北海所以为大,是因为它位居低下,收容下许许多多的河伯。

老子举江海之例,比喻大国应当怎样做一个谦下的大国,应当具有江海一样的胸怀,"江海所以能为百谷王者,以其善下之,故能为百谷王。"

第六十七章
慈 故 能 勇

原文

天下皆谓我道大,似不肖。

夫唯大,故似不肖。若肖,久矣其细也夫。

我有三宝,持而保之。一曰慈,二曰俭,三曰不敢为天下先。

慈故能勇;俭故能广;不敢为天下先,故能成器长。

今舍慈且勇,舍俭且广,舍后且先,死矣。

夫慈,以战则胜,以守则固。天将救之,以慈卫之。

译文

　　天下都认为我的道实在是太大了,似乎没有与之相似的了。

　　就是因为它太大了,因此没有什么能够与之相比较。如果说相近的话,那就是长久呀细微呀才能与之相比。

　　我有三件法宝,秉持着它保有着它。一是要讲慈善,二是要讲俭朴,三是要讲不居于天下人之前。

慈善就能够勇敢;俭朴就能够大方;不敢居于天下人之前,因此,能够成为万物的首长。

现在如果舍弃慈善去做勇猛的事,舍弃俭朴去做大方的事,舍弃谦让而去争先,就死定了。

秉持慈善,战则能胜,守则能固。天如果要救助谁的话,就是用慈善来保护他。

解读

天下都说老子的道太大了,好像什么都不像,也没有什么比照。"道"的概念太大了,不同的人有不同的感悟,没有同一的模式,所以无法描述。

因为太大了,无法用他物与之比较。实在要说它的话,只能说它太长久了,太细微了。道无形无状、无踪、无迹,难以把握却又永久地存在,它是一个时空,一切事情都发生在其中;它的细微变化难以察觉。

老子持有着三件法宝:一是慈,二是俭,三是不敢居天下人之前。三件法宝是一个统一体,每一件都不可或缺。

慈可以做到神勇,是因为可以不顾一切地达到目的;俭可以广为受益,不仅自己受益,使别人也受益,是德的表现;不敢为先才得以保留,反而成为长久之器。不敢为先是谦虚的表现,这样做可以保持长久。

现在舍慈去做勇猛的事,舍俭却想受益,舍后而去争先,一定会失败。

用慈去战可以胜,用慈去守可以稳固。用慈来从事救助之事,才可达到保护的目的。慈是大德,可以融入"道"中,可以顺"道"而行得到保护。

老子建立起了他的道德观,同时也建立了他的人生哲学观。他的思想观是对物质世界的认识。在他看来,世界是变化的,世界是物质的,这也是他对道的解释。但是老子只能用当时的语言表达:"久矣其细也夫。"久矣是老子对时空的表达,时空是那样的漫长;细是老子对物质的认识,物质是由渺小的东西组成的。时空是那样地永无休止地流逝,一去不返;物质是那样的细小,随着时空的变化不断地组合成新的物体。通过对这句话的分析,我们理解了老子对道的认识,他的哲学思想也由此而生。一个思想的建立需要实践,需要迎合这样的思想理念,需要在实践中运用并解释这个思想,让理论与实践联系起来,用以解决现实社会中的问题。于是,老子托出了他的三宝,一曰慈,是对万

物的慈爱；二曰俭，是对万物的节俭；三曰不敢为天下先，是对万物的敬畏。这大概算是老子的人生哲学观吧。

老子将慈放在首位，成为他做人的根本。慈是对万物的敬畏，慈有慈爱、慈善、慈悲的含意。有了慈就有了爱，有了爱就可以兼济天下，一切矛盾会在慈爱中得到化解。其二是俭，俭有俭朴、俭约、节俭的含意。过俭朴的生活，有节约的意识，善待大自然，将人与自然和谐在一起，达到天人合一的境界，让社会实现可持续发展。其三是不敢为天下先，不做天下之先的事，永远为后，保持谦虚谨慎的态度，谦下以为人。

当目的很明确的时候，慈会让人变得勇敢，会以慈作为自己的理念，作为指导思想，敢做而敢为，表现出慈的智慧与胆识；俭会让人得到广泛的收益，俭是勤俭、简朴、懂得珍惜，让人知道广为受益的道理在哪里，不追求奢华、不浪费财物，善待生活、善待自然才是人们所要做的事；不敢为天下先才能得以长久。老子非常懂得保存实力，他懂得在不该有为的时候绝不去作为，没有前车之鉴的事就存有危险，没有把握之事不应去做，保存实力、韬光养晦、厚积薄发算不上一种妥协，而是慎重作为的表现。如果没有慈善只知奋勇，那是蛮干；没有勤俭就没有广泛的受益；没有对前事的总结而去一味地蛮干，则必定是死路一条。用慈来战可以取得胜利，因为会得到众人的支持；以慈相守可以稳固防御，因为众望所归；秉持慈爱来救助，方能获得成功。

老子是乐观的，心胸是坦荡的，有应对一切事物的法宝，怀有一颗慈善的心，以不变应万变。核心的慈是老子的智慧，是对万物的良好心态，以此心接受万物，可以与之交流。交流是认识事物的最好方式，正确与错误、长处与短处、优点与缺点、都能在交流之中得到平衡，达到彼此之间的互补，彼此之间的契合，彼此之间合而为一的和谐。老天也会对此关照，对其加以护卫，这是老子对于"道"的诠释。

老子的道实在是太大了，实际上，老子对道有深刻的认识，能够用道来解释已经或将要发生的事情，并不是算命，而是以客观现实出发，站在客观规律的基础上思考、判断、分析与推理，得出趋近合理的解释，其中往往有合理的部分也有不合理的部分，转换随时可能发生。若达到这种境界，用长远的观点看问题，并且还要细致地观察问题，才有可能找到解决问题的答案。理解道的思想在于认识和解决现实中的问题，模仿也是学习的

一种,学习的过程就是从模仿开始,人类生活于大自然,向大自然学到了很多东西,于是人类社会得到了发展。对大自然的规律建立起足够的认识,是从认识事物的一个过程开始,由此及彼的。一粒种子从发芽成长,再到开花结果,也就代表了自然生物的成长过程。人们解决问题也要仿照这样的过程,从一件事情的成因推断出问题的发展,最后推断出问题的结果。生物遵从它的逻辑规律自生自灭,人们在从自我意识到客观现实的实践之中发现出事成事败的规律,在成败中前行。人类的一切成就都离不开在仿生学上取得的成果,人类没有理由不敬畏大自然,没有理由失去对大自然的慈爱,因为后果紧随其后。

老子不称自己道大,将自身置于低处,求得慈、俭、不敢为先,反倒显示出才智。不勇之人反而能得救,不为先反而能够成为先,这其中的道理值得我们借鉴。

302

诗词助读

走马川行奉送出师西行　　岑　参[唐]

　　君不见走马川行雪海边,平沙莽莽黄入天。轮台九月风怒吼,一川碎石大如斗,随风满地石乱走。匈奴草黄马正肥,金山西见烟尘飞,汉家大将西出师。将军金甲夜不脱,半夜军行戈相拨,风头如刀面如割。马毛带雪汗气蒸,五花连钱旋作冰,幕中草檄砚水凝。虏骑闻之应胆慑,料知短兵不敢接,车师西门伫献捷。

　　边陲匈奴作乱,汉家大将西出征,这是一场正义的战争。大将军为报效国家义无反顾地奔向战场,"将军金甲夜不脱,半夜军行戈相拨"是真实的写照,心中有正义何惧恶劣的环境,在这种气势下敌方已经胆寒,"虏骑闻之应胆慑,料知短兵不敢接,车师西门伫献捷"。天气如此恶劣,却也正是杀敌的好时机,正义的战争、保家卫国的战争一定会取得胜利。正像老子说的"夫慈,以战则胜,以守则固。天将救之,以慈卫之。"

◎ 故事案例

不为先而居于先

禅宗五祖弘忍大师感到自己老了,要选个继承人,于是让每个弟子作一首诗,来考察对佛家教义的理解。弟子们互相看看,大家迟迟不敢动笔。神秀是这些弟子中最有悟性的,大家都看好他。神秀凝神静思之后,写下这样的诗句:

身是菩提树,心如明镜台。时时勤拂拭,勿使染尘埃。

表示自己要以佛祖释迦牟尼为榜样,愿静心修道,时时擦拭,永远保持一个一尘不染的明净台般的心灵。弘忍大师看后并不十分满意,认为诗里有入世的感觉。

庙里有一个做饭的小火头僧叫慧能,他知道神秀大师的诗后,感觉还不到位,于是也写了四句诗贴在那诗的旁边:

菩提本无树,明镜亦非台。本来无一物,何处染尘埃。

慧能有他的悟性,认为世上本来就是空的,看世间万物无不是一个空字,心本来就是空的话,就无所谓受到外界的干扰,任何事物不过是过眼烟云,根本留不下痕迹。这样才算是禅宗的一种很高的境界。

弘忍大师看到这四句诗后,立刻把它涂掉。他悄悄来找慧能,却只是在慧能肩上拍了三下。慧能明白了弘忍大师的意思。便深夜三更去找弘忍大师,弘忍大师将禅宗要义传给了他。

慧能是一个很聪明的和尚,也许他也想做继承人,只是由于神秀的声望也很高,他觉得要甘居下游。但他感觉神秀的诗并不理想,于是自己作了一首。在弘忍大师看来,这后一首诗才具有应有的悟性,于是就选慧能为他的继承人。慧能并不想取先,他只是觉得神秀的诗并不到位,才写了这样一首诗,反而被弘忍大师看上,成为继承人,这当然有其中的道理。慧能也算是不敢为先反而得到了先。

第六十八章
以 善 为 先

原 文

善为士者,不武;善战者,不怒;善胜敌者,不与;善用人者,为之下。是谓不争之德,是谓用人之力,是谓配天古之极。

译 文

英明的将帅,不崇尚武力;长于作战之人,绝不轻易斗狠;常胜将军作战时,一般并不与敌方纠缠在一起;善于用人者,往往自己都是很谦下的。

以上是讲不争的德行,是讲借用别人之力,这是符合自然的道理。

解 读

老子的思想有其独到的一面,他思考问题总是站在问题极致的对立面,避开其锐利的一面,用相生相克的方式解决问题。在武力面前能化解武力的威胁,采取避实就虚迂回的政策;在让人怒发冲冠的大事面前,能够冷静下来对以良策;对缠身的问题,总是能够很快地挣脱出来,离开那些纠缠不清的事;一切问题的解决都离不开人,善于处于低下而用人是谦卑的表现。这就像日本的"合气道",与对方作战时先行礼,格斗开始后以防守为主,采用借力使力的打法,以四两拨千斤的方式制服对方。自己处虚势以诱敌深入,进攻是为了防守,打得以柔克刚,刚柔相变,借势取胜,真可谓奥妙无穷。

在不变中求变,在变中求不变,以不变应万变;不以争为争,在不争中求胜,以不争为争是德的表现。老子强调德的境界,借用别人之力而使力,以小力胜大力,这好像是符合天意借用了天力,将力达到极致。有这样一句话叫做:"天时不如地利,地力不如人和",老子将天时、地利、人和协调运用起来,以德为统帅发力,可算是神奇吧。

贤明之士,不认为动武是解决问题的最好办法。动武则使两败俱伤,并且埋下仇恨的种子,这对谁都没有好处,一时的痛快又能得到什么呢? 只能让外界对自己产生提防的心理和复仇的念头。由此,善战的人并不动怒,动怒是匹夫之勇,一怒之下的举动往往不理智,会酿成大祸。冷静思考,能够使人趋于理智,退一步海阔天空,人可活动的空间不仅此一点,为什么只看中这一点点?有了智慧到处是空间。不纠缠就是智慧,纠缠在一起只能耽误时间,陷入其中就更为可怕,人的精力要用在可为之处才是真。用人时让自己处于谦下,既是良好合作的态度,更是一种良好的品德,尊重别人会得到别人的尊重,良好的工作环境就此被创造。

良好的德行是在不争中培养起来的,一个贤明的人用人所长,借助众人之力,经合力而成事。虽说是一个小团体,既然走到一起来了,哪怕是短时间的,也应搞好合作。孔子讲:"君子和而不同,小人同而不和"。各自有各自的想法是好事,是个性的充分表现,有助于集思广益地解决问题,形成共事的合力;同而不和就难以成事,各自打各自的算盘,还不如各奔东西、互不妨碍为好。但是,有谁又能离开这个社会呢? 还是要讲回归社会,以和为贵。

善于取得胜利的人并不与对方发生直接的冲突,而是以德行赢过对方。在险恶的环境中能够退保自己的慈善、秉持天道,也是一种德行;而清廉正直的人,别人也不敢与之争。

诗词助读

封丘作　　高 适[唐]

我本渔樵孟诸野,一生自是悠悠者。

乍可狂歌草泽中,宁堪作吏风尘下。

只言小邑无所为,公门百事皆有期。

拜迎官长心欲碎,鞭挞黎庶令人悲。

悲来向家问妻子,举家尽笑今如此。

生事应须南亩田,世情付与东流水。

梦想旧山安在哉,为衔君命且迟回。

乃知梅福徒为尔,转忆陶潜归去来。

　　这首诗是高适在封丘任时所作。诗中道出了诗人不堪为地方小吏的痛苦、矛盾心情,同时也揭露了官场逢迎长官、鞭挞百姓的黑暗现状。正直的高适不肯违心,却受到世情的嘲弄和打击,这是他的痛苦所在。通过诗可以看出高适是一个正直的人,对官场中的一些做法很不满,但又无力回天,只是自己不去做罢了。采取妥协的办法,也算得上是为善,起码保护住了他官职下的地域,同时可以看出他对陶潜的追念。高适所表现出的只是"善为士者,不武",而要达到"是谓不争之德,是谓用人之力,是谓配天古之极"则要达到别一种高度。

◎ 故事案例

善胜不与

　　汉代有个叫公孙弘的人,年轻时家境十分贫寒,后来经过勤奋学习,为汉武帝所重用,贵为丞相。虽说生活有了很大的改善,但公孙弘依然十分俭朴,吃饭只吃一个荤菜,睡觉时也只盖非常普通的棉被。对此有的人不理解,认为这是沽名钓誉。大臣汲黯也十分不满,就向汉武帝参了一本,认为公孙弘位列三公,有可观的俸禄,却与百姓一样只盖普通棉被,这不是使诈以沽名钓誉又是什么呢?他认为公孙弘的目的在于骗取俭朴清廉的美名,希望汉武帝明察。

　　汉武帝知道此事后便找到公孙弘,问:"汲黯说你只吃一荤,只盖普通棉被,他说的是事实吗?"公孙弘笑而作答:"汲黯说得没有一点错。在满朝的大臣中,我与他交情一直很好,也是他最了解我的生活。现如今他当着陛下的面来说我,正是说中了我的要害,我怎能不承认呢。我位列三公而只盖棉被,生活水准和普通百姓一样,别人说我是故意装得清廉以沽名钓誉,可以理解,但生活俭朴一些,这又有什么不好呢? 不过话说回来,如果不是他跟您说这件事,您怎么会知道呢? 这也可以说明汲黯对您确实忠心耿耿,不然陛下怎么会听到对我的这种直接的指责呢?"汉武帝听了公孙弘的这一番话,反倒觉得他为人谦让,就更加尊重他了。

公孙弘出身贫寒,深知百姓的疾苦,他追求俭朴身高而居下,心中不忘百姓,也算是大德。在对待汲黯的指责上,他以退为进,也算是一种韬略。"是谓不争之德,是谓用人之力。"公孙弘反借汲黯之力,更加得到武帝的信任,这更是他的一种智慧。

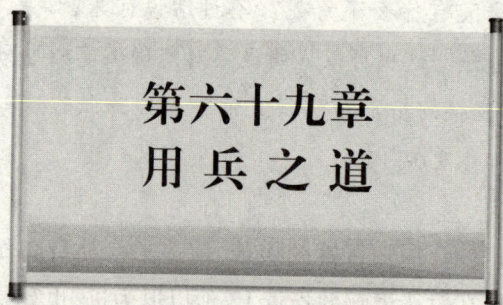

第六十九章
用 兵 之 道

原 文

用兵有言：
"吾不敢为主，而为客；不敢进寸，而退尺。"
是谓行无行，攘无臂，扔无敌，执无兵。
祸莫大于轻敌，轻敌几丧吾宝。
故抗兵相若，哀者胜矣。

译 文

打仗用兵上有这样的说法：

"我不敢采取主动攻势，而采取防范势态；不敢前进一寸，而是先退后一尺。"

这就是说，行动不应暴露作战的意图，举起手臂就像没有动作，面临敌方就像眼前没有敌方，手持兵器却让对方看不到你的兵器。

最大的祸患莫大于轻敌，轻敌将丧失上述战胜敌人的法宝。

因此，当双方实力相当时，哀伤的一方更易获得胜利。

　　本章借军事谈退守、居下的处世哲学。

　　轻敌就会导致灾祸,重视战略战术的布置是取胜的法宝,一旦轻敌就会丧失一切。打仗是要谨慎小心之事。

　　在作战中,如果两军的实力相当的话,感到自己已经身处绝境,就一定能够奋战而取得胜利。

　　打仗是冰火两重天的事,一定很惨烈,不到万不得已不宜使用战争。在实力相当的情况下进行谈判,不敢进寸而退尺,是一种态度的表白,是试探虚实的定位,是欲擒故纵的先手,是战前准备的思维激荡。这一切准备都是不轻敌需要的,是防患于未然。

　　与敌作战不应采取主战形式,而应当做好防守的姿态,采取以退为进的方式,让敌人摸不清你的战略意图,引诱敌人暴露作战意图,让我方能迅速制订

出作战计划,以守势抵御进攻。

战争动作的关键在于变化,行动与不行动都应当使敌人有所迷惑,不知道你的真实目的,不知道你举起手臂是要干什么。表现出无敌的架势,却好像并不持有兵器。作战大概就需要这样的虚虚实实,该虚则虚,该实则实。

不仅仅是打仗,干任何工作都不能轻敌。轻敌是兵家大忌,也同样是工作中的大忌。轻敌必然产生麻痹思想,有麻痹思想当然不会作出周密的工作部署,不周密的工作一定就有漏洞,漏洞一旦出现问题将无法收拾。事物的环节一环紧扣一环,一个环节断裂将无法连接。做好准备尤其重要,不轻敌的目的是要做好一系列准备工作,唯恐考虑不周。即使认为方案已然周密,仍会有意外情况发生,还会有怎么办的问题,所以轻敌之事不可小视。这个观念不仅仅表现在战争中,工作中也要如此。

老子认为作战决不能轻敌,轻敌会导致战争的失败。因此,战前要明察双方力量的对比,并制订周密的作战计划,然后再拼死一战,方能取得胜利。

诗词助读

燕歌行　　高适[唐]

汉家烟尘在东北,汉将辞家破残贼。

男儿本自重横行,天子非常赐颜色。

摐金伐鼓下榆关,旌旆逶迤碣石间。

校尉羽书飞瀚海,单于猎火照狼山。

山川萧条极边土,胡骑凭陵杂风雨。

战士军前半死生,美人帐下犹歌舞。

大漠穷秋塞草腓,孤城落日斗兵稀。

身当恩遇恒轻敌,力尽关山未解围。

铁衣远戍辛勤久,玉箸应啼别离后。

少妇城南欲断肠,征人蓟北空回首。

边庭飘摇那可度,绝城苍茫更何有!

杀气三时作阵云,寒声一夜传刁斗。

相看白刃血纷纷,死节从来岂顾勋?

君不见沙场征战苦,至今犹忆李将军!

作战自然是有胜有败,取得战斗的胜利,在于懂得作战的规律、学会作战的常识。老子主张作战"祸莫大于轻敌,轻敌几丧吾宝",而诗中却写到将军犯兵家之大忌,"身当恩遇常轻敌,力尽关山未解围",可见如此作战只能给战士带来更大的伤亡。更有甚者的是"战士军前半生死,美人帐下犹歌舞",表现出的是为官的腐败,是士兵的灾难。用兵之道首推《孙子兵法》,其中谋攻篇第三这样写道:"故上兵伐谋,其次伐交,其次伐兵,其下攻城。攻城之法为不得已。"这与老子的用兵思想如出一辙。

◎ 故事案例

谦退

春秋时期,晋献公听信谗言,杀了太子申生,这之后又派人捉拿他的弟弟重耳。重耳只好逃出晋国。重耳被楚成王收留下来,楚王见他很有才气,待他为座上宾。有一天楚成王问重耳:"如果你有一天重回晋国,又当上国君,你会怎样对待我?"重耳思考了一下,回答说:"楚国这么富有,我又能送您什么呢?"楚成王还是要问:"不管怎么说,你总该有所表示吧?"重耳沉思片刻后说:"如果有一天楚国与晋国发生战争,我一定让我的军队退避三舍,不首先与楚国交战,您看这样可以吧?"楚成王点了点头。重耳也在回味楚成王的话。

几年后,重耳果真回到了晋国,当上了晋国国君。重耳认真治理国家,使国力得到了增强。后来楚国与晋国果真在战场上相遇了,当了晋文公的重耳记起了当年答应楚成王的话,于是决定信守承诺使军队退避三舍。楚国军队还以为晋军害怕了,就骄傲地马上发起进攻。晋文公认为楚国太失礼了,就向楚军发起反击,将楚军打得大败。

退守居下使晋军获胜,而楚军犯了大忌,把晋军的退却误认为是害怕、胆小、不敢应战,于是盲目进攻,结果被打败。这正像老子所说的,"祸莫大于轻敌,轻敌几丧吾宝。"

第七十章
知 行 易 难

原 文

吾言甚易知,甚易行。天下莫能知,莫能行。

言有宗,事有君。夫唯无知,是以不我知。

知我者希,则我者贵。是以圣人被褐怀玉。

译 文

我的言论很容易就能明白,也很容易去做。天下的人却没有能够真正了解的,没有能够真正做到的。

所说之话有其指导思想,所做之事有其统帅核心。正是因为人们不明白这个道理,所以不理解我。

理解我的人很少,效法我的更是珍贵。就像圣人穿着粗布的衣服,怀中却揣着美玉。

解 读

老子的言论一听就明白,看似很容易做到,但却很少有人能够践行。

语言由思想指导,行动由统帅领导。因为人们不知道其中的道理,所以不知道该了解什么,也就不了解老子。这里面的奥妙要明白,讲话要有根据,侍奉要有方式方法。

了解老子的人太少了,效法他就显得很珍贵。圣人外面穿着粗布外衣,怀中却揣着美玉。以外在的穿着取人不会准确,还是要看他是否有真才实学。

言论有时听起来很简单,很容易明白,也很容易去做。但是真正明白其中的道理并不是一件容易的事。所以做起事来,也很难将事情做得很准确、完满。老子关注知与行的关系,知不清楚,行实现不好。知是到底知道问题的多少,准确不准确;行是要将行动把握到什么程度,可行不可行。老子深知事物之间有着千丝万缕的联系,一件事的变动必然引发与此相关的另一件事或几件事的联动。当把事情联系起来综合思考时,问题就复杂化了,能够在复杂的局面中优选出解决问题的办法或方案就是一件比较难的事了。就一般而言,能够注意到一个问题的两面已经不错了,遇到复杂的问题容易考虑不全面。没有人知道老子更多的想法,他的所为又为何那样,这是我们的困惑,却也是老子的高深所在。其实,关键还在于我们认识上有欠缺,对问题没有足够的认识,良好的思维模式还没建立,一旦认识上去了,实践就有希望了。

任何言论的出现都有其意义,都承载着大量的信息,有言内的也有言外的,说者的意思是这样,听者理解的却不同。人行动时要服从统一指挥,这是做事的依据,就是怕领会上出了毛病。如果领会上出了毛病,就会表现出无知。因为自己的知识不足,做自己所不了解的事,难免不出毛病。这里边的知识很少有人全部掌握。没有知识上的准备,又怎么能够做成事呢?当然这里有按客观规律办事的道理,是老子推崇的为事之道。不理解这一点就无法知道老子用心良苦。

老子对言行有着深刻的认识,学会怎样认识言与怎样执行行并不是一件简单之事。知道老子的心思的人太少,能够向他学习这种方法的人太可贵了。老子提出"言有宗,事有君",强调两者之间的关系。言从何而来?事从何入手?"夫唯无知,是以不我知",就是因为没有这方面的知识,自己就不知道如何办了。是别人不了解自己,还是自己不了解别人,还是自己不了解自己?老子提出的问题值得思考,人们所欠缺的也就在于此。

"知我者希,则我者贵",了解老子的人实在是太少了,效法老子的人就尤

为可贵。贵在何处？第一，老子语言的可贵在于朴实、简明、准确。他的语言贴近现实、贴近自然，所说的道理合于自然，用这样的语言说明问题会很清晰；用这样的语言解释问题会很透彻。第二，老子思考问题的方法充满着辩证，说明问题时总是对比来说，既说到问题的这一面，又讲到问题的那一面，体现着与现实的结合，体现着变化。第三，老子语言的逻辑性很强，将问题提出后层层展开，原因与结果形成鲜明的逻辑关系。

外在与内在不相一致，有时难以辨别，简单地肯定一件事或否定一件事都是不妥当的，必须借以慧眼。老子打了一个比喻：圣人穿着粗布衣服而身怀宝玉，这是值得尊重的。这讲明一个道理：外在的东西只是表象，容易让人看道，而内在的东西却不易看到，所以对任何事情都不要轻易下结论。圣人怀揣着什么，到底是不是好玉，有没有价值，价值究竟在哪里，都在探讨之列。《韩非子·和氏》讲的"和氏之璧"的故事为世人皆知。李白在《古风》中写到："抱玉入楚国，见疑古所闻。良宝终见弃，徒劳三献君。"当然楚文王最终识得了这块宝玉，后世也流传下许多相关的故事，遗憾的却是不识璞玉的仍大有人在。

老子用极为简洁的语言展示了言与行的奥妙，点明两者之间的关系，易知与莫能知，易行与莫能行，道理很简单，做起来不容易。外在与内在的关系看似很平凡，能够做到透过现象看到本质绝非易事，老子很推崇被褐怀玉的人，视这种人为圣人。

凡事背后的道理往往是很简单、很容易被发现和弄懂的，但想要真正做到却很不容易。所以明白道理不难，明白道理后能够坚持遵守并以此前行的人，则是很不容易的。

诗词助读

游山西村 陆 游[宋]

莫笑农家腊酒浑，丰年留客足鸡豚。

山重水复疑无路，柳暗花明又一村。

箫鼓追随春社近，衣冠简朴古风存。

从今若许闲乘月，拄杖无时夜叩门。

对事物的嘲笑有时并没有什么道理,表现出的其实是对事情的不了解。农家腊酒浑不足笑,这本是农家的原生态,只是我们还不习惯,还不了解这里的生活,还无知于这里的风俗,一方水土养一方人是永恒的道理。有知与无知是相对的,不断地探求才有可能获得真知。陆游给我们讲出一个道理"山重水复疑无路,柳暗花明又一村",当前行的路黯淡了,需要的是鼓足勇气继续前进,柳暗花明将出现。老子讲"言有宗,事有君,夫唯无知,是以不我知",讲明一个深刻的哲理:做事要有主心骨,要有正确的见解。

◎ 故事案例

知行合一

春游出发前老师向学生们说:"春秋时期老子说了一句话'吾言甚易知,甚易行。天下莫能知,莫能行。'我的要求很简单,想要做到也很容易。第一点,不要在公园里打闹,因为那里有山有水;第二点,不要随意离队,离队跟我打招呼。能做到吧?"同学们一同答道:"能!"

同学们开始上山了,他们被美丽的山花所吸引,一边聊着,一边向山上走。在半山腰有两个男同学打闹起来,一个同学脚下一滑摔到了路边的山坡上,胳膊被蹭破了一块皮,老师赶忙过来给那个同学包扎上。那个受伤的学生说:"老师,还是老子说的对,'天下莫能知,莫能行。'能够按要求做事确实很难。"老师讲:"你又在耍贫嘴。你是不知道后果,知道后果你还会这样做吗?"那个同学肯定地说:"当然不会。"

明白做事的道理很简单,真能够做好则不是一件容易的事。想把事情做好就一定要有责任心,对事情负责也是对自己负责。要实现知行合一。

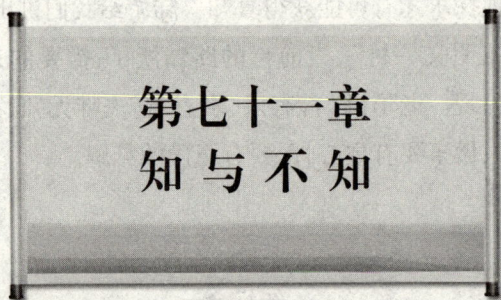

第七十一章
知 与 不 知

原 文

知不知，尚矣；不知知，病也。

圣人不病，以其病病。夫唯病病，是以不病。

译 文

知道却并不以为知道，是最好的；不知道却以为知道，是最差的。

圣人之所以不会犯错误，就是因为他把错误当做错误。正因为如此，所以圣人不会犯错误。

解 读

知道的东西并不以为知道，这样做挺好，因为这里还会有不知道的东西；不知道的事反以为知道，这是错误的表现，知与不知是相对的。

圣人之所以不出现错误，是因为他勇于把错误当成错误，不但承认错误，而且尽快改正错误;由于他提前避免了错误,所以以后也就没有错误了。

　　什么是知道,什么是不知道,这是一个复杂的问题。比如说做一项科学研究,需要不断地修改方案,探讨知与不知的问题,在知中找到不知,将不知转化为知。由于不知而犯错误可以理解,自以为知而犯错误是无知的表现。事物的发展无止境,对事物的认识也无止境,不修正错误或是毛病就不足以进步,不足以取得成功。不知是求知的基础,知中还有不知,知与不知探求不止。要做到按事物的规律办事,不去违背事物的运行法则,并不是一件容易的事。走入误区是常有的事,但要懂得迷途知返,从错误的路上走到正确的路上并不是走回头路,知道错误才能找到正确。

　　圣人不犯或少犯错误就是因为他知道错误就是错误,能够客观地把握住自己,给予自己客观的评价,也能够客观地把握住事情状态,摆正自己与客观的关系。当出现问题或犯了错误的时候,一定要承认错误,从而改正错误,这样才能少犯错误或不犯错误。

　　知与不知应该是主观态度的诚恳表现,要站在客观的态度上认识问题,让主观意识符合于客观情况,达到主观与客观的统一。

　　知之为知之,不知为不知,这才是为人做事,特别是学习时可取的态度。但我们很容易因为主观方面的问题而失去这个态度,更不用说有时连自己究竟是不是知道都搞不清楚了。这些问题不可不防。

诗词助读

感　遇　　陈子昂[唐]

圣人不利己,忧济在元元。黄屋非尧意,瑶台安可论!
吾闻西方化,清净道弥敦; 奈何穷金玉,雕刻以为尊?
云构山林尽,瑶图珠翠烦。鬼工尚未可,人力安能存!
夸愚适增累,矜智道逾昏。

　　陈子昂以诗的形式讲述了一段历史。武则天在唐太宗死后,曾削发于感应寺为尼。及临朝称制后,和尚法明等人撰《大云经》,说武后是弥勒化身,当代替唐朝的皇帝统治天下。因此,武则天便崇奉佛教,大规模兴建佛寺,其目的是想借宗教作为愚民的工具,巩固大唐的政权。这首诗批评武则天兴建佛

寺,奢侈浪费,危害国家和人民的利益。这是一个反例,印证了老子说出的道理。老子讲"圣人不病,以其病病",反过来说,如若有病,却不以为病,那一定

是有大病;如果有错,却并不以为是错,一定是大错。这样的人当然算不得什么圣人了,只能是"夸愚适增累,矜智道逾昏"。夸耀大兴土木、修筑佛寺的愚行,只会增加人民的不满,因而给统治者带来忧患之累;炫耀建筑寺庙佛像的智巧,反而使佛法更加不明,只会造成对自然的损害、对人民的伤害。事情就

是这样不好琢磨,一个症状的背后到底存有什么样的病,有怎样的隐情,知还是不知值得探究。做到"夫唯病病,是以不病"是为可取。

◎ 故事案例

知者不知

苏格拉底是古希腊伟大的哲学家,他有很多的弟子。有一天弟子向他请教问题,问人生中该怎样做出最好的选择。苏格拉底说:"好吧,你们跟我来。"苏格拉底把他们带到一个葡萄园,说:"你们分别从葡萄架的这一头走到那一头,只准许摘一串最大的葡萄。我到那边等你们,开始吧。"

苏格拉底在那边等待弟子。一名弟子过来了,对苏格拉底说:"我对这串葡萄不满意,因为这不是最大的。"苏格拉底说:"为什么呢? 怎么不摘最大的呢?"学生说:"最大的那一串我错过了。后来再也没有遇到。"

另一位学生走过来,对苏格拉底说:"这串葡萄并不是最大的。"苏格拉底问:"为什么不摘呢?"弟子回答说:"一开始我看这串葡萄很大,马上把它摘了下来。可是后来看到还有更大的一串,已经摘了这串就不能摘那串了。如果再让我来一回的话……"苏格拉底打断了他的话说:"人生没有第二回选择,人生只有一次。因此做任何事都是一种选择,你要做好你的选择。这就是人生的选择。"

人生就是在做选择,你怎么知道你的选择是对还是错呢? 你怎么能说得清楚呢? 但是你一定要明白哪些事是不能做的,接下来就是乐观地将所做的事坚持下去。"圣人不病,以其病病"是有其道理的。

第七十二章
取 以 民 生

民不畏威,则大威至。

无狎其所居,无厌其所生。夫唯不厌,是以不厌。

是以圣人自知不自见;自爱不自贵,故去彼取此。

译 文

民不畏惧威吓的时候,大的祸患就要来了。

不去侵害百姓居住的地方,不去破坏百姓的生活条件。只有不去压迫百姓,才不会遭到百姓反抗。

所以圣人懂得自知之明而不自以为是;懂得自珍自重而不自高自大,去掉后者,取其前者。

解 读

将事强加于百姓,百姓不能接受而愤怒的时候,灾祸就要来临了。这是被历史所证明过的，秦始皇的残酷统治，迫使老百姓不得不揭竿而起，掀起推翻这一统治王朝的运动，这是"大威至"的表现，尊重百姓就是尊重自己。

老子反对自以为是，一味强调自己的主观见解，擅自发号施令。他认为圣人应当自爱，珍重自己，像孔子说的那样："己所不欲，勿施于人。"人与人之间的关系是平等的关系，是相互尊重的关系，多做一些尊重他人的事，多做一些有益于他人的事，为的是让和谐的生活更持久地保持下去。

生活中怎么能不出现问题呢？每一个人都有其个性与想法，不应忽视对方的存在，更不应做感情冲动之事，使简单的事情复杂化。克制就是自爱，也是爱别人。举一个简单的例子，喝酒是不能驾车的，也许你自认为感觉良好，但是客观上你对自己的行为会失去控制，一旦出现问题，轻则伤其自身，重则伤及他人，后悔又能来得急吗？要不想后悔，就要自爱，克制自己，尊重公共利益，讲求道德风尚，树立法律观念，不去做超越法规的事。

事情的发生就是那样相辅相成，自知而不自傲，自爱而不自贵，可以平衡心态，将事情处理得妥帖平和。

明智的君王不会做自以为是的事，不会以自己为贵，这样做百姓的生活就不会被打扰，人民才得以享受平静。为王者要经常体察民情，感受民生，能为民排忧解难才称得上是好的君王。

诗词助读

蒿里行　　曹操[三国]

关东有义士,兴兵讨群凶。初期会盟津,乃心在咸阳。
军合力不齐,踌躇而雁行。势利使人争,嗣还自相戕。
淮南弟称号,刻玺于北方。铠甲生虮虱,万姓已死亡。
白骨露于野,千里无鸡鸣。生民百遗一,念之断人肠。

　　三国时期,统治者争夺势力范围,进行权力之争,给人民的生活带来深重的灾难,"白骨露于野,千里无鸡鸣"是对当时社会现状的生动描写,这种局面是老子所反对的。老子主张"无狎其所居,无厌其所生",不要打破人民正常生活,不要压制人民的生活,更不能使人民落难。圣人要做到的是自知而不自傲,自爱而不自贵。

◎ 故事案例

不自贵

　　有一个国王处理国事,整天忙得不可开交,大情小事却总也处理不完,他有点烦了。于是他就想,老百姓那里真的有那么多的事情吗? 我下发了那么多的政令是对还是不对呢? 国王决定微服私访,下去走一走。

　　国王来到一个小的市场上,看到有一个买鱼的老头,就走过去问:"老人家,鱼好卖吗?"那个老人说:"不好卖。""怎么不好卖呢?"国王问道。老人说:"这里卖鱼的人很多,买鱼的人却很少。""这是为什么呢?""卖鱼的这个地方太偏僻,来买鱼的人太少,总有卖不掉的鱼,有的鱼就臭掉了,太可惜了。我们这么辛苦,如果国王知道,能让城里人来买鱼就太好了。"

　　国王又向前走,看见两个人在吵架,就上前去问个究竟。一个人理直气壮地说:"我一直在这个树下卖东西,他今天占了我的地方,实在是太不讲理了。"另一个人辩解说:"为什么就是他的地方,谁来得早谁就占,有什么可说的。"两人互不相让。国王怎样劝两人也不听,只好走开。

　　国王在回去的路上想,大家的生活都不容易,要制订出一个好的办法,让他们安定下来。后来他终于想出了好主意,让百姓各得其所、安居乐业。

老子讲圣人治理国家要做到"是以圣人自知不自见，自爱不自贵。"想解决问题就要深入地了解问题，没有微服私访的精神，大概无从下手。

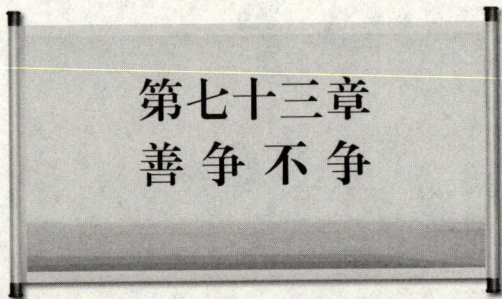

第七十三章
善 争 不 争

原文

勇于则杀,勇于不敢则活。此两者,或利或害。天之所恶,孰知其故?是以圣人犹难之。

天之道,不争而善胜,不言而善应,不召而自来,▌然而善谋。

天网峡峡,疏而不失。

译文

勇于作为的人容易遭到伤害,勇于不敢有作为的人则容易找到生路。这两个结果,一个是利,一个是害。上天所厌恶的,谁知道其中的缘故呢?即使是圣明之人也难以解释明白。

自然界的最高境界是不凭争夺而取胜,不凭多语而善应答,不用召唤而能自动到来,坦然淡定却很会谋划部署。

天网非常的大,虽然疏松但不会有漏失。

老子对勇有自己的看法，没有"勇"不足以为事，最终获利或受害大概也是因老天喜恶决定的，这里面的事没有谁说得清楚。

不凭借争强好胜而能够得到胜利，不凭借能言善辩而能够应答自如，不用等别人招呼就能及时到来，坦然淡定却表现出善于谋略。老子的智慧在于指出这些现象后讲明其中的道理：这就是自然的最高境界——天之道。

天网是那样的大，显得那样疏松，却不会有疏漏。不同的问题会有不同的结果，但任何人都不会逃脱规律的法则。

勇与不勇有时是一个难说清的话题，不同的情况下有不同的说法，不同的目的有不同的结果。为正义而勇而先是英雄之举，为邪恶而勇而先则是罪恶之举。

老子提出一个问题：勇敢的人容易被伤害，不勇敢的人容易找到更多出路，这到底是为什么呢？老子在探索中找到一个理想的答案。天道有其自然规律，一切按自然规律运行，事物的发展由小到大、由弱到强；事物壮大后会向相反的方向发展。敢为与不敢为者都应当依着这样的规律去获取胜利。想获得胜利却没有获得胜利，一定是在什么方面出了问题，违背了客观规律。按天道行事，不争也能取得胜利，因为本身已经聚集了胜利的条件，只要外力条件一成熟就可以顺势而成。不与之相争却获取了胜利，是因为其行事符合客观规律，成为事态发展的结果。这是敢为的结果，还是不敢为的结果？有的事情需要勇猛向前，有的时候需要以退为进，其中的变数怎样理解呢？说不上怎样做更好，恐怕依不同的情况具体分析才能找出正确的解答。勇与不勇见仁见智，注意环境，注意时机，把握节奏。

"天之道，不争而善胜"，在这里可以看出老子对问题的洞察，只有将问题看清，遵循天道行事，才能够表现出善争，不争而会争，不争而善胜。《战国策·燕策二》："蚌方出曝，而鹬啄其肉，蚌合而钳其啄。鹬曰：'今日不雨，明日不雨，即有死蚌。'蚌亦谓鹬曰：'今日不出，明日不出，即有死鹬。'两者不肯相舍，渔者得而并擒之。"这就是鹬蚌相争，渔翁得利的例子。对渔翁来说这也算是不争而善胜吧。

老子讲"不言而善应"，是讲不发表过多的言论，却能应变自如。因为更多的是用行动来回应。这就像孔子说的那样，"君子欲讷于言而敏于行"，两者表

达上有异曲同工之妙：老子在讲不言与善言的辩证关系，而孔子却注重实际，慢说话而将事做在前头，这样的做法可称为君子，是君子的表现。

"不召而自来，繟然而善谋"，是讲做事要从善如流，能够非常清醒地审时度势、自觉行动。做事如行云流水一般，当快则快，当慢则慢，一个好的行动就是这样表现的。

大自然的天网虽然疏松，但是问题无一漏网。善人会得到善报，恶人会得到恶报，是人们广泛认同的一个道理。其实道理不限于此，任何事都应按照这样的道理做，疏而不漏地将问题解决。

怎样保护自己，又怎样战胜敌人，这是一个值得探讨的问题。事情背后总存有因时、因势而成的规律，能够发现并利用它们，就是智慧的表现了。因此君王要顺势而成，百姓要依法行事，才能不违反规律。

诗词助读

论诗　赵翼[清]

满眼生机转化钧，天工人巧日争新。
预支五百年新意，到了千年又觉陈。
李杜诗篇万口传，至今已觉不新鲜。
江山代有才人出，各领风骚数百年。

万物总在变化，万物总在更新，巧与不巧都应在自然之中，现在认为是新的东西，过一段时间就感觉不新鲜了，新的有生命力的事物总要代替旧的事物，这是大自然的法则。顺其自然是老子的主旨思想，这与逆来顺受完全是两个概念。逆来顺受是一种忍受和无原则的退让，而顺其自然则是经过大脑的思考，经过一定的努力，使自己适应一个生活环境，让自己安定下来，如果能够在此环境中有一点作为就可以称得上有成就了。"江山代有才人出，各领风骚数百年"是历史发展的规律，新的时代当然要出新人，一个时代就有一个时代的特点，一代才人引领一代潮流，留下历史的痕迹。"天网恢恢，疏而不失"，是讲任何人的所作所为都脱离不了自然的法则与规律，都会受到它的约束与制约，有什么样的起因就有什么样的结果，无一漏网。

网疏而不失

有一位司机刚取得驾照,就开始给人开车送货,由于技术不熟练,驾驶经验缺乏,在一次夜晚拉货时开车过快,变红灯时还要左转弯,与左前方的一辆摩托车相撞,造成摩托车司机当场死亡。肇事司机见状,不去救人而是选择逃逸。

几年来肇事司机千方百计地隐姓埋名,用假身份证到处找工作,生怕别人查出他的过去,过着担惊受怕的生活。

然而有一天警察终于找到了他,将这个肇事逃逸的司机抓获归案。

这个案例告诉我们,任何时候都不要存有侥幸心理,出了错误应当敢于面对,而不要企图逃避。切记"天网恢恢,疏而不失。"

第七十四章
民 不 畏 死

原文

民不畏死,奈何以死惧之?

若使民常畏死,而为奇者,吾将得而杀之,孰敢?

常有司杀者杀。

夫代司杀者杀,是谓代大匠斫。

夫代大匠斫者,希有不伤其手矣。

译文

如果百姓们不怕死,怎么能以死来相恐吓呢?

如果百姓们经常处于怕死的状态下,而有个别干坏事的人不怕死,我就将其拿获并处死他,谁又敢再作乱呢?

但这必须要由执法的人去处决他。

如果代替执法者去杀人,就如同代替高明的木匠去做木工。

这样的人,很少有不伤到自己手的。

如果老百姓不怕死的话,用死的方式来吓唬他们又有什么用呢? 当与老百姓的利益发生冲突的时候,老百姓就不怕死了,其实问题本可以相安无事就得以解决。

要想常使老百姓保持怕死的念头,对那些作奸犯科的人,就应当得而诛之。那么谁还会作乱呢? 社会道德水准的建立和国家法律的制定是维护社会治安、保护人民利益不受侵犯的重要条件。

如果出现违法行为,要交给司法部门来办理,该法办的就要法办,这叫做依法行事。

越俎代庖,代替司法部门杀人则是万万不可的事,这就像代理木匠抡大斧,早晚会自伤。《庄子·逍遥游》曰:"庖人虽不治庖,尸祝不越樽俎而代之矣。"讲的是即使掌管膳食的厨师不做饭,掌管祭祀的人也不应该离开自己的

职守,去代替厨师工作。该谁做的事就让谁做,符合程序。宋代曹彦约《昌古集·卷十一·上宰执台谏札子》曰:"经画当有正官,而越俎代庖,其名不正。"越权行事不仅其名不正,也是对自己的伤害。

国之君主与老百姓的利益应当相一致,威吓老百姓是没有必要的,只是要将个别不守法闹事的人与老百姓区分开来,做到泾渭分明,保护老百姓的利益,使老百姓过上平稳的日子。

老子把解决社会治安问题的方法已经讲得很清楚了:第一层讲君主不应威吓百姓;第二层讲对百姓中的坏分子要予以严惩;第三层讲办事要走司法程序;第四层讲任何人不能超越司法程序,不能越俎代庖。老子的这种朴素的法治思想是值得借鉴的。

国家有法律,国民必须依之行事,有违背者必须要依法予以惩罚,无论是轻了还是重了都会让法律失去效用,使得"民不畏死"。因此对于执法者来说,不能徇私枉法是一方面,不能肆意施刑则是另一方面,二者缺一不可。

诗词助读

拒寿礼　　包拯[宋]

铁面无私丹心忠,做官最忌念叨功。

操劳本是分内事,拒礼为开廉洁风。

宋仁宗嘉祐二年(1057 年)三月,包拯任权知开封府,至嘉祐三年六月离任,前后只有一年有余。但在这短短的时间内,他把号称难治的开封府,治理得井井有条。他敢于惩治权贵们的不法行为,坚决抑制开封府吏的骄横之势,并能够及时惩办无赖刁民。包拯公正廉明、明察秋毫、铁面无私,因此受人敬仰。他不徇私情、秉公办事,成为清正廉明的楷模,为百姓所爱戴。

老子所提倡的社会具有朴实的民风,为官者清廉,是社会良好民风的制造者和维护者,能做到秉公处事各司其职。一旦出现问题,一定要由相关部门给予解决,秉公而办,而不是随意干预,导致社会处于无序状态。老子反对"夫代司杀者杀",认为"是谓代大匠斫。"包拯可算是一位尽职尽责的执法如山的好官。

◎ 故事案例

各司其职

隋文帝统一全国以后,进行了一系列的改革,采取了很多的治国措施。他严办贪官污吏,经过一番整顿,全国的局势好转了,政局也稳定了,社会出现了好的经济局面。隋文帝还在刑律上做了一些改进,废除了一些酷刑。但是,隋文帝有一个毛病,当出现违规或违法行为时,经常自作主张,不顾法律随意下令杀人。他的这种做法引起一些官员的不满,大理寺官员赵绰是其中一个。

隋文帝下令禁止使用不合标准的钱币。但是有人偏偏收集一些不标准的钱币换取那些好的钱币,从中牟利。于是那个用不标准币换好币的人被抓了起来。这件事让隋文帝知道后,他下令将此人杀头。管理这个案子的大理寺官员赵绰知道此事后,去找隋文帝,向他讲明法理。按法理,此人不构成杀头之罪,按刑律只需打板子。赵绰向隋文帝说明情况,隋文帝就是不同意,一定要按他说的办。赵绰坚持己见说:"我是大理寺的官员,负责刑律之事,那我就要履行职责按刑律办事,不然要我这个官员有何用?"隋文帝也很生气:"你不愿意干就走吧。"赵绰说:"我走是小事,破坏了国家的制度才是大事,请您慎思而行。"在赵绰的据理劝说下,隋文帝终于明白了道理,听从了赵绰的劝说,使换币之人受到应有的处罚。

国家的法律机构,是法律的执行机构和代言人,具有独立的司法权。老子反对"夫代司杀者杀,是谓代大匠斫"是有道理的。

第七十五章
民饥何因

原文

民之饥，以其上食税之多，是以饥。

民之难治，以其上之有为，是以难治。

民之轻死，以其上求生之厚，是以轻死。

夫唯无以生为者，是贤于贵生。

译文

老百姓处于饥饿之中，就是因为统治者吃掉的税赋太多，所以老百姓才陷于饥荒。

老百姓之所以难于治理，就是因为统治者喜欢的事物过多，所以难以治理。

老百姓如果把死看得很轻，就是因为统治者贪求生活太丰厚，所以老百姓才不惧死亡。

不追求奢侈享受的人，是远比那些追求享受和惜命的人高明的。

老百姓的贫苦恐怕与统治者征税太多有很大关系。老百姓是水,水能载舟,也能覆舟。天下能否安定全在百姓是否安定,百姓的安定全在生活的稳定。

老百姓的不好治理恐怕与统治者做的事太多有关。治国如烹小鲜,翻动太多鱼就会烂了。

老百姓把死看得很轻,是与统治者的生活过于奢靡有关,老百姓生活无望所以轻生。统治者的腐化是一个古老话题,历来为百姓所深恶痛绝,历史可以为鉴。

统治者应当关注百姓的生命,他们不看重生命,所以更要尊重他们的生

命。司马迁《史记》中有一篇文章《冯谖客孟尝君》，讲的是孟尝君以冯谖为客的故事。冯谖作了孟尝君的"食客"，对有饭吃并不满意，一再提出改善伙食，虽然孟尝君还不知冯谖能够有什么作用，但依然满足了他的要求。后来冯谖忠心为孟尝君办事，为孟尝君当几十年的国相作出了贡献，使孟尝君没有遭到丝毫祸患。孟尝君尊重人，也收到了回报。

国家出现了不安定现象是老百姓的生活出现了问题：其一，因为统治者所征的税太多，影响了老百姓的生活。老子用的"食税"二字非常生动，也很形象，饥与食税形成鲜明的对比，形成了巨大的反差，不安定的隐患藏于饥荒之中。美国独立战争的起因也是反抗英国殖民统治的税收。其二，统治者的作为太多，给老百姓带来了很多的负担，沉重的徭役税赋使百姓喘不过气来，国家得不到休养生息，老百姓得不到实惠。治理应当顺乎民心，有为是为民心所为，治理才有好的效果。其三，老百姓的轻生是由于统治者过于奢侈，老百姓的生活水平过于低下，他们对生活失去了信心。因此，老子告诫统治者，老百姓的轻生是由于生活上出现了问题，统治者要做的事是提高他们的生活水平，减少他们的生活负担，重视生命，让老百姓懂得尊重生命。统治者要拿出以生命为重的行动来，治理国家要从重视民生做起，真正做到"以人为本"。

老子以史为鉴，认识到社会不安定是由以上三条原因引起，值得后人引以为鉴。老百姓不是不尊重生命，而是更尊重生命以外的一种东西——尊严。孔子曰："三军可得帅也，匹夫不可夺志也。"

"以人为本"是当今最响亮的口号，尊重人性、尊重个性是现在推崇的人性化管理的基石。孔子有过这样的话："厩焚。子退朝，曰：'伤人乎？'不问马。"（《论语释注·乡党篇第十》）是说马厩失火了，孔子最先关心的是人。可见，伟大的思想家们的心灵是相通的，他们更关心人。

老子讲治国之道，认为君王收税不宜多，有为不宜多，不能追求自己生活奢华，这样百姓方可以安居乐业。生活中也是如此，只有能节制，不"贵生"的人，才能真正不使得周围的人对自己有很大意见。

诗经·硕鼠　　[周]

硕鼠硕鼠,无食我黍。三岁贯女,莫我肯顾。

逝将去女,适彼乐土。乐土乐土,爰得我所。

硕鼠硕鼠,无食我麦。三岁贯女,莫我肯德。

逝将去女,适彼乐国。乐国乐国,爰得我直。

硕鼠硕鼠,无食我苗。三岁贯女,莫我肯劳。

逝将去女,适彼乐郊。乐郊乐郊,谁之永号。

　　诗中把剥削阶级比作地里偷吃庄稼的田鼠,不仅表达了劳动人民对剥削阶级的仇视与轻蔑,也形象地揭示了剥削阶级不劳而获的实质。诗中的人民有追求,向往着"乐土""乐国""乐郊"的生活,这表达了劳动人民摆脱剥削、压迫的愿望。如果让这样的社会现象发展下去,"民之轻死,以其上求生之厚,是以轻死"的情况就会发生,老百姓会推翻这个统治。

◎ 故事案例

以民为本

　　齐国有位名叫冯谖的人,生活贫困,养活不了自己,他让人转告孟尝君,愿意到孟尝君门下作食客。孟尝君问冯谖有何爱好,他回答说没有什么爱好。又问他有何才干,他回答说没什么才能。孟尝君笑了笑,说道:好吧。就收留了冯谖。那些手下的人因为孟尝君不重视冯谖,所以只给他粗茶淡饭吃。过了没多久,冯谖靠着柱子,用手指弹着他的佩剑唱道:"长铗啊,咱们还是回去吧,这儿没有鱼吃啊!"手下的人把这事告诉了孟尝君。孟尝君说:"就照一般食客那样给他吃吧。"又过了没多久,冯谖又靠着柱子,弹着剑唱道:"长铗啊,咱们还是回去吧,这儿出门连车也没有!"左右的人都笑他,又把这话告诉了孟尝君。孟尝君说:"照别的门客那样给他备车吧。"于是冯谖坐着车子,举起宝剑去拜访他的朋友,并且说道:"孟尝君把我当客人一样哩!"后来又过了些时候,冯谖又弹起他的剑唱道:"长铗啊,咱们还是回去吧,在这儿无法养家。"左右的人都很讨厌他,认为这人贪心不足。孟尝君知道后就问:"冯先生有亲属

吗?"回答说:"有位老母。"孟尝君派人供给冯谖母亲的吃用,不使她感到缺乏。这样,冯谖就不再唱了。

后来,孟尝君拿出记事的本子来询问他的门客:"谁熟习会计的事?"冯谖在本上署了自己的名,并签上一个"能"字。孟尝君见了名字,感到很惊奇,问:"这是谁呀?"左右的人说:"就是唱那'长铗归来'的人。"孟尝君笑道:"这位客人果真有才能,我亏待了他,还没见过面呢!"他立即派人请冯谖来相见,当面赔礼道:"我被琐事搞得精疲力竭,被忧虑搅得心烦意乱;加之我懦弱无能,整天埋在国家大事之中,以致怠慢了您,而您却并不见怪,到愿意往薛地去为我收债,是吗?"冯谖回答道:"愿意去。"于是他套好车马,整治行装,载上契约票据动身了。辞行的时候冯谖问:"债收完了,买什么回来?"孟尝君说:"您就看我家里缺什么吧。"

冯谖赶着车到薛,派地方官把该还债务的百姓找来检验契据。检验完毕后,他假托孟尝君的命令,把所有的债款赏赐给欠债人,并当场把债券烧掉。百姓都高呼"万岁"。

冯谖赶着车,马不停蹄,直奔齐都,清晨就求见孟尝君。冯谖回来得如此迅速,孟尝君感到很奇怪,立即穿好衣、戴好帽去见他,问道:"债都收完了吗?怎么回来得这么快?"冯谖说:"都收了。""买什么回来了?"孟尝君问。冯谖回答道:"您曾说'看我家缺什么',我私下考虑您宫中积满珍珠宝贝,外面马房多的是猎狗、骏马,后庭多的是美女,您家里所缺的只不过是'仁义'罢了,所以我用债款为您买了'仁义'。孟尝君道:"买仁义是怎么回事?"冯谖道:"现在您不过是有块小小的薛地,不抚爱百姓,视民如子,而用商贾之道向人民图利,这怎么行呢? 因此我擅自假造您的命令,把债款赏赐给百姓,顺便烧掉了契据,以至百姓欢呼'万岁',这就是我用来为您买义的方式啊。"孟尝君听后很不快地说:"嗯,先生,算了吧。"

过了一年,齐闵王对孟尝君说:"我可不敢把先王的臣子当作我的臣子。"孟尝君只好到他的领地薛去。还差百里未到,薛地的人民就扶老携幼,都在路旁迎接孟尝君到来。孟尝君见此情景,回头看着冯谖道:"您为我买的'义',今天我终于见到了。"

冯谖说:"狡猾机灵的兔子有三个洞才能免遭死患,现在您只有一个洞,还不能高枕无忧,请让我再去为您挖两个洞吧。"孟尝君应允了,就给了冯谖五十辆车子,五百斤黄金。冯谖往西到了魏国,他对惠王说:"现在齐国把他的大臣孟尝君放逐到国外去,哪位诸侯先迎住他,就可使自己的国家富庶强盛。"于是惠王把相位空出来,把原来的相国调为上将军,并派使者带着千斤黄金,百辆车子去聘请孟尝君。冯谖先赶车回去,告诫孟尝君说:"黄金千斤,这是很重的聘礼了;百辆车子,这算是显贵的使臣了。齐国君臣大概听说这事了吧。"魏国的使臣往返了三次,孟尝君坚决推辞而不去魏国。

　　齐闵王果然听到了这一消息,君臣上下十分惊恐。于是他连忙派太傅拿着千斤黄金,驾着两辆四匹马拉的绘有文采的车子,带上一把佩剑去见孟尝君,并向孟尝君致书谢罪说:"由于我不好,遭到祖宗降下的灾祸,又被身边阿谀逢迎的臣下包围,所以得罪了您。我是不值得您帮助的,但希望您顾念齐国先王的宗庙,暂且回国都来治理国事吧。冯谖又告诫孟尝君道:"希望您向齐王请求先王传下来的祭器,在薛建立宗庙。"齐王果然照办。宗庙建成后,冯谖回报孟尝君:"现在三个洞已经营造好,您可以高枕无忧了。"孟尝君在齐当了几十年的相国,没有遭到丝毫祸患,这都是冯谖计谋的结果啊!

　　孟尝君可以称得上是一位仁人,不管是什么样的人,只要有求于他,总会将其收养,并且满足其要求。但是,从另一方面看,当孟尝君有求于这些食客时,冯谖也确实很好地帮助了孟尝君。这说明一个道理,君以民为本,为民着想,民也会行民之道,形成相辅相成的局面。为君的孟尝君并不是刻意地为门客做什么,反之门客也成全了孟尝君,这体现出了老子的思想"夫唯无以生为者,是贤于贵生。"

第七十六章
弱上强下

原文

人之生也柔弱,其死也坚强。

草木之生也柔脆,其死也枯槁。

故坚强者死之徒,柔弱者生之徒。

是以兵强则灭,木强则折。

强大处下,柔弱处上。

译文

活着的人身体是柔弱的,当死了的时候身体就僵硬了。

活着的草木枝叶是柔软脆弱的,当死了的时候枝叶就干硬枯槁了。

因此,僵硬干枯是属于死亡一类的东西,柔软脆弱是属于生长一类的东西。

所以用兵逞强就会走向灭亡,树木粗壮了就会被砍伐。

强大处在了下方,柔弱却能处在上方。

有生命的人身体是柔软的,没有生命了肢体就僵硬了。老子总喜欢举出一个例子让读者进行两方面的辩证思考。

有生命的草木是柔脆的,没有生命了就枯槁了、萎黄了。有生命的东西是鲜柔的,失去了生命就干枯了。

坚强的东西容易死亡,因为太缺乏韧性,容易受到伤害;柔弱的东西就容易生存,因为它随和。老子推出了他的理论:过于强硬的东西容易受到伤害,而柔弱的东西却有着生命力。

好战之国就是因为兵力太强大了而走向灭亡,木头太直硬了很容易被折断。强势与弱势在一定条件下可以实现转换。

人活着的时候身体是柔弱的,这是生命的需要,身体要适应空间与环境,当直则直当弯则弯。反之,一个死去的人身体就僵硬了,当然也就不会动了。老子所说的道理可以作两方面理解,一方面指人的肢体,另一方面指思维活动。直观的肢体好理解,思维活动就有点难于理解了,但思考问题也有软硬之分。生活中有快乐也有困惑,面对生活中的困难,总要想办法加以积极地解决。思想僵化,方式方法简单粗暴,既不足以将问题处理好,还会带来一些负面作用。而思想开明,作风谦和,方式方法既灵活又不失严谨周全,则可以将问题处理得更完美一些。一硬一软、一强一弱、一刚一柔,两种解决问题的办法会产生不同的结果。

做任何事情都会有结果,只不过有的结果是你所希望的,有的结果则不是。事物的发展过程是动态的、变化的,因你作用的力不同、方法不同、预估不同、客观条件不同,其结果不尽相同。强行而做的事不一定行得通,想更多办法去行事,倒可能会有更好的结果。

老子讲兵强则灭,大概是不希望兵力过于强大,因为这会给老百姓带来不必要的负担。另一方面,军队是国家安全的保障,军队就像国家的大梁,一旦折断则房屋损失惨重。兵可以强,但强兵不可乱用,乱用为弱。强大之国处以低下是谦和的表现,会赢得别国的尊重。柔弱之国可以为上是因其韧性、因其耐性、因其百折不挠的精神,有了这种精神可以为上。有高尚的表现,又有谁能小瞧你呢? 因此,国之生存以柔为主,以柔克刚是取胜的法宝。

老子认为柔弱是生存之道,柔弱是活力的表现,只有死去时才会僵硬。人

在社会交往中的柔弱表现在自谦上,以谦虚待人能让自己的社会交往充满活力;同样地,在生活工作中多一份自谦,也能避免自己走入绝境。

刚强与柔弱应当处在一个统一体中,应当做到我中有你、你中有我,做到刚柔相济、刚柔并举,柔中有刚、刚中见柔,中国的太极功夫就是刚柔浑然一体的表现。

诗词助读

座右铭(节选)　崔子玉[汉]

柔弱生之徒,老氏戒刚强。行行鄙夫志,悠悠故难量。

老子讲凡是柔弱的东西才是活的东西,活的东西是生存的希望;凡是强硬的东西是死性的东西。"故坚强者死之徒,柔弱者生之徒。"因此,坚强者要想生存下来,要向柔弱者学习,拜柔弱者为师,只有柔弱起来才有生存的希望。高濂说得好,一个有志向的人一定是个很自谦的人,能够以谦虚的心胸虚心向别人请教,增强自己的信心,壮大自己的志向。

◎ **故事案例**

识得柔刚

一天山里下起了大雪,起伏的山峦银装素裹。小徒弟推开庙门,被眼前的景色惊呆了。几棵雪松巍然屹立在那里,而旁边的柳树有几棵因为支撑不住那么大的雪而被压折了。小徒弟有点伤心,因为那些树是他师傅栽下的,那个地方是他夏天纳凉的地方。小徒弟收拾完那片块地方,就去找法师了。

小徒弟问老法师:"同样的树,雪松没有被雪压折,那几棵柳树却被雪压折了,这是为什么呢?"

老法师头也没抬地说:"树与树不一样,雪松有韧性,会弯曲,雪压到一定厚度时就滑落了。而柳树枝承载不了那么多雪的时候就折断了,道理就是这样简单。"小徒弟似乎明白了什么。

怎样为刚,怎样为柔?处刚而怀柔,处柔而有刚,相辅才能相成,人们可以在大自然中找到效法的依据。

第七十七章
天 道 人 道

天之道，其犹张弓与？高者抑之，下者举之；有余者损之，不足者补之。

天之道，损有余而补不足。

人之道则不然，损不足以奉有余。

孰能有余以奉天下？唯有道者。

是以圣人为而不恃，功成而不处，其不欲见贤。

译 文

　　自然的规律与法则，不就像张开了一张弓吗？抬高了就压一压，低了就向上举一举；力量过大了就松一点，力量不足了就加一点。

　　自然的规律与法则，是减少多余的补给不足的。人的法则却不是这样，是减少那些不足的，来供奉那些有余的。

　　谁又能减少有余的东西以补给天下人的不足呢？只有懂得道的人。

　　就是因为这样，圣人有作为而不持有它，有功劳而不占有它，他并不愿意

让人见到自己的贤明之处。

解读

大自然按照它自己的规律运行，就像张满了的弓，箭朝着一个方向，向着一个目标，如果偏离目标就要调整，力度不合适就需要加减。老子以张弓为例，形象地说明了要对运动的事物不断地作出调整。为我们适应大自然指明了方法。

大自然的规律使其"有余"的部分会受到人为的伤害，也会受到来自大自然自身的灾害，而这种伤害并不是一下子就能补救、补充上来的。人的作为有时却不是这样，被伤害了的还会又一次被伤害，被供奉了的还会得到供奉。社会常常显示出它的不平衡性、不均衡性，这是因为人为的因素太多了。摆正个人与社会的关系，是老子对我们善意的提示。人生的过程是寻找自身位置的过程，随时调整自身以适应位置。位置不分好坏，适合于自己是最重要的，为此我们才要悟道。我认为：凡事莫强求，会用刚与柔。自然成规律，活水不限流。

自我意识与现实社会会形成大的反差，我们可以理解自我意识保留着自己的个性，但在大多的情况下要以乐观与智慧来应对社会、适应社会。

谁能够把自己的余力奉献给天下？只有那些有识之士，懂得自然规律的人，能按自然规律办事的人，才能做尊道行事，才是一个会受到尊重的人。简单地说，任何事都有其自身的规律，依规律办事是办事的准则，奉献是一种认识自然规律的态度，奉献者更能贴近社会，能收到良好的回报。

圣人绝不倚仗自己的实力而发威，即使取得了成就也不据为己有，他并不想表现出自己的贤明。作为一个君主，他能够做到就是顺乎民意，顺乎天下的需要，按照符合客观规律的情况办事，而不去做刻意有为之事，遵从于天道也符合于人道。

天道的规律做着它的自然调整，潮起与潮落、狂风与暴雨、干旱与水涝都是自然力所为，我们只能通过认识它来加以防范、加以利用。而人道与天道有所不同，人的意识中有许多偏激的因素，是好是坏、是对是错、是优是劣、是前进还是后退有时确实难于分辨，只有经过时间的考验、经过实践的检验才能够分清。实践是检验真理的唯一标准是一个伟大的定理，殊不知实现这一伟大的定理要付出巨大代价，这不是轻而易举之事。只有那些懂得天道、懂得人道的人才能侍奉天下,那些人一定能够做到有作为而不依仗自己的力量,有成就而不身陷其中难以自拔,能够平抑自己的欲望而表现出贤明。

天道与人道合而为一应当是人们的共识,是人们认识社会、懂得社会的理性思考,当人们举起理性大旗的时候,希望的曙光就从地平线上出现了。

天道与人道各不相同,有时人的贪心实在是太大了,"损不足而奉有余。"圣贤者的"功成而不处"是这些人学习的榜样。天道犹如天气,不易把握;人道却像行船,是可以把握的。别人无法把握我们的道,只有自己才能把握住自己。

诗词助读

无　题　罗隐　　[五代]

船到江心牢把舵,箭安弦上慢开弓。

当权若不行方便,念尽弥陀总是空。

大自然的规律无法改变,大自然的变化无法控制,大自然造成的灾难只能慢慢地去弥补,这就是天之道的现象。"船到江心牢把舵,箭安弦上慢开弓",船在江上游,把舵只有自己;开弓更要稳健,这是讲人与自然相合。而人之道却不尽然,"损不足以奉有余",如对出现的弊端现象不去揭露,就已经不太好了,要是加以奉迎的话就更不对了,而这样的现象并不少见。当权者要与老百姓行方便、谋幸福,不然空念阿弥陀佛又有什么用呢?"是以圣人为而不恃,功成而不处,其不欲见贤"是老子所称道的。

◎ 故事案例

天道人道

有一天,小徒弟来到师傅的屋里。

"有什么事吗?"老师傅问。

"师傅,我想问您一个问题:天下到底有没有公平?"小徒弟不解地问。"你说有公平吗?"老师傅反问道。"我说好像没有公平。这个镇子东头那个老财,他那么有钱,为什么还有人给他送礼? 刚才我从那里路过,看见有人推着半扇猪往他家里送。咱们呢,已经好几天没吃到肉了,真是不公平啊! 您说天下有公平吗?"

老师傅打开了话匣子:"前两天下了一场雨,咱们种在园子里的菜,不用咱们浇水了。你说这算是公平吗?"

"可以算是公平吧。"

"为什么?"

"老天觉得我们很辛苦,所以来帮我们。"小徒弟有点得意的样子。

老师傅说:"不对。老天对任何人都是公平的,你需不需要雨,它都要按它的规律下,天的变化就是自然。只是人与自然不同,因为人有欲望,所以在欲望的驱使下出现了那么多的不公平的事,这就是人呀! 你能懂得这里面的道理吗?"

"谢谢师傅,我明白了许多。"小徒弟露出若有所思的样子。

大自然的现象没有什么公平与不公平可言,只在于人类怎样地利用它们。

而人却在左右事态,成为作为的结果。老子所称道的是"是以圣人为而不恃,功成而不处,其不欲见贤。"

第七十八章
弱 能 胜 强

原文

天下莫柔弱于水,而攻坚强者莫之能胜,以其无以易之。

弱之胜强,柔之胜刚;天下莫不知,莫能行。

是以圣人云:

"受国之垢,是谓社稷主;受国不祥,是为天下王。"

正言若反。

译文

　　天下没有东西比水更柔弱,而攻破坚强的东西没有谁能够胜过水,没有什么东西可以替换水。

　　弱小可以胜过强大,柔弱可以胜过刚强;天下没有人不知道这件事,但是却做不到。

　　因此圣人这样说:

　　"承担国家的屈辱,才能成为一国之主;承担国家的灾难与祸患,才可以成为天下的君王。"

真话说出来就好像是反话,不那么中听顺耳。

解 读

柔弱之水可以胜刚,可以胜强,没有什么东西可以替换它。但是真正能够了解水的人,真正将水的习性践行的人少之又少。一国之君如果要做到像水一样必须身处低下,担重任于肩,受国危于难,才称得上是君王。

老子一再强调柔弱的水能够战胜刚强。这使我们不得不思考一个问题:如何学习一些水的习性?水能够随遇而安,有一股韧劲,可以根据温度变化自己的状态,是全攻略战术,所以它不可能战胜不了刚强,似乎没有它不可战胜的东西。人最有活力的东西就是思维,思维就极具水的习性。思维可以接千载,思维可以遨游,思维可以创造。但是,思维却经常被滞留在那儿,其原因是水源活力的不足,活力来源于知识对思维的补充。对一个人来讲,思维的活跃是解决一切问题的源泉,我们在问题面前不能轻易讲"没有办法了"。

弱能胜强,没有人不知这个道理,做起来就难了。问题是无限的,而我们的思考处于有限范围内,是因为事物的变数存在于客观之中,应对方案还不足。智慧是启明的源泉,凡事都能坚持下来十分不容易,是多方历练的结果。俗话讲:坚持就是胜利。

老子以圣人的口吻讲出一个道理:作为一个君主,就要承担起君主的一切责任,正面与负面的一切都要敢于承担,因为这是不可推卸的责任。"受国之垢,是谓社稷主",越王勾践忍辱负重,自称贱臣,对吴王执礼极恭,吃粗粮、睡马房、服苦役,最后卧薪尝胆,"十年生聚,十年教训",发展实力,最终打败吴国。勾践实现了老子的后半句话"受国之不祥,是为天下王。"为人君的道理何尝不在其中。认识柔弱之水,将水的理念贯穿于生活之中,变莫能行为可以行,便可以称为入道了。水是那样温柔,水是那样随意,水是那样没有常态,水又是那样永远有追求;水是一切生物所不能离开的,水是一切生命的源泉。

作为一国之君就要有担当,承担起国家的灾难。对于我们来说,如果在生

活中遇到困难,也要有水的精神,坚韧却又善于转换,这样才能做到以柔弱胜刚强。

诗词助读

示 众　丘处机[元]

宽容无怨害,柔弱胜刚强。满口齿先落,终身舌未伤。

人应当活在宽容当中,是说要对别人多一点理解。宽容了别人也就是宽容了自己,这样会使彼此之间没有怨恨,其中的道理很简单也很重要。每一个人看问题都有自己的角度,不要以为人家的那个角度就不正确,他有他的道理,多一个角度看问题也没什么不好。明白了这一点,宽容就可以产生了,问题可以被处理得更好。深思一下"受国之垢,是为社稷王,受国不祥,是为天下王"中的道理,我们会坦然地面对现实、接受现实。为君者更要知道"正言若反"的道理。

◎ 故事案例

忍辱负重

春秋末期,越国被吴国打败了,越王勾践被捉来吴国当了马夫,日夜伺候马匹、伺候吴王。

对于一个君王来说,成为吴王的奴仆,实在是非常痛苦的事。勾践暗下决心,忍下一口气,一定要恢复自己的国家,承担起这份苦涩。因此他没有露出丝毫的抗拒神态,老老实实地养马、服侍吴王。勾践装出对夫差忠心耿耿的样子,用心替他驾驭马车,事事体现出态度谦卑。夫差慢慢转变了态度,认为勾践真心归顺了,于是就放他回国了。

勾践回国后,决心要使越国富强起来。他亲自参加耕种,和百姓同甘共苦;他怕眼前的安逸消磨了志气,就"卧薪尝胆",时常自问:你还记得父亲临终的话吗? 你忘了在吴国的耻辱吗?

勾践为进一步打消吴王的疑虑,又给吴王送去美女西施。吴王夫差更加只顾吃喝玩乐,无心国政,使得国家日渐衰弱。经过二十年的充分准备,勾践看时机已经成熟,就在吴国没有防备的情况下,领兵把吴国打得大败。夫差感到很羞愧,举剑自刎而死。

越王韬光养晦、忍辱负重,隐去了他复国的真实意图,瞒过了吴王,成就了自己的国家。在老子看来,只有"受国之垢,是谓社稷主;受国不祥,是为天下王。"何为弱？ 何为强？ 也许在一定的条件下可以实现转变。

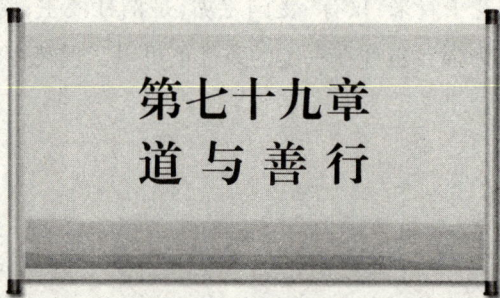

第七十九章
道 与 善 行

原 文

和大怨,必有余怨;报怨以德,安可以为善?

是以圣人执左契,而不责于人。

有德司契,无德司彻。

天道无亲,常与善人。

译 文

　　调和重大的怨恨,必然有余下的怨恨;用德来报答怨恨,这岂可算是最妥善的做法?

　　因此,圣人虽然执着契约凭证,却不去强迫别人偿还。

　　有德之人就像掌握契约的圣人那样宽容,无德之人就像掌管税收的官吏那样刁诈。

　　自然的法则并无偏爱,总是与有道的善人在一起。

　　世界上本来就没有那么多称心如意的事,但事情总是要有人做,出了问题自然会产生一些怨气,君子希望调和这些怨气。对于怎样解决现实中的问题,老子提出了他的看法:以报怨以德的方法来消解彼此间的怨恨与误解,把不良的心态调整过来。只要以与人为善的态度来交往,事情就会得到妥善的解决。

　　老子认为圣人建立契约,执掌契约而不以之责备于人。建立契约的目的在于分清各自的责任,事情需要达到怎样一个目标,实现怎样一个效果,事先要做出约定,但在做事的过程中一旦出现问题,圣人并不去做责怪性的追究。圣人明白在契约合作中产生问题是双方都不愿发生的事情,即使有些不良因素产生于其中,圣人也会用胸怀来包容。退让一步,算是以退为进的战略,因为吃亏仍有可能转化为享福,事物的发展相辅相成,就像老子所说"祸兮福之所倚,福兮祸之所伏",圣人深明其中的道理。圣人采取有德的方式掌握契约,而无德之人则会紧紧抓住契约,一旦出了问题就千方百计地缠住对方不放,这大概是老子所不赞同的方式。

　　天下事态的发展往往是均衡的,不依主观意识而动,今天的失利也许是明天的有利,今天的得到或许是明天的失去,得失之间发生着转换。"天道无亲,常与善人。"积善行德、宽厚待人算是老子对人们的忠告吧。

　　圣人讲德,不与人积怨,即使持有契约也不会责难人。能做到这一点,就能避免生活中的很多麻烦。讲诚信之人人们才愿其交往,而讲诚信又宽宏大量之人则能得到尊敬和帮助,因此与人合作时需要放眼量。

诗词助读

悟人生

朋友千个不多,仇人一个难防。

人生本来短暂,何必剑拔弩张。

世事棋局翻新,恩仇如同梦乡。

诚信自得人心,风物宜放眼量。

建立良好的人际关系很有必要,但是人与人之间的关系应当是有底线的,谁都要遵守这个底线,不遵守这个底线就一定出问题。诚信是双方合作、共事的基础,谁都不应该破坏,信守着"诚信自得人心,风物宜放眼量"。圣人不会一味地追究他人,因为这不是圣人的目的,圣人知道"天道无亲,常与善人"。天道不会挑人,只是更亲近善良的人。

◎ M 故事案例

和为贵

林肯在竞选总统时,遇到了强劲的对手,这个人就是斯坦顿。斯坦顿为当选总统竭力在公开场合当众侮辱林肯。最后还是林肯赢得大选的胜利,当选总统。林肯认为斯坦顿是个人才,在组阁时决定用他为参谋总长。大家听后一片哗然,都认为林肯用错了人,林肯不为所动,坚持自己的主张。结果证明林肯是正确的,斯坦顿为林肯做了许多的事,为林肯所称道。

后来林肯被暗杀,在追悼会上斯坦顿是这样说的:"林肯是世人中最值得敬佩的人,他的名字将流传万世。"

这就是林肯总统的为人与胸怀,他并不考虑自己的利益与得失,而是将国家的利益放在首位。"天道无亲,常与善人"就是这个道理。

第八十章
平淡人生

原文

小国寡民。

使有什伯之器而不用；使民重死而不远徙。

虽有舟舆，无所乘之；虽有甲兵，无所陈之。

使民复结绳而用之。

甘其食，美其服，安其居，乐其俗。

邻国相望，鸡犬之声相闻，民至老死不相往来。

译文

使国家变小，使人口减少。

就是有很多器物也不使用；让老百姓因为担心失去生命而不迁徙到远方。

虽然出行有车船，也不去乘坐；虽然有兵器，也不把它拿出来打仗。

让老百姓回归远古的结绳记事的自然生活状态之中。

使百姓有甘甜的食物，美丽的服饰，安逸的居所，过得快乐。

邻国彼此可以看到,鸡犬的叫声都可以听到,百姓却到老死也不互相来往。

解读

老子勾画出他心中的理想国,一个小小的国家,用不上那么多的农耕器物,人们也不想离开这片热土。不需要车船,即使有打仗的兵器也放在那里不用。老百姓过着古朴的生活,依然采用结绳记事的办法。他们对自己的食品很满意,以自己的衣服为美,享受自己的生活,喜欢自己的生活习俗。相邻的国家离得很近,虽然能够听到他国鸡狗的叫声,最终也不会来往。

老子认为老百姓应当生活在一个安定的环境中,不希望他们受到外界的干扰,更不可以发生战乱,兵器不应当派上用场。自给自足的生活环境可以使老百姓安居乐业。

老子曾当过周朝的守藏室之史,也就是图书馆馆长,他有幸整理阅览了大量的书籍,对朝代的历史以及变迁有了一个深刻的认识,于是提出自己的想法:国乱不符合民意,老百姓的生活不应当受到干扰,应当去过简朴的生活。老子的思想是朴实的,提出这样的想法有其根源,历史上一个个重大事件的发生有其相似的地方,只是历史年代不同罢了,动荡永远不是适合老百姓生活的环境,安定可以使老百姓乐业。

乌托邦与世外桃源是人们心中的理想国,那里没有战争,没有复杂的社会关系,只有居住的安适,习俗的欢乐,生活的简朴。理想毕竟是理想,现实与理想间存在着很大的差距。尽管差距很大,但我们不可以失去追求,失去追求,社会就失去了前进的动力、前进的目标,就失去了理想的期待和信念。人们需要的是缩小两者之间的差距,仍要回到现实中来,积极地解决现实中的问题,减少过激欲望,平衡资源使用,治理生活环境,趋近理想世界。

老子描绘出一幅小国寡民的风俗画卷,朴实的民风,平静的生活,百姓过着安其居,乐其俗的生活。这样的社会也许与我们今天的现实生活大有不同,但我们依然可以从中找到值得我们学习的地方,如知足常乐、与人无争等。

老子“小国寡民”的思想是当时历史的产物,但无论古代还是现代,对平静生活的追求是永远的,生活的真谛大概就是享受平静吧。

秋登万山寄张五　　　孟浩然［唐］

北山白雪里，隐者自怡悦。相望始登高，心随燕飞灭。

愁因薄暮起，兴是清秋发。时见归村人，平沙渡头歇。

天边树若荠，江畔舟如月。何当载酒来，共醉重阳节。

不远处的山水间有一个小村落，远离城镇的喧嚣突显了它的幽静，隐者那样悠然自悦；三两个村人在渡头歇息；云聚云散，又见"江畔舟如月"，引起了诗人的思绪，他怀着愉悦的心情忽而想到重阳节将要到来，要与朋友登高共饮重阳美酒。这首诗的场景与意境和老子的田园情调遥相呼应，这里的小国寡民也许正过着"甘其食、美其服、安其居、乐其俗"的生活。

◎ 故事案例

心中的家园

天放晴了，小徒弟和师傅到山里去砍柴，走到山脚下时发现一群人在那里打架。小徒弟不解地问师傅："他们在干啥？为什么打架？"

老师傅无奈地摇了摇头说："自从在那边的山脚下发现了金矿，这里就来了许多的人淘金。来的人多了，为了争地盘就打了起来。你看那个穿黄褂子的人，就是镇东头黄老财的儿子，依仗自己的势力跟本地的人和外来的人因抢占地盘而打。听说为此打死了不少人呢，都是为这里的金子呀！"

小徒弟说："原来咱们这个地方多平静呀，自从发现了金子，就乱成了这样，更糟糕的是不断地打死人，我们的生活都受到了干扰，真是乱心。"

老师傅点了点头："从前没有发现金矿，这里很安定，也没有那么多纷杂的人，我们在小镇边上的生活多平静呀！"老师傅沉默了一会儿说："市人皆为利来，皆为利往，都是一个"贪"字惹的祸。咳！我是多么向往平静而自然的生活。"

寻找那失落的美好家园，让心灵静美下来，乐而为之，实现"甘其食，美其服，安其居，乐其俗"的那样一种生活，应该就算是老子的那种理想境界吧！

第八十一章
信言不美

原文

信言不美,美言不信。

善者不辩,辩者不善。

知者不博,博者不知。

圣人不积,既以为人己愈有,既以与人己愈多。

天之道,利而不害;圣人之道,为而不争。

译文

可信的言论并不美妙,美妙的言论并不可信。

善良的人并不去辩论,争辩的人并不善良。

有知识的人不觉得自己知识广博,自以为知识广博的人却无多少知识。

圣人不保留自己的东西,因此为人做的事愈多,自己愈有收获;愈去帮助别人,自己就愈充实。

天下的自然规律是:让万事万物得到好处而不被伤害;圣人的法则是:做任何事情都不与别人相争。

老子在忠告我们，诚实可信的话往往不是花言巧语，而那些花言巧语是不可信的。我们老百姓太善良，会受到花言巧语的迷惑，为了一点小利，或是想着得到大利而上钩，结果反倒吃了大亏、上了大当。因此，实实在在的话值得我们认真思考，不要去轻信别人的话，不要贪图不费力而得到的便宜，没有天上掉馅饼的好事，天下也没有免费的午餐。凡事要经过自己的思考，经过辛勤劳作的付出，才能够得到实实在在的财富。不求不劳而获、不去贪图小便宜才能少犯错误、避免错误，免受大的损失。

事物的发展有它自身的规律，对此不需要辩解。所以，善良的人并不去辩解，时间与事实会说出真话，会证明一切。一味地去辩解，又怎么能说得清楚呢？巧辩里恐怕隐藏着什么，是在寻找着什么借口，但有些话在事实面前是苍白的。中国有句古话叫做"事实胜于雄辩"，再善辩的人在事实面前也会那样苍白无力，善于辩解的人不会存有太多的善良。

有知识的人仍然感觉到自己的知识不足，对事物还不足以了解，还不足以把问题看得那么深刻，认为存在着那么多的问题，还会有那么多的变数。这倒不是说我们没有必要讨论问题，只是说谁也不是绝对的权威，如若把问题看得绝对化了，事物就不会发展了，这不符合事物发展的规律，谦下而认真的态度才符合做事的道理。一切真知只能在探讨中被证实，问题要在实践中找到答案。卖弄知识的人不一定对知识有多少了解，充其量仅仅限于在某个方面多知道些，所以卖弄恰恰是缺少知识的表现。

圣人不做任何的保留，只是为大家多做贡献，这样做的结果是自己有所收获，越是给予别人，自己就越富有。给予别人的越多，自己获得的越多，自己也就越充实。

世界永远按自然规律运行，符合天道也就是符合自然规律。我们不要忘记老子的辩证思想，大自然通过各种现象表现了自己的规律，地震、海啸、台风、泥石流给地球人带来了灾难，是人类生活时所要面对的现实。圣人之道的目的是要完成他的使命，为天下而有为，并不是为自己争取什么利益，所以不会去做那些有害的事。圣人并非凡人，是因为他具有一些对天道的认识，懂得顺乎自然的规律，能将天道与人道巧妙地结合、利用、贯穿起来，圣人理当有所为有所不为。但这条道上充满着艰辛与困难，充满着忍辱与负重，没有百折不挠的精神，没有科学的态度，没有哲学化的思想，没有应变的智慧，没有海纳百川的胸怀，没有坚忍不拔的精神，没有足以认知自然的知识，就不足以肩负起历史的使命。圣人也是人，难免犯错误，社会在曲折中前进、在曲折中发展永远是历史的必然。坚持认识社会、协调社会，是走向和谐社会的必由之路。

诗词助读

临江仙　　杨 慎[明]

滚滚长江东逝水，浪花淘尽英雄。是非成败转头空。

青山依旧在，几度夕阳红。

白发渔樵江渚上，惯看秋月春风。一壶浊酒喜相逢。

古今多少事，都付笑谈中。

　　杨慎的这首词可以说是对历史的认知与总结。历史朝代的演变经历着起起伏伏，演绎了多少回肠荡气的故事，出现了多少英雄豪杰，阅尽历史，各种评说亦真亦幻，又有谁说得更清楚呢？难怪总有人千古留名，成为一种文化的记载供人回味，为后人提供一些了解过去、指导未来的思考依据。历史文化的百花园里，各种观点争奇斗艳、婀娜多姿，给观赏人以丰富的视觉感受，赏花人可以尽己所欢。历史的文化产品因此表现出它的价值，值得推敲，值得斟酌，值得观览，信则可以看到历史的这一面，不信则可以看到历史的另一面。历史现象的存在有它存在的道理，探究时应持科学的态度，做出的评价才可留给后人。老子讲的"信言不美，美言不信。善者不辩，辩者不善"值得揣摩，可信之言不会那样华美，华美之言会有不可信之处。推而论之，为善者不用争辩，依此言可以鉴史。

　　往往事情存有假象，什么话当信，什么话不当信是需要分辨的，决不能仅凭着其是否好听而下定论。历史要经得起评说，而历史上的真实情况又会是怎样的呢？恐怕没有谁能说得清楚。因此与其凭借感觉或者经验，不如凭借理性来判断而言、事物的真假。

　　老子最后讲到"天之道，利而不害；圣人之道，为而不争"，这是最应当加以理解的：明白天道是为效法自然，明白人道是为效法圣明之人。让一切事都顺

理成章,叫做顺其自然;做一切事都拙中见美,叫做巧夺天工。执此两条还不够,还要有心胸,承揽起得失。当我们回顾往事的时候,也许能够体会到杨慎的情怀"古今多少事,都付笑谈中"。

◎ 故事案例

美言不信

一代宦官赵高可算是有"嘴功"之人,他用花言巧语骗得秦始皇的信任。

始皇三十七年(前210),赵高和胡亥随从秦始皇出游会稽。还至平原津,始皇病危,乃做玺书赐长子扶苏,命其将兵权交给蒙恬,返咸阳主持丧葬,不久病亡。赵高得幸于胡亥,又考虑到蒙氏兄弟掌权对自己不利,遂与秦二世胡亥、李斯合谋,秘不发丧,诈受始皇遗诏,立胡亥为太子,又更诏书赐扶苏和蒙恬死。胡亥还至咸阳,立为二世皇帝,赵高任郎中令,常居宫中参与决策。他指使胡亥更改法律,诛戮宗室、大臣。群臣、诸公子触犯秦二世意旨的,都交赵高审治。蒙恬、蒙毅兄弟等秦始皇所亲近的大臣和诸公子、公主皆被处死,受连坐者不可胜数。赵高惟恐大臣入朝奏事告发他,又劝二世深居禁中,不朝见大臣,以此进一步专擅朝政。

秦二世元年(前209)七月陈胜、吴广起义后,秦朝统治集团内部矛盾进一步加剧。右丞相冯去疾、将军冯劫因谏说二世停止修造阿房宫,减免徭役赋税,结果被迫自杀。左丞相李斯则被赵高诬以谋反罪,腰斩于咸阳市。章邯也因受到猜忌,在巨鹿一战失败后投降项羽。此后赵高拜为中丞相,事无大小皆取决于其意旨。他为了巩固权位,故意在二世面前指鹿为马,凡是不随声附和的大臣,他就捏造罪名加以迫害。秦二世三年八月,刘邦攻下武关后,赵高恐诛罚及身,与其婿阎乐等人密谋,乘二世在望夷宫斋戒之机,诈诏发兵围宫,逼令二世自杀。赵高企图篡位自立,但因左右百官不从,只好立二世兄子子婴为秦王。九月,赵高被子婴用计杀于斋宫,夷三族。

赵高可谓是口蜜腹剑之人,为实现其野心,极尽巧嘴之能事,骗过了秦始皇,寻找到篡权的机会,实现了其当权的目的。但是,骗术终究有限,他最终落得身败名裂的可耻下场。老子所讲的"信言不美,美言不信",其中的道理令人深思。

后 记

面对这样一个蓬勃而又复杂的世界,人类在为自己创造一个又一个美好的家园,也在不经意地为自己埋下苦果。人类在创造社会时有着积极向善的因素。也有蒙昧糊涂的因素;有偏激过枉的因素,也有思考不及的因素。诸多因素推动着社会发展,形成了历史变化的必然过程,使人类成为世界的主宰者。

回首历史,人类在追问,历史究竟该怎样走过? 能否多一点理性? 这似乎是哲学家探讨与解答的问题,他们欲为那些善良的人们寻找到人类的归宿。怎样追逐人生终极关怀的问题,引得无数的哲学家思考。习得一点哲学思想,认识生活的道理,品味人生的哲理,总比盲目为之要强。

2008 年,我购得一套傅佩荣教授的丛书,其中我最感兴趣的还是那本《解读老子》,它让我获益匪浅。两千五百年前老子留下《道德经》五千言,为中国哲学思想的继往开来奠定了基础,形成了华夏民族思想脉络的一部分。为探讨与认识老子的思想,我还阅读了王弼注的《老子》、楼宇烈校释的《老子道德经》、陈全林注的《道德经真义》,它们都对我思考老子的哲学思想很有帮助。

我深有感触于老子的辩证思想,如若 18 世纪德国哲学家黑格尔知道老子的辩证思想,他一定会把"运伟大之思者,必行伟大之迷途"这句饱含哲理的话送给中国的老子。的确,辩证思想是老子的主旨思想,这在《道德经》第二章体现得尤为突出,"故有无相生,难易相成,长短相形,高下相倾,音声相和,前后相继。"其内涵十分丰富。但两千多年以来人们仍然在这些辩证思维方面犯有错误,导致一个个不良事件的发生。细读老子之书,我深感到老子在七十章里说的"吾言甚易知,甚易行。天下莫能知,莫能行"的道理。事情存有两重性,就是这样简单的道理，却不能为人们所重视，易被人们所忽略，这是我感受颇多的。

　　人之欲望，实为人之天性，没有欲望不足以产生思考，而思考的结果却千差万别。面对事物与问题我们提倡理性思考。进行理性思考的目的在于让人的理性镇住那些不良的感性的冲动，不应让一时的冲动成为永久的悔恨。人的欲望要像老子所说的水那样，"上善若水。水善利万物而不争，处众人之所恶，故几于道。"（第八章）。要将自身摆在像水一样的位置，或直或弯、或急或缓，随势而变、不拘形态，随遇而安。希望我们对水的习性有足够的认知，能够处众人之所污，而得其道，这样就能为众人称道。能够把控欲望显然不易，但须尽力，因为对欲望的控制力是人能力的表现，学习老子思想会使你得到帮助。

　　老子的思想易于让人们产生联想，而读《老子教给我们什么》不仅是引导思考的发端，更在于深入地解读与思考自己对老子思想的联想，探究事物的本质。虽然不同的人会有不同的注解，但它们都没有离开老子的思想范畴。

　　当我对老子思想进行理性思考时，发现老子的哲学思想与现实生活中的事情有着千丝万缕的联系，并有着一定的借鉴意义。"治大国，若烹小鲜"可以用于实践中不同的情况！"有之以为利，无之以为用。"联想与思考，均可以与现实联系在一起，认识与解决遇到的问题。读书以明智，我在对老子《道德经》的阅读中悟出了许多人生的道理，在复杂中得其简单，在简单中得到快乐。

罗　鲜

2013 年 8 月 24 日